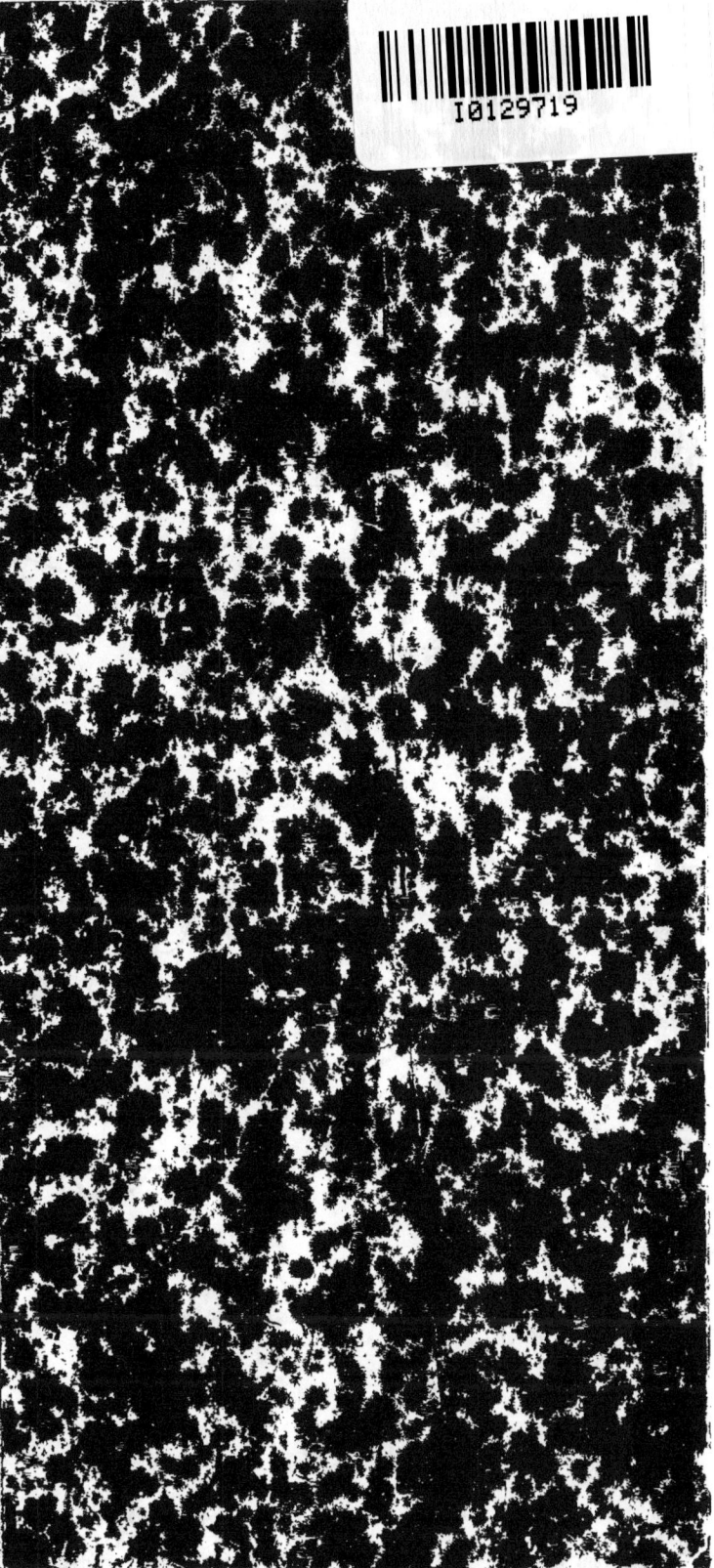

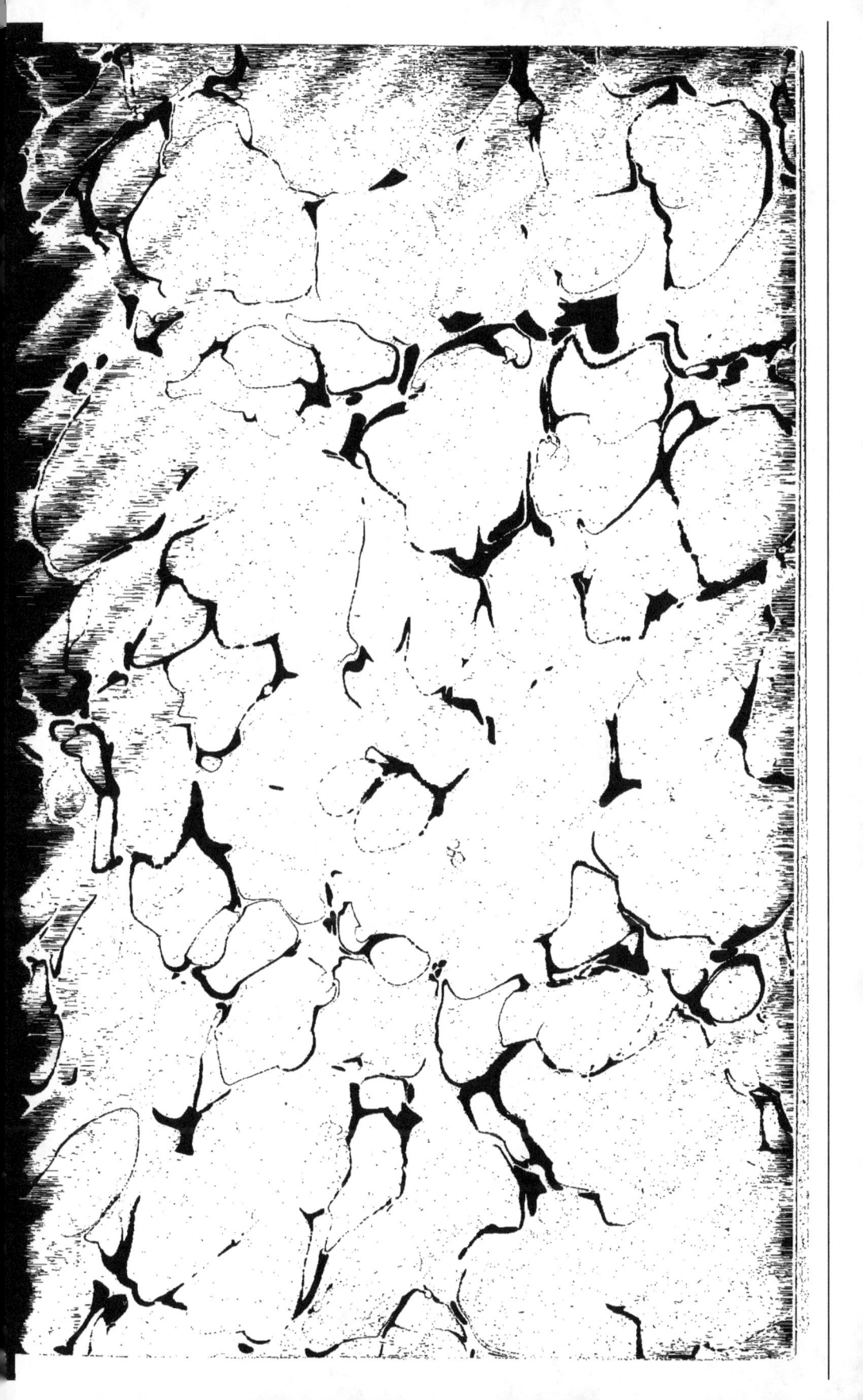

# OBSERVATIONS

SUR

# L'ORTHOGRAPHE

FRANÇAISE

SUIVIES D'UN EXPOSÉ HISTORIQUE

DES

# OPINIONS ET SYSTÈMES

SUR CE SUJET

DEPUIS 1527 JUSQU'A NOS JOURS

PAR

AMBROISE FIRMIN DIDOT

PARIS

TYPOGRAPHIE DE AMBROISE FIRMIN DIDOT

IMPRIMEUR-LIBRAIRE DE L'INSTITUT DE FRANCE

RUE JACOB, 56

1867

# OBSERVATIONS

## SUR

# L'ORTHOGRAPHE

## FRANÇAISE.

# OBSERVATIONS

SUR

# L'ORTHOGRAPHE

## FRANÇAISE

SUIVIES D'UN EXPOSÉ HISTORIQUE

DES

# OPINIONS ET SYSTÈMES

SUR CE SUJET

DEPUIS 1527 JUSQU'A NOS JOURS

PAR

## AMBROISE FIRMIN DIDOT

PARIS

TYPOGRAPHIE DE AMBROISE FIRMIN DIDOT

IMPRIMEUR-LIBRAIRE DE L'INSTITUT DE FRANCE

RUE JACOB, 56

—

1867

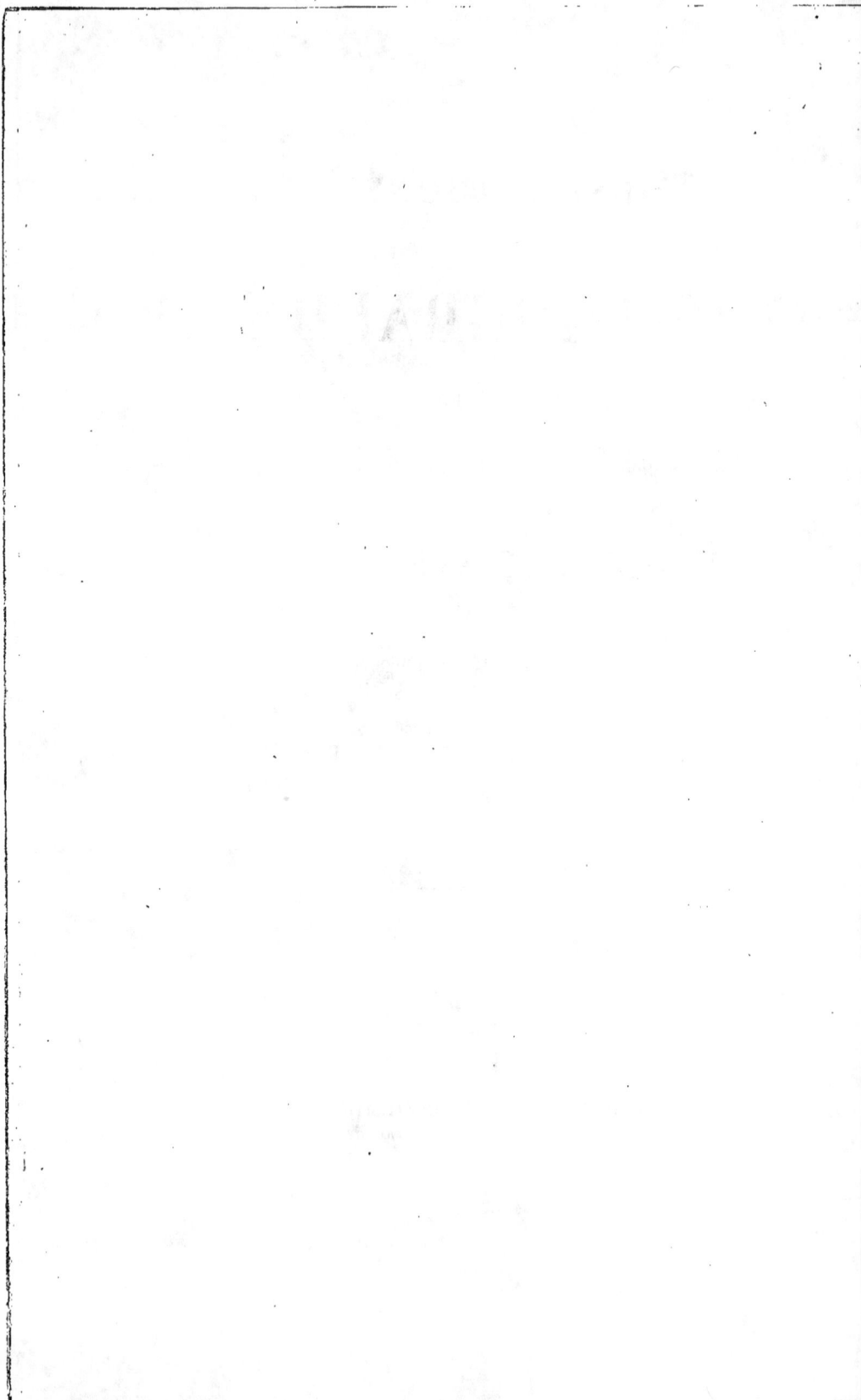

# A MESSIEURS

DE

# L'ACADÉMIE FRANÇAISE

## HOMMAGE RESPECTUEUX

OFFERT

PAR AMBROISE FIRMIN DIDOT

IMPRIMEUR-LIBRAIRE DE L'ACADÉMIE FRANÇAISE

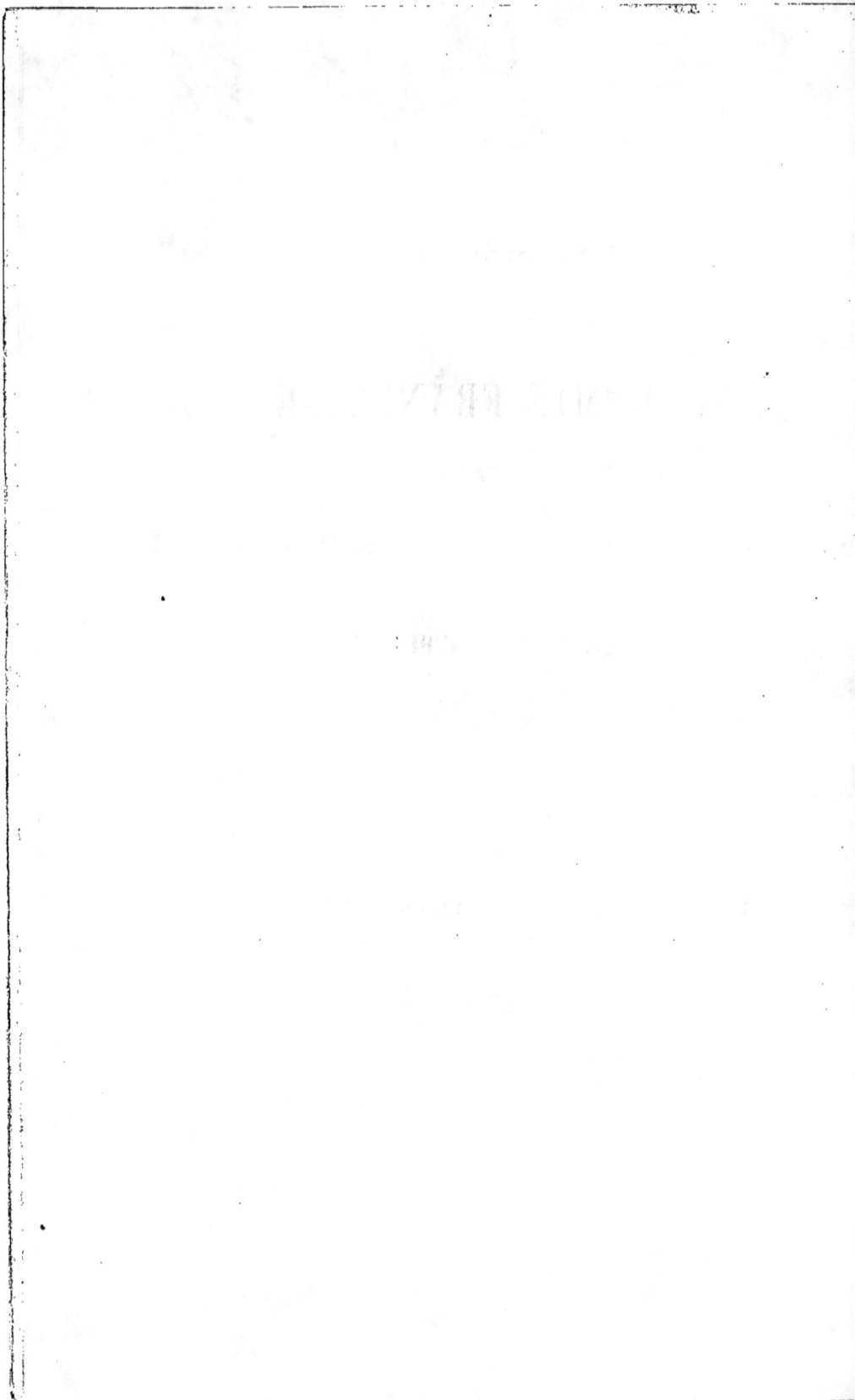

# OBSERVATIONS

SUR

# L'ORTHOGRAPHE

## FRANÇAISE.

Remédier aux imperfections encore si nombreuses de notre orthographe, imperfections qui démentent la logique et la netteté de l'esprit français, serait chose bien désirable à un double point de vue : le bon et rapide enseignement de la jeunesse, la propagation de notre langue et de ses chefs-d'œuvre. Mais cette tâche est bien plus difficile que ne le supposent ceux qui, frappés des abus, ne se sont pas rendu compte de la nature des obstacles, ainsi que des efforts divers tentés depuis trois siècles pour la solution du problème.

C'est à l'Académie française, à cause même de sa légitime influence sur la langue et de l'autorité de son Dictionnaire, devenu depuis longtemps le Code du langage, qu'il convient d'examiner, en vue de la nouvelle édition qu'elle prépare, les modifications proposées dans l'orthographe ; c'est à elle qu'il appartient de satisfaire, dans une juste mesure, conforme d'ailleurs à ses propres précédents, aux vœux le plus généralement manifestés.

Jusqu'au commencement de ce siècle, son Dictionnaire, moins répandu et moins autorisé, laissait à chacun quelque liberté de modifier l'orthographe, soit dans les écrits, soit dans l'impression (1). D'ailleurs l'Académie apportait à chaque

---

(1) Ainsi mon père et mon oncle n'avaient pas craint de s'écarter de l'orthographe traditionnelle en osant, dès 1798, remplacer, dans leurs éditions, l'*o* par l'*a*, et

édition de notables changements, ainsi qu'on en peut juger en comparant les diverses éditions avec la première, qui parut en 1694.

. Mais l'usage, que l'Académie invoquait jusqu'en 1835 comme sa règle, n'a plus aujourd'hui de raison d'être : tout écrivain, toute imprimerie, s'est soumis à la loi inscrite au Dictionnaire; les journaux, par leur immense publicité, l'ont généralisée; personne n'oserait plus la braver. Ainsi tout progrès deviendrait impossible, si l'Académie, forte de l'autorité qu'elle a justement acquise, ne venait elle-même au-devant du vœu public en faisant un nouveau pas dans son système de régularisation de l'orthographe, afin de rendre notre langue plus facile à apprendre, à lire et à prononcer, surtout pour les étrangers.

Grâce aux améliorations successivement introduites par l'Académie dans les cinq éditions de son Dictionnaire, ce qu reste à modifier dans notre orthographe est peu considérable, et pourrait même être admis en une seule fois, si l'Académie se montrait aussi hardie qu'elle le fut dans sa troisième édition.

Que d'efforts et de fatigues quelques réformes pourraient encore épargner aux mères et aux professeurs ! que de larmes à l'enfance ! que de découragement aux populations rurales ! Tout ce qui peut économiser la peine et le temps perdus à écrire des lettres inutiles, à consulter sa mémoire, souvent en défaut, profiterait à chacun. Car, avouons-le, personne d'entre nous ne saurait s'exempter d'avoir recours au Dictionnaire pour s'assurer s'il faut soit l'$y$ soit l'$i$ dans tel ou tel mot; soit un ou deux $l$, ou $n$ ou $p$ dans tel autre; soit un $ph$ ou un $th$; un accent grave ou circonflexe, un tréma ou un accent aigu,

---

imprimer *français* et non *françois*, je *reconnais* et non je *reconnois*, modification importante qui fut admise par l'Académie dans sa dernière édition, celle de 1835.

C'est ainsi qu'en 1730, l'académicien Du Marsais, à l'exemple de Buffier, de Sanadon et du plus grand nombre des auteurs, qui *suivaient la nouvelle orthographe*, s'écarte hardiment de l'ancienne (celle de l'Académie). (Voy. l'Appendice D.)

un trait d'union ou même la marque du pluriel, le *s* ou le *x* dans certains mots (1).

Il serait trop long d'énumérer ici les tentatives plus ou moins sensées, plus ou moins téméraires proposées dès le commencement du seizième siècle pour la simplification de l'orthographe ; la plupart d'entre elles devaient échouer parce qu'elles étaient trop absolues dans leur ensemble et bouleversaient les habitudes et la simplicité de notre alphabet. (Voy. l'Appendice D.) L'Académie seule, quelquefois avec une grande hardiesse, a pu introduire de sages modifications ; toutes ont été accueillies avec reconnaissance en France et dans les pays étrangers. C'est donc à elle de juger dans quelles limites elle voudra céder aux vœux persévérants manifestés par tant de bons esprits depuis plus de trois siècles. Les concessions qu'elle croirait devoir faire ne seront même que la conséquence de l'opinion émise par elle en 1718 dans la préface de la deuxième édition de son Dictionnaire : « Comme il ne faut point se presser de rejeter l'ancienne orthographe, on ne doit pas non plus, dit-elle, faire de trop grands efforts pour la retenir. »

Faciliter l'écriture et la lecture de la langue française, c'est en assurer encore mieux l'universalité.

Ces modifications seraient d'autant plus utiles et opportunes qu'elles hâteraient le développement et la propagation de l'instruction primaire dans nos campagnes, et l'enseignement de la langue française aux Arabes, moyen le plus sûr de nous les assimiler (2). Ce bienfait s'étendrait même à tout l'Orient, où l'on se livre à de sérieux efforts pour transcrire à l'usage des indigènes, au moyen d'un alphabet simplifié le plus

---

(1) L'Académie écrit avec un *s* le pluriel de *bambou, clou, coucou, filou, fou, mou, sou, trou, verrou*, et avec un *x* les pluriels de *caillou, chou, genou, glouglou, hibou, joujou, pou*.

(2) M. le général Daumas a mis en pratique, et avec succès, le système de simplification d'orthographe dont on est redevable à M. Féline.

possible, les diverses langues de ces nombreuses populations (1).

Avant même que François Iᵉʳ, par son édit de Villers-Cotterets, du 10 août 1539, eût rendu officielle la langue française, en bannissant le latin de tout acte public, beaucoup de bons esprits et de savants imprimeurs s'étaient occupés de régulariser notre orthographe.

Le désordre dans l'écriture du français était alors à son comble : loin de la simplifier, chacun croyait faire montre de savoir en la compliquant par la multiplicité des consonnes. (Voir l'Appendice D.)

Ronsard, après s'être plaint dans la préface de sa première édition de la *Franciade*, en 1572, de l'impossibilité de se reconnaître dans « la corruption » de l'orthographe, écrivait dans sa seconde édition :

« Quant à nostre escriture, elle est fort vicieuse et corrompuë,
« et me semble qu'elle a grand besoin de reformation : et de
« remettre en son premier honneur le *K* et le *Z*, et faire charac-
« tères nouueaux pour la double *N*, à la mode des Espagnols
« *ñ*, pour escrire *monseigneur*, et une *L* double pour escrire *or-*
« *gueilleux*. »

Plus tard, en tête de son Abrégé de l'*Art poétique*, il développe son opinion sur la réforme de l'orthographe française. (Voir l'Appendice B.)

Dès l'année 1660, trente-quatre ans avant l'apparition du Dictionnaire de l'Académie, la *Grammaire de Port-Royal* avait posé les bases de l'accord de l'écriture et de la prononciation ; elle voulait :

(1) En ce moment, M. Pauthier me montre plusieurs Dictionnaires polyglottes imprimés à Yeddo. Dans celui qui est intitulé *San-gio-ben-ran, les Trois Langues synoptiques*, Yeddo, 1854, les mots japonais sont traduits en français, en anglais et en hollandais, et la prononciation y est figurée par des signes. Je vois donc au mot *ortographier* la notation du son *phi* figurée par le même signe qui est appliqué à *pi* dans le mot *opiner* qui précède. Ainsi donc les Japonais, au lieu de prononcer *ortografier*, prononceront *ortograpier*, ou bien ils devront prononcer *ofiner* au lieu d'*opiner*.

1° Que toute figure marquât quelque son, c'est-à-dire qu'on n'écrivît rien qu'on ne prononçât ;

2° Que tout son fût marqué par une figure, c'est-à-dire qu'on ne prononçât rien qui ne fût écrit ;

3° Que chaque figure ne marquât qu'un son, ou simple ou double ;

4° Qu'un même son ne fût point marqué par des figures différentes.

Et le grand Corneille, trente ans avant le Dictionnaire de l'Académie, proposait et appliquait lui-même une écriture plus conforme à la prononciation. ( Voir l'Appendice C.)

Quand on voit les bizarreries et les anomalies de l'orthographe dans les manuscrits et les impressions antérieures à l'apparition du PREMIER *Dictionnaire de l'Académie*, publié en 1694, on ne saurait être trop reconnaissant du service qu'il rendit alors. Pour remédier au désordre, l'Académie crut devoir rapprocher l'orthographe française des formes grecques et latines, et adopter pour le classement des mots l'ordre étymologique, suivant en cela l'exemple de Henri et de Robert Estienne pour leurs Trésors de la langue grecque et de la langue latine.

Mais bientôt l'Académie reconnut que l'utilité pratique était préférable, et, dès sa SECONDE édition, en 1718, elle renonça au classement des mots par racines pour revenir à l'ordre alphabétique, moins rationnel, mais plus pratique, ce qu'elle annonce ainsi dans sa préface :

« La forme en fut si différente, que l'Académie donna plutôt un Dictionnaire nouveau qu'une nouvelle édition de l'ancien. L'ordre étymologique, qui dans la spéculation avoit paru le plus convenable, s'étant trouvé très-incommode, dut être remplacé par l'ordre alphabétique, en sorte qu'il n'y eût plus aucun mot que, dans cette seconde édition, on ne pût trouver d'abord et sans peine. »

Dans cette édition, l'Académie, se bornant à ce grand changement, modifia peu l'orthographe ; mais déjà bien des tentatives avaient été faites en vue d'une réforme.

C'est dans sa TROISIÈME édition, en 1740, que l'Académie,

cédant aux vœux manifestés dès le xvi° siècle par tant de philologues et d'érudits et répétés par des voix autorisées, supprima des milliers de lettres parasites, sans craindre d'effacer ainsi leur origine étymologique : les *s*, les *d* dans des mots dérivés du latin, disparurent. Elle n'écrivit plus *accroistre, advocat, albastre, apostre, aspre, tousjours*, non plus que *bast, bastard, bestise, bienfaicteur, chrestien, chasteau, connoistre, isle* (1). Les *y* non étymologiques furent remplacés par des *i* ; elle n'écrivit plus *cecy, celuy, toy, moy, gay, gayeté, joye,* derniers vestiges de l'écriture et des impressions des xv° et xvi° siècles, mais *ceci, celui, toi, moi, gai, gaieté, joie*, etc. L'*y* et l'*s* du radical grec et latin furent même supprimés dans *abysme*, qu'elle écrivit *abyme*, et plus tard *abîme* ; *eschole, escholier* devinrent *escole, escolier*, puis *école, écolier* ; *subject* devint *subjet*, puis *sujet* ; *Françoys, François*, puis *Français*. Si elle ne porta pas plus loin sa réforme orthographique, c'est sans doute qu'elle ne voulut pas introduire subitement un trouble trop grand dans les habitudes.

Elle supprima aussi le *c* d'origine latine dans quelques mots, tels que *laict, allaicter, extraict, faict* ; l'*e* dans le mot *insceu* (2), *impreveu, indeu, salisseure, souilleure, alleure, beuveur, creu, deu*, et grand nombre d'autres ; *neufvaine, vuide, nepveu, nopce, nud*, furent corrigés ; elle effaça le *ç* dans *sçavoir*, le *c* et l'*e* dans *picqueure* (*piqûre*) ; enfin elle remplaça un grand nombre de *th* et de *ph* par *t* et par *f*.

J'ai fait le relevé comparatif de ces suppressions de lettres : sur les 18,000 mots (3) que contenait la première édition du Dictionnaire de l'Académie, près de 5,000 mots furent modifiés par ces changements.

(1) Il nous reste encore, échappés à la réforme de 1740, les mots *baptême, bastonnade, cheptel, dompter, condamner*, que Bossuet écrivait *domter, condanner*.

(2) Voici les variations d'orthographe de ce mot : 1re édition, *insçeu*, 2e édit., *insceu*, 3e édit., *insçu*, 4e édit., *insçu*, 5e édit., *insu*.

(3) La table de l'édition de 1694 contient 20,000 mots ; mais 2,000 mots se composent de participes ou de locutions adverbiales.

L'abbé d'Olivet, à qui l'Académie confia ce travail, l'exécuta, d'après ce qu'elle avait déclaré dans la préface de son Dictionnaire, « qu'on travailleroit à ôter toutes les superfluités « qui pourroient être retranchées sans conséquence, et qu'en « cela, le public étoit allé plus vite et plus loin qu'elle (1). »

L'Académie, qui avait fait de si grandes améliorations orthographiques dans sa troisième édition, en fit de considérables encore dans la QUATRIÈME, qui parut en 1762. Elle les signale ainsi dans sa préface :

« Les sciences et les arts ayant été plus cultivés et plus répandus depuis un siècle qu'ils ne l'étoient auparavant, il est ordinaire d'écrire en françois sur ces matières. En conséquence plusieurs termes qui leur sont propres, et qui n'étoient autrefois connus que d'un petit nombre de personnes, ont passé dans la langue commune. Auroit-il été raisonnable de refuser place dans notre Dictionnaire à des mots qui sont aujourd'hui d'un usage presque général ? Nous avons donc cru devoir admettre dans cette édition les termes élémentaires des sciences, des arts, et même ceux des métiers, qu'un homme de lettres est dans le cas de trouver dans des ouvrages où l'on ne traite pas expressément des matières auxquelles ces termes appartiennent.

.... « L'Académie a fait dans cette édition un changement assez

(1) *Histoire de l'Académie françoise*, par d'Olivet. C'est dans la Correspondance inédite, adressée au président Bouhier (Lettre du 1er janvier 1736), qu'on trouve ces curieux détails :

« A propos de l'Académie, il y a six mois que l'on délibère sur l'orthographe ; car la volonté de la Compagnie est de renoncer, dans la nouvelle édition de son Dictionnaire, à l'orthographe suivie dans les éditions précédentes, la première et la deuxième ; mais le moyen de parvenir à quelque espèce d'uniformité ? Nos délibérations, depuis six mois, n'ont servi qu'à faire voir qu'il étoit impossible que rien de systématique partît d'une Compagnie. Enfin, comme il est temps de se mettre à imprimer, l'Académie se détermina hier à me nommer seul *plénipotenciaire* à cet égard. Je n'aime point cette besogne, mais il faut bien s'y résoudre, car, sans cela, nous aurions vu arriver, non pas les calendes de janvier 1736, mais celles de 1836, avant que la Compagnie eût pu se trouver d'accord. »

Dans sa lettre du 8 avril 1736 il écrit : « Coignard a, depuis six semaines, la lettre A, mais ce qui fait qu'il n'a pas encore commencé à imprimer, c'est qu'il n'avoit pas pris la précaution de faire fondre des É accentués, et il en faudra beaucoup, parce qu'en beaucoup de mots nous avons supprimé les S de l'ancienne orthographe, comme dans *despescher*, que nous allons écrire *dépécher*, *tête*, *mâle*, etc. »

considérable, que les gens de lettres demandent depuis long-temps. On a séparé la voyelle I de la consonne J, la voyelle U de la consonne V, en donnant à ces consonnes leur véritable appellation ; de manière que ces quatre lettres, qui ne formoient que deux classes dans les éditions précédentes, en forment quatre dans celle-ci; et que le nombre des lettres de l'alphabet, qui étoit de vingt-trois, est aujourd'hui de vingt-cinq. Si le même ordre n'a pas été suivi dans l'orthographe particulière de chaque mot, c'est qu'une régularité plus scrupuleuse auroit pu embarrasser quelques lecteurs, qui, ne trouvant pas les mots où l'habitude les auroit fait chercher, auroient supposé des omissions. On est obligé de faire avec ménagement les réformes les plus raisonnables.

......« Nous avons supprimé dans plusieurs mots les lettres doubles qui ne se prononcent point. Nous avons ôté les lettres, *b, d, h, s,* qui étoient inutiles. Dans les mots où la lettre *s* marquoit l'allongement de la syllabe, nous l'avons remplacée par un accent circonflexe. Nous avons encore mis, comme dans l'édition précédente, un *i* simple à la place de l'*y* partout où il ne tient pas la place d'un double *i,* ou ne sert pas à conserver la trace de l'étymologie. Ainsi nous écrivons *foi, loi, roi,* etc., avec un *i* simple ; *royaume, moyen,*¦ *voyez,* etc., avec un *y,* qui tient la place du double *i* ; *physique, synode,* etc., avec un *y* qui ne sert qu'à marquer l'étymologie. Si l'on ne trouve pas une entière uniformité dans ces retranchemens, si nous avons laissé dans quelques mots la lettre superflue que nous avons ôtée dans d'autres, c'est que l'usage le plus commun ne nous permettoit pas de la supprimer. »

Elle crut cependant devoir abandonner dans quelques mots usuels l'*y* étymologique qu'elle remplaça par l'*i.* Ainsi, dans cette quatrième édition, elle écrivit : *chimie, chimique, chimiste, alchimie, alchimiste,* qui, dans la précédente, étaient écrits *chymie, chymique, chymiste, alchymie, alchymiste,* et *absinthe* au lieu de *absynthe.* Elle écrivit *détrôner, scolarité, scolastique, scolie,* que la troisième édition écrivait encore *dethroner, scholárité, scholastique, scholie* ; elle supprima quelques lettres doubles, comme dans les mots *agrafe, agrafer, argile, éclore, poupe,* etc., au lieu d'*agraffe, agraffer, argille, éclorre, pouppe* ; de même l'*h* étymologique aux mots *paschal, patriarchal,* qu'elle écrivit *pascal, patriarcal, pa-triarcat* (1). Elle remplaça même l'*o* par l'*a* dans les mots *connaître, connaisseur, ivraie,* au lieu de *connoître, con-noisseur, ivroie*; et, parmi quelques autres changements, je remarque qu'au lieu de *coeffe, coeffer, coeffeur,* elle écrit *coiffe, coiffeur, coiffer*; *genou,* au lieu de *genouil*; *ani-croche,* au lieu de *hanicroche*; *rez-de-chaussée,* au lieu de *raiz-de-chaussée*; *spatule,* au lieu de *espatule,* qu'elle aurait même dû écrire *spathule,* puisque ce mot vient de σπάθη; mais déjà on tenait moins de compte de l'étymologie.

Profitant un peu tard des réflexions de Messieurs de Port-Royal (Arnauld et Lancelot), qui, dans leur Grammaire, avaient condamné avec raison l'ancienne et vicieuse épellation :

*bé, cé, dé, é, effe, gé, ache, ji, elle, emme, enne, erre, esse, vé, ixe, zedde,*

l'Académie, après l'avoir suivie pour les premières lettres dans sa quatrième édition, s'est ensuite ravisée et l'indique ainsi :

*fe, ge, he, le, me, ne, re, se, ve, xe, ze.*

Cette méthode, qui n'est mise en pratique que depuis peu de temps, rend l'épellation un peu moins difficile; et, en effet, bien que nous ayons, et avec tant de peine ! appris à lire, prononcerions-nous sans hésiter les mots qu'on nous a fait ainsi épeler :

| | |
|---|---|
| erre e pe u te a te i o enne | réputation |
| a i elle elle e u erre esse | ailleurs |
| de a u pe ache i enne | dauphin |
| qu u i ce o enne qu u e | quiconque |
| pe ache a esse e | phase |

Dans cette quatrième édition, comme dans la troisième,

l'Académie, contrairement à ses précédents, avait supprimé le *t* final au pluriel des mots terminés en *ant* et *ent* ; elle écrivait donc dans ces deux éditions : *les amans, les passans, les élémens, les parens.*

Dans sa CINQUIÈME édition, publiée en 1835, elle ne sanctionna pas cette suppression du *t* final, et, après une discussion approfondie, elle crut devoir rétablir le *t* à tous les mots en *ent* et *ant* où il avait disparu. Par là, elle évita la confusion entre les mots qui, bien qu'ayant un *t* final au singulier, ne se distinguaient plus au pluriel de ceux qui n'en avaient pas ; en écrivant *amans, passans, élémens, parens,* comme *artisans, charlatans, paysans,* on troublait la mémoire par la confusion qui pouvait résulter de cette similitude, quant à l'orthographe du singulier. C'était d'ailleurs contrevenir à la règle grammaticale qui forme le pluriel par l'addition de l'*s*. Malgré la tendance générale à simplifier l'écriture, ce retour à un ancien principe qui nécessitait cependant une addition considérable de lettres fut accepté sans réclamation ; il était logique.

C'est dans cette cinquième édition qu'une innovation importante fut enfin admise par l'Académie : la substitution de l'*a* à l'*o* dans tous les mots où l'*o* se prononçait *a*. L'Académie suivit en cela l'exemple donné par Voltaire ; mais je m'aperçois qu'elle-même en avait tenté déjà l'introduction dans sa quatrième édition, où elle écrit *connaissance, connaître, ivraie,* jusqu'alors écrits par *o* (1). Cette modification, qui s'étendit

(1) Vingt-six ans avant l'apparition du Dictionnaire de l'Académie, on lit dans la première édition de l'*Andromaque* de Racine, acte III, sc. I, ces vers :

> M'en croirez-vous ? lassé de ses trompeurs attraits,
> Au lieu de l'enlever, Seigneur, je la fuir*ais.*

que sept ans plus tard (en 1675), il corrigea ainsi, pour se conformer à l'usage :

> Au lieu de l'enlever, fuyez-la pour jamais.

sur un grand nombre de mots, fut accueillie du public avec reconnaissance.

Les améliorations orthographiques dans cette édition ne se bornèrent pas à ces deux grands changements dans l'orthographe; l'uniformité de la prononciation depuis un siècle permit de régulariser l'emploi des accents et de supprimer beaucoup de lettres effacées par l'usage.

Mais, durant les soixante-deux années d'intervalle entre la quatrième et la cinquième édition, que de changements opérés en France! Un nouvel ordre de choses était né, et, pour refléter les passions de la tribune et de la presse, le langage avait vu son domaine s'accroître de locutions inconnues aux grands auteurs du xviie siècle, à Rousseau, à Voltaire lui-même. En législation, en économie sociale, en administration, tout était transformé, et, dans l'ordre matériel, de grands progrès s'étaient accomplis. Chaque mot concernant la jurisprudence, la politique, les sciences et les arts, exigeait une révision scrupuleuse ou un examen attentif. L'Académie ne devait donc admettre qu'avec prudence et après de longues discussions des néologismes qui pouvaient n'être qu'éphémères. Sous la direction successive des secrétaires perpétuels, MM. Raynouard, Auger, Andrieux, Arnault, Villemain, fut accompli ce grand travail qui ne dura pas moins de quinze années.

On ne s'en étonnera pas, si l'on songe aux difficultés que présentait la définition de certains mots, tels que *Liberté*, *Droit*, *Constitution*, qui chacun ont occupé quelquefois toute une séance de l'Académie entière, devant laquelle chaque mot, rédigé d'abord par une commission nommée dans son sein, était discuté ensuite,

Entre MM.

De Pastoret, Dupin, Royer-Collard, de Ségur, Daru, etc., pour tout ce qui concerne la jurisprudence ou la législation, l'administration ou la diplomatie;

Andrieux, Villemain, de Féletz, Campenon, Lacretelle, Étienne, Arnault, etc., pour tout ce qui tient à la grammaire et à la délicatesse de la langue ;

Cuvier, Raynouard, de Tracy, Cousin, Droz, etc., pour toutes les matières de science, d'érudition et de philosophie.

Indépendamment des ressources qu'offrait la variété des connaissances de tant d'hommes supérieurs, l'Académie eut souvent recours aux membres les plus distingués des autres Académies, tels que Biot, Fourier, Thenard, Arago, pour la révision des articles qui sortaient de ses attributions spéciales.

Maintenant l'Académie, après avoir successivement supprimé dans un si grand nombre de mots les lettres étymologiques et introduit d'importantes modifications dans les signes orthographiques, jugera peut-être le moment venu d'imiter (et sa tâche serait bien moindre) l'exemple que ses prédécesseurs lui ont donné, surtout dans la troisième édition où furent retranchées par milliers les lettres qui marquaient l'origine latine et quelquefois même l'origine grecque. La liste des mots où pourraient s'opérer ces modifications n'est point aussi considérable qu'on serait tenté de le croire.

L'Académie rendrait donc un grand service, aussi bien au public lettré qu'à la multitude et aux étrangers, en achevant en 1867 l'œuvre si bien commencée par elle en 1740. Il suffirait de coordonner :

1° L'orthographe étymologique, soit que l'Académie étende la réforme de 1740, soit qu'elle la restreigne ;

2° La suppression, conformément à ses précédents, des lettres doubles qui ne se prononcent pas ;

3° L'orthographe des noms composés ;

4° La régularisation orthographique des mots terminés en *ant* et *ent* ;

5° La distinction orthographique des mots terminés en *tie* et *tion* ;

6° La distinction des deux *g*.

L'usage si fréquent que j'ai dû faire, et que j'ai vu faire sous mes yeux, dans ma longue carrière typographique, du Dictionnaire de l'Académie, m'a permis d'apprécier quels sont les points qui peuvent offrir le plus de difficultés. J'ai donc cru devoir appeler l'attention de l'Académie à ce sujet, et lors même qu'elle adopterait, dans certains cas, une solution différente de celle que je propose, je m'en féliciterais encore, puisque, en définitive, ce serait une solution.

# I. ORTHOGRAPHE ÉTYMOLOGIQUE.

## DE LA LETTRE χ.

*Mots de la langue française où la lettre χ est figurée par c ou par ch.*

| Par *c*, le *h* ayant disparu : | Par *ch* prononcé *k* : | Par *ch* prononcé à la manière française : |
|---|---|---|
| acariâtre | achromatique * | Achéloüs |
| caméléon | anachorète * | Achéron |
| caractère | anachronisme * | Achille |
| Caron | archaïsme * | alchimiste |
| carte | archange * | anarchie |
| cartulaire | archéologie | archidiacre |
| colère | archéologue | archiduc |
| colérique | *archétype* ** | archimandrite |
| colique | *archiépiscopal* ** | architecte |
| corde | archonte * | archives |
| école | autochthone * | archivolte |
| estomac | bacchanale * | bachique |
| estomaquer | catéchumène * | béchique |
| exarque | chalcographie * | bronchite |
| hérésiarque | chaos | cacochyme |
| kilo | Chaldée | catéchisme |
| kilogramme | Charybde | charité |
| kilomètre | *chélidoine* ** | charme |
| mécanique | Chersonèse | charte |
| mélancolie | *chirographaire* ** | chimère |

| Par *c*, le *h* ayant disparu : | Par *ch* prononcé *k* : | Par *ch* prononcé à la manière française : |
|---|---|---|
| mélancolique | *chirographe* ** | chimie |
| métempsycose | *chirologie* ** | chimiste |
| monacal | *chiromancie* ** | chirurgie |
| monarque | chlamyde * | chirurgien |
| monocorde | chlore * | chyle |
| pascal | chlorure * | exarchie |
| patriarcal | chœur | machiner |
| patriarcat | choléra-morbus * | monarchie |
| Plutarque | chorée * | pachyderme |
| scolastique | chorége * | Psyché |
| scoliaste | choriambe * | rachitisme |
| sépulcre | choriste * | schisme |
| stomacal | chorographe * | schiste |
| | chorus * | |
| | chrême * | |
| | chrestomathie * | |
| | chrétien | |
| | Christ | |
| | chrôme * | |
| | chronologie * | |
| | chronomètre * | |
| | chrysalide * | |
| | chrysanthème * | |
| | cochléaria * | |
| | ecchymose * | |
| | écho | |
| | eucharistie * | |
| | exarchat * | |
| | hypochondre * | |
| | ichthyologie * | |
| | lithochromie * | |
| | ochlocratie * | |
| | orchestre | |
| | polytechnique * | |
| | psychologie * | |
| | *schène* ** | |
| | technique * | |

Ainsi, dans tous ces mots dérivés du grec, on voit figurer à la première colonne ceux qui, écrits d'abord par *ch*, tels que *charactère, charte, chorde, mélancholie, méchanique*, etc., au nombre de 34, ont successivement perdu le *h* et s'écrivent *caractère, carte, corde, mélancolie, mécanique*, etc., avec le *c* dur.

Dans la seconde colonne, les 57 mots qui la composent sont écrits avec *ch* ; mais le Dictionnaire indique, du moins pour la plupart d'entre eux, que le *ch* doit être prononcé *k* pour les uns, et *che* pour les autres.

Dans la troisième colonne, qui contient 33 mots, ce même signe binaire *ch* se prononce pour tous *à la française,* che : *alchimie, architecte, archidiacre, charité*, etc.

J'ai donc marqué, à la seconde colonne, avec un * les mots qui devraient être écrits par un *c*, afin de les faire rentrer dans la *première* série ; ils sont au nombre de 38, et j'ai marqué de deux ** ceux qui pourraient rentrer dans la *troisième* série en conservant le *ch* et qui se prononceraient à la *française* : ils sont au nombre de 8.

En effet, à côté des mots qui, à la *première* colonne, s'écrivent par un *c* dur : *caractère, carte, colique, colère, mécanique, mélancolie, patriarcal, scolastique, exarque, monarque*, etc., on peut ranger sans inconvénient *arcaïsme, anacronisme, catécumène, clore, clorure, crôme, acromatique, psycologie, cronologie* (1). Pourquoi écrire *exarchat* et *asiarchat*, lorsqu'on écrit *exarque* et *patriarcat?*

Et l'on peut ranger à la *troisième* colonne *archétype, archiépiscopal, chirographe, chirologie, chélidoine, chirographaire*, puisqu'on écrit et prononce *alchimiste, archidiacre, archiduc, charité, catéchisme, chirurgie, chirurgien.*

Il ne resterait de difficultés que pour huit ou neuf mots, *archéologue, orchéologie, orchestre, chœur, écho, chaos, chrême, chrétien*, le *Christ*, auxquels on peut conserver le *ch* en indiquant au Dictionnaire qu'il se prononce *k.*

Il est fâcheux que la prononciation du *c* étant celle de l's devant *e* et *i* ne permette pas d'écrire *arcéologue, arcéologie, orcestre*, ni même, à cause de l'étymologie, de les écrire *cœ*

---

(1) Ce mot se trouve souvent écrit et même imprimé sans *h* : **cronologie.** Voltaire écrit **catécumène.**

comme dans *cœur* (autrefois on écrivait *cueur*). Mais pourquoi ne pas prononcer ARCHÉ*ologie* çomme *mon*ARCHIE, ou bien écrire et prononcer ARQUÉ*ologue* comme on écrit et prononce *mon*ARQUE? On pourrait aussi remplacer dans *archéologue* et *archéologie* le *ch* par le *k*, d'un si grand usage chez nos anciens poëtes. Cette lettre *k*, que regrettait tant Ronsard, et qu'indiquait Théodore de Bèze pour écrire *rekueil, rekueillir*, etc., au lieu de *recueil, recueillir*, est admise maintenant dans l'usage ordinaire pour *kilo, kilogramme, kilomètre, kyrielle*, mots également dérivés du grec où elle figure le $\chi$, comme elle le ferait dans *arkéologue, arkéologie, orkestre*.

Quant aux noms propres, presque tous dérivés du grec, ils s'écrivent en général avec *ch* et se prononcent *k*. Quelques-uns cependant se sont modifiés, tels que *Caron, Plutarque*.

Pour des mots scientifiques, tels que *cholédoque, cholédologie*, il importe fort peu, à qui sait le grec, qu'ils soient écrits d'une manière ou d'une autre : la science du grec ne saurait d'ailleurs être toujours un guide infaillible. Ainsi, de ce qu'on sait le grec, on croira devoir écrire *scholie* et *scholiaste*; cependant l'Académie écrit *scolie* et *scoliaste*, tandis que, par amour du grec, on aurait dû distinguer le « commentaire » de la « chanson de table », en écrivant le commentaire, *scholie*, σχόλιον, et sans *h* la chanson de table, *scolie*, σκολιόν.

Si le doute est permis, même à des hellénistes, quel ne doit pas être l'embarras des artisans, et du nombre immense de ceux qui ne savent ni le grec ni le latin? En 1694, quand l'Académie composa son Dictionnaire, savoir lire et écrire était un privilége réservé à une classe restreinte de la société. Aujourd'hui c'est le droit et le devoir de tous.

### De l'esprit rude.

L'Académie semble vouloir renoncer à figurer dans l'ortho-graphe l'esprit rude du ῥ grec, qui indique une aspiration étrangère à l'harmonie de notre langue, et qui ne se fait pas sentir. En effet, l'*h* qui était censé représenter cet esprit rude a disparu de *rapsode, rabdologie, rabdomancie, rétine, cata-racte* (qui serait, selon l'étymologie, *catarrhacte*); pourquoi donc maintenir ce signe *h* dans les mots *rhagade, rhapontic, rhinocéros, rhomboïde, rhubarbe, rhume, rhumatisme, rhy-thme, arrhes?* L'Académie écrit *eurythmie* qu'elle aurait dû écrire *eurhythmie*, puisqu'elle écrit *rhythme*.

Cet *h*, depuis longtemps abandonné dans les mots *hémorra-gie, hémorroïdes*, doit-il être conservé dans les mots *ca-tarrhe, diarrhée, gonorrhée*, formés sur le même radical ῥέω? Il serait désirable que l'on écrivît *réteur, rétorique*, et non *rhéteur, rhétorique* (1).

J'ai donc eu raison de dire que bien souvent les savants mêmes, et parce qu'ils sont savants, hésitent et sont forcés de recourir au Dictionnaire pour se guider à travers ces bizarres anomalies.

## DES LETTRES Θ ET Φ

### REPRÉSENTÉES EN FRANÇAIS PAR *th* ET *ph*.

Déjà Ronsard, mort en 1585, s'exprimait ainsi, dans la préface de son *Abrégé de l'art poétique* :

« Quant aux autres diphtongues (les lettres doubles, *ch, ph, th*), « je les ay laissées en leur vieille corruption, avecques insup-« portable entassement de lettres, signe de nostre ignorance et « peu de jugement en ce qui est si manifeste et certain. » (*Voy.* l'Appendice B.)

Il est regrettable que l'Académie, dans la première édition

(1) Comme on écrit *rose* et *rosier*, contrairement à l'orthographe grecque, mais conformément à celle des Latins, qui cependant écrivent *Rhodos*, l'île de Rhodes, de même que de ῥόδον, la rose, nous avons formé *rhododendron*, ce qui peut faire croire cet arbuste originaire de Rhodes.

de son Dictionnaire, en 1694, et plus tard, lorsque, en 1740,
elle supprima en grande partie les traces de l'orthographe
latine, n'ait pas réalisé le vœu de Ronsard, et qu'elle ait
introduit ou laissé subsister dans notre écriture « le faste pédantesque » qu'elle condamnait dans le poëte.

En songeant à l'anarchie orthographique qui régnait dans
l'écriture et dans les imprimeries, lorsque l'Académie publia
la première édition de son Dictionnaire, on conçoit le motif
qui la porta à recourir aux sources grecques et latines, selon la
coutume et les idées du temps ; mais puisque l'usage, invoqué
par l'Académie comme sa loi suprême, lui a fait réduire à
chaque édition l'emploi des *th* et des *ph* dans les mots de la
langue vulgaire, le moment est peut-être opportun pour mettre
un terme au désordre, accru de jour en jour par l'invasion
d'une foule de mots scientifiques et techniques qui hérissent
notre écriture de consonnes inutiles et la défigurent.

Ces mots forgés par les médecins, les naturalistes et les
chimistes, avec leur parure obligée de *ch*, de *ph* et de *th*,
sont heureusement d'un emploi rare ; j'ai donc cru devoir
séparer en deux listes les mots de la langue usuelle de ceux
de la langue scientifique et par conséquent peu usités.

Il résulte de ces listes que les mots de la langue usuelle
ayant le *th* et figurant au Dictionnaire sont au nombre de 64.

Ceux d'un usage exceptionnel, admis néanmoins par l'A-
cadémie et où figure le *th*, sont au nombre de 44.

*Mots d'un usage ordinaire ayant conservé* TH.

| | | | |
|---|---|---|---|
| anathème | athée | catholique | lithotritie |
| anthologie | athénée | dithyrambe | mathématique |
| anthrax | athlète | enthousiasme | méthode |
| antipathie | athlétique | épithète | misanthrope |
| antithèse | authentique | éther | mythe |
| apathie | autochthone | hypothèque | mythologie |
| apothéose | bibliothèque | hypothèse | orthodoxe |
| apothicaire | bismuth | isthme | orthopédie |
| asthme | cathédrale | léthargie | panthéisme |

| | | | |
|---|---|---|---|
| panthéon | pythagoricien | thème (1) | thermes |
| panthère | pythie | Thémis | thermomètre |
| parenthèse | rhythme | théocratie | thésauriser |
| pathétique | sympathie | théologie | thèse |
| pathologie | synthèse | théorème | thuriféraire |
| pathos | théâtral | théorie | thym |
| polythéisme | théâtre | thermal | thyrse |

*Mots avec* TH *d'un usage exceptionnel.*

| | | | |
|---|---|---|---|
| acanthe | épithème | orthodromie | théologal |
| anacoluthe | exanthème | orthogonal | théorical |
| anthère | lagophthalmie | orthopnée | thérapeutes |
| athlothète | léthifère | oryctographie | thérapeutique |
| carthame | litharge | ostéolithe | thériaque |
| cathèdrant | lithiasie | pentathle | thermidor |
| cathérétique | lithocolle | pyrèthre | théurgie |
| cathéter | lithologie | pythique | thorax |
| chrysanthème | lithontriptique (2) | stéthoscope | thoracique |
| enthymème | lithotomie | théisme | thuia |
| épithalame | lycanthropie | théodicée | tithymale |

L'Académie, ayant fait disparaître le *h* des mots *thrésor, thrésorier, thrésorerie* (elle écrit cependant *thésauriser*), *thrône, déthrôner, autheur, authoriser* (qui n'aurait jamais dû être écrit par un *h*), *inthronisation, inthroniser,* croira peut-être le moment venu de supprimer, en tout ou en partie, le *h* dans les soixante-quatre mots de la langue usuelle qui figurent en tête de la liste précédente.

Le Dictionnaire écrit *Ostrogot :* pourquoi écrire *gothique?*

(1) On écrit abs*tème*, d'après une étymologie bien incertaine. Comment se rappeler cette distinction ?

(2) Cette forme, qui déroge à celle des autres composés de λίθος, *lithotritie, lithotomie, lithologie,* et toute la série des mots composés du grec, ne saurait être admise, à moins de vouloir, en *français,* écrire *grec* et *latin.* Si l'on transformait ainsi dans notre langue les désinences des génitifs grecs, il faudrait écrire *odontónalgie* et non *odontalgie, typougraphie, physeologie* ou *physeoslogie,* etc. Quant à la forme assez barbare de *triptique,* elle dérive ici de τρίβω, *je frotte,* d'où τρίπτης; mais, pour quiconque sait le grec, l'exemple donné au Dictionnaire : *médicaments lithontriptiques,* signifiera des médicaments qui *frottent la pierre* (dans la vessie). *Litholytiques* (de λύω) eût mieux exprimé ce qu'on voulait indiquer : *des médicaments dissolvant la pierre.*

L'Académie, après avoir écrit dans sa première édition, par *ph*, les mots *phlegme, phlegmatique, phantosme, phantastique, phrenesie, phrenetique, phiole*, les a écrits plus tard par un *f* : *flegme, flegmatique, fantôme, fantastique, frénésie, frénétique, fiole*, etc., de même qu'elle figure par *f* les mots d'origine grecque, *faisan, fameux, fantaisie, fanal, fantasmagorie, fenestre, feuille, frémir, frisson, siffler, greffier* et *soufre* du latin *sulphur*. Voici les autres mots dérivés ou formés du grec, ou plutôt venus du grec par le latin, auxquels elle a conservé le *ph* au lieu du *f* (1).

### Mots avec PH *d'un usage ordinaire.*

| | | | |
|---|---|---|---|
| alphabet | épiphanie | pharisien | porphyre |
| amphibie | épitaphe | pharmacie | prophète |
| amphibologique | géographie | pharmacien | sarcophage |
| amphore | hémisphère | pharynx | sémaphore |
| antiphonaire | hiéroglyphe | phase | siphon |
| aphorisme | historiographe | phénix | sophisme |
| aphrodisiaque | hydrophobe | phénomène | sophiste |
| apocryphe | hydrophobie | philharmonie | sphère |
| apostrophe | logogriphe | philhellène | sphinx |
| atmosphère | lymphatique | philippique | sténographe |
| atmosphérique | métamorphose | philologie | strophe |
| autographe | métaphore | philologue | symphonie |
| bibliographe | métaphysique | philtre | syphilis |
| biographe | monographie | phoque | tachygraphie |
| blasphème | néophyte | phrase | télégraphe |
| cacophonie | orphelin | phthisie. | télégraphie |
| catastrophe | orphique | phthisique | triomphe |
| éléphant | paragraphe | physicien | typographie |
| emphase | paraphrase | physiologie | typhus |
| emphatique | phaéton | physionomie | uranographie |
| éphémère | phalange | physique | zéphyre |
| épigraphe | phare | polygraphe | zoophyte |

(1) Voici d'autres mots latins transmis très-probablement du grec et que les Latins ont écrits par un *f* et non un *ph* : *fagus*, φηγός; *fallo*, σφάλλω; *fax*, de φάω; *fenestra*, de φαίνω; *fero*, de φέρω; *ferus*, de φήρ ou θήρ; *fuo, fio*, φύω; *fiscus*, de φάσκος; *fistula*, de φυσᾶν; *folium*, de φύλλον; *forma*, μορφή; *frater*, φράτωρ; *frons*, φροντίς; *fuga*, φυγή; *fulgeo*, φλέγω; *fucus*, φῦκος; *fungus*, σφόγγος; *funus*, φόνος; *fur*, φώρ. On peut ajouter *feretrum*, φέρετρον; *forfax*, φόρταξ *frigo*, φρύγω ou φρύττω.

## Mots avec PH d'un usage exceptionnel.

acéphale
amphictyon
amphigouri
amphitryon
antiphrase
antistrophe
aphélie
aphérèse
aphonie
apophyse
atrophie
autocéphale
calligraphe
callographe
caryophyllée
chorégraphie
chorographie
cosmographie
diaphragme
électrophore
encéphale

éphores
épistolographie
hagiographe
hiérophante
hydrographie
iconographie
lexicographie
monophylle
myographe
naphte
néographe
nosographie
olographe
ophicléide
oryctographie
pantographe
paranymphe
paraphernal
paraphimosis
phagédénique
phalène

phaleuce
phallus
phanérogame
pharmacopée
phébus
phénicoptère
philomathique
philotechnique
phimosis
phlébotomie
phlegmon
phlogistique
phlogose
phlyctène
phœnicure (1)
pholade
phonique
phosphate
phraséologie
phrénique
phylactère

phylarque
physiognomonie
physiographe
phytologie
polyadelphie
porphyrogénète
prophylactique
sphacèle
sphénoïdal
sphénoïde
sphériste
sphéristère
sphéristique
sphéroïde
sphéromètre
sphincter
staphylôme
symphyse
synalèphe
topographe
zoographie

## Mots avec TH et PH réunis.

amphithéâtre
anthropophage
aphthe
apophthegme

diphthongue (2)
ichthyophage
icthyographie
lagophthalmie

lithographe
lithophyte
orthographe
philanthrope

phyllithe
phytolithe
phthisie
triphthongue

## Mots avec deux PH ou deux TH.

philosophie
photographie

phosphate
phosphore

ichthyolithe
théophilanthrope

Dans la nouvelle édition qu'elle prépare, si l'Académie, tout en adoptant les modifications le plus généralement réclamées, croyait devoir restreindre le nombre de celles qu'elle jugerait moins importantes ou encore inopportunes, elle pourrait, ainsi qu'elle l'a fait quelquefois dans la cinquième édi-

(1) Qu'on devrait écrire *phénicure*, comme *phénix*.
(2) L'Académie dans sa première édition écrivait *diphtongue*.

tion, et conformément à la première observation de ses *Cahiers* de 1694 (1), ouvrir la voie à leur adoption future au moyen de la formule : *quelques-uns écrivent...* ou se servir de cette autre locution : *on pourrait écrire...* Par cette simple indication, chacun ne se croirait pas irrévocablement enchaîné et pourrait tenter quelques modifications dans l'écriture et dans l'impression des livres.

Les changements, lorsqu'ils s'introduisent successivement dans l'orthographe, ne sauraient causer un grave préjudice aux éditions récentes. Ces modifications de détail n'atteignent en général que des mots dont l'usage est très-restreint; elles passent inaperçues d'une partie du public et se perdent dans la masse.

On peut d'ailleurs en juger par les éditions récentes des classiques, où la manière d'écrire, modifiée déjà du vivant même de leurs auteurs et successivement par l'orthographe académique elle-même, diffère aujourd'hui sensiblement de celle des textes primitifs. Aucun trouble cependant n'en est résulté dans les habitudes, et nous lisons sans difficulté nos anciens écrivains dans leurs éditions originales. Leur antiquité leur prête même un charme de plus.

Toute innovation, sans doute, surprend et paraît même *chocante* (2) au premier abord; mais, une fois introduite, elle devient aussitôt familière. C'est une véritable conquête qui, dès lors et d'un consentement unanime, fait partie du domaine public.

(1) Voy. l'Appendice A.

(2) C'est par un *c* et non par *qu* que j'écris ce mot *chocante* qui, étant adjectif, dérive du substantif *choc*, car l'Académie écrit avec toute raison les adjectifs *communiquant, confiscant, convaincant* * et le substantif *fabricant*. Elle devrait écrire de même un *traficant*, pour distinguer ce substantif du participe présent *trafiquant*, et un *délincant*.

* Ce mot *convaincant* ne devrait-il pas être écrit, conformément à l'étymologie, *convincant*, par *in*, puisque l'Académie écrit *invincible?* Le latin *vincere, victor*, exigerait qu'on écrivît *vincre, vinqueur;* par là on éviterait l'anomalie orthographique de ce vers :

Ton bras est *invaincu*, mais non pas *invincible*.

Théodore de Bèze demandait que dans ce mot l'*e* fût supprimé (il remplaçait alors l'*a*, non moins inutile), et qu'au lieu d'écrire *veincre*, on écrivît *vincre*, dont l'origine est *vincere*.

Et, en effet, qui voudrait aujourd'hui écrire, conformément au Dictionnaire de 1694 : *adveu, advoüé, abysmer, aisné, allaicter, autheur, bienfacteur, chresme, phlegme, phantosme;* ou bien : *chrestien, costeau, deschaisnement, dethroner, eschole, espy, mechanique, monachal, noircisseure, ptisanne, throne, thresor, thresorier, stomachal* (1) ?

Avec la seconde édition, celle de 1718 : *abestir, adjouster, advis, advoué, asne, aspre, bestise, beveue, creu, estincelle, estain, inthroniser, leveure, pluye, pourveu, obmettre, quarrure, relieure, vray-semblance,* etc. ?

Avec la troisième édition, celle de 1740 : *chymie, alchymie, chymiste,* etc., *frére, mére, quanquam* (pour *cancan*), *patriarchal, paschal,* des *qualitez,* des airs *affectez,* etc.?

Avec la quatrième. édition : *foible, foiblesse, enfans, parens, qu'il paroisse,* écrit comme la *paroisse, je voulois, ils étoient* (écrit auparavant *estoient,* puis enfin *étaient*)?

Si l'orthographe étymologique a l'avantage, bien faible à mon avis, d'indiquer la trace des racines et d'aider ainsi à retrouver la signification du mot quand on possède à fond les langues anciennes, ce système ne saurait admettre ni transaction ni demi-parti, sans risquer de mettre en échec le savoir philologique. D'ailleurs il n'est souvent qu'un guide peu sûr pour découvrir le sens actuel des vocables dont la signification s'est modifiée dans le cours des âges, ainsi que M. Villemain l'a si bien démontré (2).

Si, dans la cinquième édition, l'Académie a cru devoir rapprocher certains mots de leur étymologie grecque, cet essai n'a pas été heureux. Ainsi le mot qui, dans la précédente édition, était écrit *aphte,* a reparu avec un *h* de plus,

----

(1) L'Académie écrivait : dans sa première édition, *stomachal,* dans la seconde *stomacal,* dans la troisième *stomachal,* dans la quatrième et la cinquième *stomacal.*

(2) Préface du *Dictionnaire de l'Académie* de 1835, p. xxiv.

*aphthe*. L'Académie, dès sa première édition, écrivait *diph-tongue*, que depuis elle a écrit *diphthongue*; elle écrivait *esophage*, qui est devenu dans la cinquième, *œsophage*, ce qui n'apprend rien à ceux qui savent le grec et offre un aspect étrange.

*Œnologie* (οἰνολογία) offre aussi un aspect pédantesque et même anomal, puisque de vin (*vinum*, οἶνος) dérivent le composés *vinicole* et *viniculture* : il serait donc mieux d'écrire *vinilogie*.

Un helléniste reconnaîtra tout aussi bien dans une orthographe française simplifiée les vestiges grecs ou latins, que dans la sienne un Italien ou un Espagnol. Qu'on écrive *phéno-mène* ou *fénomène*, *fantôme* ou *phantome*, *orthographe* ou *ortografe*, *diphthongue* ou *diftongue*., *métempsychose* ou *métempsycose*, ce sont toujours des mots grecs pour celui qui sait le grec : mais il s'étonnera de voir certains mots ainsi accoutrés tandis que d'autres de même provenance ne le sont pas. Quant aux personnes, en si grand nombre, qui ne savent pas le grec, l'orthographe étymologique ne peut leur être d'aucun secours. Doit-on faire apprendre le grec dans les écoles primaires ? Il faudrait même alors que cette étude, aussi bien que celle du latin, précédât l'enseignement du français. D'ailleurs, l'orthographe de ces mots nous est transmise presque toujours par le latin, qui leur a fait subir déjà les altérations propres à sa nature. *Fameux*, dérivé de φήμη, en éolien φάμα, transformé par les Latins en *fama*, d'où *famosus*, n'a pas été écrit par eux avec *ph* parce qu'ils prononçaient avec une différence marquée le *f* et le *ph*; il en est de même pour le mot *fratria*, en grec φρατρία, dont nous avons fait *frairie*. Quintilien nous dit que les Latins, en prononçant *fordeum* (pour *hordeum*) et *fœdus*, faisaient entendre un son doucement aspiré, mais qu'au contraire les Grecs donnaient à leur Φ une aspiration très-forte, au point que Cicéron se moquait d'un témoin qui, ayant à prononcer le nom de *Fundanius*, ne pou-

vait en proférer la première lettre (1). Comment établir ces
distinctions plus ou moins arbitraires, et en tout cas sujettes à
des discussions interminables, maintenant surtout que les origines sanscrites sont invoquées en étymologie ? Ce n'est pas
d'ailleurs dans un Dictionnaire de la langue usuelle qu'elles
doivent s'offrir. L'anomalie, la bizarrerie de notre orthographe,
est le premier objet qui frappe les yeux aussi bien des natio-
naux que des étrangers, et contredit l'esprit net, clair et logique de notre langue. En butte depuis longtemps aux justes
réclamations de tant de bons esprits, l'Académie, dès 1740,
n'hésita pas à y faire droit même dans une large proportion,
et par cette réforme sage et hardie qu'elle ne craignit pas
d'apporter à la troisième édition de son Dictionnaire, elle
rendit un grand service à l'orthographe française en lui ouvrant une nouvelle voie.

Pour les mots que nous empruntons aux langues vivantes,
plutôt que de conserver leur figure originaire, nous cherchons
à franciser leur orthographe. Pourquoi ne pas agir de même à
l'égard des langues mortes ? On s'est accordé à écrire, à la sa-
tisfaction de tous, *vagon* et non *waggon*, *valse* et non *walse*,
*chèque* et non *check*, *cipaye* et non *sipahi*, *gigue* et non *gig*,
*loustic* et non *lustig*, *roupie* et non *rupee*, *stuc* et non *stucco*.
De *riding coat* on a fait *redingote*, de *beefstake*, *bifteck*, qu'il
serait mieux d'écrire *biftec*, de *packet boat*, *paquebot*, etc.
Pourquoi n'en serait-il pas de même pour les mots où les

---

(1) « Quin *fordeum fœdusque* pro aspiratione vel simili littera utentes :
nam contra Græci aspirare solent, ut pro Fundanio Cicero testem, qui primam
ejus litteram dicere non posset, irridet. » *Instit. orat.*, I, 4, 14 . Terentianus
Maurus dit que la lettre *f* en latin avait un son doux et faible : « Cujus (literæ *f*)
a græca (litera φ) recedit *lenis atque hebes sonus*, » p. 2401 , éd. Putsch.

Priscien, p. 542, dit que dans beaucoup de mots le φ a été remplacé par le *f* :
*fama*, *fuga*, *fur* (φώρ), *fero*, etc., et que dans d'autres on garde *ph*. « Hoc ta-
men scire debemus quod *non tam fixis labris* pronuntianda *f*, quomodo *ph*,
atque hoc solum interest inter *f* et *ph*. » Ailleurs, p. 548, il ajoute : « Est aliqua
in pronuntiatione literæ *f* differentia (d'avec celle *du* φ), ut ostendit ipsius palati
pulsus et linguæ et labrorum. »

*th*, les *ph* figurent aussi désagréablement dans notre système orthographique que les *w* et les *k* des Saxons et des Germains, tandis que nos mots dérivés des Grecs et des Latins reprendraient si bien leur figure française avec des *f* et des *t* ?

L'Académie, d'ailleurs, par un moyen simple et adopté aujourd'hui dans tous les dictionnaires, peut maintenir la tradition étymologique, bien plus efficacement que par la conservation accidentelle de quelques lettres qui troublent la simplicité de notre orthographe : il suffirait dans la prochaine édition de placer en regard du mot français le mot grec d'où il dérive immédiatement. Si, dans la première édition de son Dictionnaire et même dans les suivantes, l'Académie fit acte de haute sagesse en n'admettant pas les étymologies, attendu que la science, alors incertaine, faisait souvent fausse route, aujourd'hui les bases des étymologies sont trop assurées pour que l'addition des mots racines puisse être un sujet de controverse. D'ailleurs on pourrait se borner uniquement à les indiquer aux *seuls* mots du Dictionnaire dans lesquels figuraient *th* et *ph*.

Renchérir sur le premier Dictionnaire de l'Académie et réintégrer dans la langue française l'orthographe étymologique grecque et latine dans des milliers de mots d'où l'usage et l'Académie les ont bannis, est une impossibilité ; tandis que la modification qui atteindrait les *th* et *ph* des mots de la langue *usuelle* ne porterait pas sur plus de deux cents mots (1).

---

(1) Les mots de la langue *usuelle* ayant un *th* sont au nombre d'environ soixante-dix ; ceux, un peu plus nombreux, ayant un *ph* sont au nombre de quatre-vingt-huit. Ceux-ci, pour la plupart, sont des termes de médecine, de chirurgie ou des arts, qui s'écrivent rarement, et ne sont employés que dans la profession spéciale où les personnes qui l'exercent en connaissent l'origine et la signification. Il est donc assez inutile de les revêtir d'une forme étrangère et bizarre que les Grecs, amis du simple et du beau, ne reconnaîtraient pas : *ichthyographie, triphthongue, apophthegme,* etc. Toutefois, pour les mots qui ne sont pas de la langue usuelle, on pourrait leur conserver leur appareil scientifique.

Je lis dans un des écrits les plus sages sur la réforme de l'orthographe le passage suivant (1) :

« Si l'on veut conserver l'étimologie, il faut remètre des consones sans valeur dans plus de dis mile mots d'où on les a banies depuis long-temps. Quelque sistême qu'on veuille adopter, il faut tâcher d'être consequent. L'usage actuel et le sistême des étimologies sont trop souvent en contradiction pour qu'on puisse alier ensemble les principes de l'un et de l'autre. Ainsi, puisque la prononciation nous a fait abandonner l'étimologie dans une partie de nos mots, la même raison nous invite à l'abandonner dans les létres étimologiques ne se prononçant point. »

Parmi les notes que mon père avait écrites en 1820, lorsque, avec MM. Raynouard, Andrieux et quelques autres de ses amis, on discutait les principes que l'Académie croirait devoir adopter pour l'orthographe, je transcris celle-ci :

« Je crois qu'on doit chercher à mettre le plus de simplicité possible dans l'orthographe. Je sais qu'on a de la peine à abandonner la méthode qu'on a longtemps suivie et, comme le dit Horace:

. . . . . . . quæ
Imberbi didicere, senes perdenda fateri;

mais l'expérience me démontre que la simplicité dans l'orthographe est nécessaire. Je suis déjà avancé en âge. Après avoir fait une étude constante de la langue française, au moment de quitter la carrière typographique, je suis las de feuilleter sans cesse des dictionnaires qui se contredisent entre eux et se contredisent eux-mêmes. J'oserai le dire, bien qu'en hésitant encore : je voudrais qu'on écrivît le mot *philosophe* non-seulement avec un *f* à la dernière syllabe, comme le proposait de Wailly, mais je mettrais cet *f* même à la première syllabe, comme font les Italiens et les Espagnols. Mais, dira-t-on, l'Académie française sera accusée

_____

(1) *De l'Orthographe, ou des moyens simples et raisonnés de diminuer les imperfections de notre orthographe, de la rendre beaucoup plus aisée, pour servir de supplément aux différentes éditions de la grammaire française de M. de Wailly.* Paris, Barbou, 1771, in-8.

d'ignorance. Ce ne sont point les érudits, au moins, qui l'en ac-
cuseront. Ils savent bien que cet *f* est le DIGAMMA ÉOLIQUE dont
faisaient usage non-seulement les Éoliens et les anciens Grecs,
mais les inscriptions latines et les bons écrivains latins comme
Catulle, Térence, etc. (1).

«On a crié beaucoup la première fois qu'on a écrit le mot *phantôme* avec un digamma éolique ou *f*. Alors les dictionnaires modernes ont commencé à insérer ce mot *fantôme* à la lettre **F**, mais
en renvoyant au mot *phantôme* par un *ph* pour la définition et les
exemples ; ensuite on a écrit le mot *fantôme* avec la définition et
les exemples à la lettre F, et on a seulement inscrit le mot *phantôme* avec le *ph* en renvoyant au mot *fantôme* par un *f*; et maintenant on ne trouve plus le mot *phantôme* par *ph* dans le Dictionnaire de l'Académie. »

Les améliorations introduites dans la dernière édition, malgré l'opposition qu'elles avaient d'abord rencontrée, n'eurent
plus un seul contradicteur, du moment qu'elles furent admises
au Dictionnaire. Il en sera de même de toutes celles que l'Académie croira devoir approuver. Sans rien violenter, elles
auront l'avantage d'épargner du temps et de la fatigue d'esprit ;
elles seront conformes aux tendances que l'on remarque dans les
éditions successives de l'Académie, tendances qui sont celles
de l'esprit humain et qui datent de loin, puisque, nous dit
M. Villemain, « Auguste, homme de goût, écrivain précis,
« et de plus empereur, ce qui donne toujours une certaine
« influence, jugeait que l'orthographe devait être l'image fidèle
« de la prononciation : Orthographiam, id est formulam ratio-
« nemque scribendi, a grammaticis institutam, non adeo cu-
« stodiit ; ac videtur eorum potius sequi opinionem, qui per-
« inde scribendum, ac loquamur, existiment (2). »

<hr/>

(1) Seulement cette lettre paraît avoir été chez les anciens le signe d'une aspiration, tandis que chez nous elle est douce et euphonique et convient ainsi parfaitement à l'emploi qu'on lui destine.

(2) Suétone, *Vie d'Auguste*, LXXXVIII. Ce mot *Augustus* est un exemple frappant

## II. DES DOUBLES LETTRES.

L'usage général tend de plus en plus, dans la prononciation, à atténuer la forte accentuation de certaines syllabes
et à faire en grande partie disparaître pour l'oreille la double
consonne, qui ne conserve plus aujourd'hui le rôle qu'on lui
destinait, d'identifier notre orthographe avec l'écriture latine et
de rendre la syllabe qui précède brève : *fidelle, folle, molle*, etc.
En effet, cette double lettre la rend quelquefois longue :
*flamme, manne, femme* (1), tandis que dans *dame, matin*, c'est
la consonne simple qui rend brève la syllabe précédente! Il
convient cependant de maintenir cette double consonne partout
où sa présence peut encore se faire sentir à l'oreille, même
contrairement à l'orthographe latine, comme dans *pomme,
homme, lettre*, bien qu'écrits en latin *pomum, homo, litera*
(plus encore que *littera*), et que, conformément à l'étymologie,
on devrait écrire *pome, home* (2), *lètre*, comme l'écrivait Boileau. Dans *évidemment, prudemment*, le double *mm* ne se prononce pas; cependant il le faut conserver, ne fût-ce que pour
éviter la confusion avec *évidement* (de évider) et *prudement*
(de prude).

Bien qu'aux mots *difficulté, différence*, le son de la double *ff* ait disparu presque entièrement dans la prononciation,
cependant il conviendrait de la maintenir encore, et de même

de la tendance irrésistible à l'abréviation des mots par la prononciation, puis par
l'écriture : *Auguste, aoust, août*, est prononcé *oût*, et Baïf, dans son système
phonétique, l'eût écrit ꝏ et même 8, conformément à cette ligature qui, dans les
manuscrits grecs, représente ꝏ et que Baïf adopte pour figurer notre son *ou*.

(1) Voir à l'Appendice D, p. 136, l'analyse de la Grammaire de Regnier des Marais.

(2) Conformément à l'orthographe latine, l'Académie écrit *bonhomie, prud'ho-
mie, homicide*, se rapprochant ainsi de notre ancienne orthographe, *home, homs,
hom, om* et enfin *on*.

la double *ll* dans *allusion*, *collision*, etc., et la double *nn* dans *annihiler*, *annuel*, *année* (1), etc. Le vers suivant nous fournit un exemple de cette nécessité :

Morte*ll*ement atteint d'une flèche empennée.

On devra aussi conserver le double *rr* partout où il se fait sentir : *correcteur*, *correction*, *correct*, *terreur*, *horreur*. Mais il doit être supprimé dans *nourrice*, *nourriture*, *nourrir*, *pourrir*, puisqu'on écrit *mourir*, dans *courir* (bien qu'en latin *currere* ait deux *rr*), et dans *charrue*, puisqu'on écrit *chariot*.

On supprimerait le double *tt* dans *atteindre*, *atténuer*, *attrouper*, puisqu'on écrit *atermoyer*, *atermoiement*.

L'Académie figure avec raison la désinence *ame* tantôt avec une *m* et tantôt avec deux *mm*. Mais *flamme* (que Corneille écrivait *flame*) ne devrait conserver qu'un seul *m* ; et puisque l'Académie écrit *affame* (2), *entame*, *réclame*, *diffame*, elle ne saurait écrire *enflamme*; *flâme* et *enflâme* devraient même être écrits avec un *d* circonflexe comme *infâme*, *blâme*, et j'ai vu *flâme* ainsi écrit par Racine.

Conformément au désir manifesté par Corneille, par les Précieuses (voir l'App. D, p. 124) et par un grand nombre de bons esprits, les doubles lettres ont successivement disparu dans beaucoup de mots, tout en étant respectées partout où elles peuvent être nécessaires pour marquer la prononciation; mais il en reste encore qu'il serait désirable de voir disparaître.

(1) Depuis quelque temps je remarque que plusieurs personnes prononcent *anée*.

(2) Dans *affamé*, l'*a* du latin *fâmes* est bref; dans *réclame*, l'*a* du latin *clamâre* est long; dans *flamme*, l'*a* du latin *flamma*, est anceps.

Les seuls mots où le *m* est doublé sont : *anagramme*, *épigramme*, *femme*, *flamme*, *oriflamme*, *gramme*, et les composés avec ce mot, *programme*; *homme*, et les verbes *assommer*, *consommer* (on écrit *consumer*), *nommer*, *dénommer*, *surnommer*, *renommer*.

Tous les mots terminés en *ime* et *ume* sont écrits avec un seul *m*.

Ainsi l'Académie écrit les dérivés des mots suivants terminés en *on* :

*Avec un seul* n :

Bon : bonace, bonifier, bonhomie.
bonheur.

Colon : colonial, colonie, coloni-
ser, colonisation.

Don : donation, donataire, donateur.

Démon : démoniaque, démonogra-
phie.

Félon : félonie.

Limon (citron) : limonade, limonier, limonadier.

Limon (boue) : limoneux.

Limon (de voiture) : limonier, li-
monière.

Saumon : saumoné, saumoneau.

Timon : timonier.

Violon : violoniste.

Canon, canonial, canonicat, ca-
nonique, canoniser.

Canton : cantonade, cantonal.

Ordo : ordination, ordinal, ordinaire, ordinant.

Patron : patronage, patronal, pa-
tronymique.

Son : dissonance, dissonant, dis-
soner, sonore, sonorité, sonate.

Ratio : rational.

Ton : intonation, monotone, to-
nalité, tonique.

Tonner : détonation, détoner.

*Avec deux* nn :

Abandon : abandonner, abandon-
nement.

Anon : ânonner, ânonnement.

Baillon : bâillonner.

Baron : baronnet, baronnie, ba-
ronnage.

Baton : bâtonner, bâtonnier, bastonnade.

Chiffon : chiffonner, chiffonnier.

Citron : citronnier, citronnelle.

Échelon : échelonner.

Éperon : éperonner.

Fredon : fredonner.

Gascon : gasconnade, gasconner.

Jalon : jalonner, jalonneur.

Melon, melonnière.

Pardon : pardonner, pardonnable.

Raison : raisonner, raisonnable,
raisonnement, raisonneur.

Rayon : rayonner.

Sermon : sermonnaire, sermonner,
sermonneur.

Canon : canonnade, canonnage,
canonner, canonnier, canonnière.

Canton : cantonné, cantonnement,
cantonner, cantonnier, canton-
nière.

Ordo : ordonnance, ordonnateur, etc.

Patron : patronner.

Son : consonnance, consonnant,
consonne, sonnant, sonner, sou-
nette, sonnerie, sonneur.

Ratio : rationnel, rationnellement.

Ton : détonner, entonner.

Tonner : tonnerre, tonnant.

Tous les dérivés des mots terminés en *on* ne devraient pas
plus être écrits avec un double *nn* que ceux qui se terminent
en *in* : *dessin, dessiner, destin, destiner* ; ou en *un* : *importun,
importuner* ; ou en *an* : *plan, planer.*

Quant aux mots terminés en *ion*, excepté *nation*, qui ne double pas le *n* dans ses dérivés, *national*, *nationalité* et *septentrion* qui fait *septentrional*, les autres doublent la consonne dans leurs composés, ce qui est inutile. Ce sont :

*Action*, *addition*, *affection*, *caution*, *cession*, *collation*, *commission*, *concussion*, *condition*, *confession*, *constitution*, *convention*, *correction*, *démission*, *diction*, *division*, *espion*, *fraction*, *friction*, *intention*, *légion*, *mention*, *million*, *mission*, *occasion*, *pardon*, *pension*, *perfection*, *pétition*, *proportion*, *question*, *ration*, *religion*, *sanction*, *soumission*, *station*, *subvention*, *tradition*, *vision*.

Il est aussi d'autres mots où le double *nn* devrait être supprimé, et même conformément à l'étymologie, comme dans : *honneur (honor)* (1), *ennemi (inimicus)*, *donner (donare)* (2), *monnaie (moneta)*, *sonner*, *résonner (sonare, resonare)*, *légionnaire (legionarius)*, *rationnel (rationalis)*, *couronne (corona)*, *personne (persona)* (3), et *lierre* devrait être écrit, comme l'ont fait Henri Estienne et Ronsard, et suivant l'étymologie, *l'hière (hedera)* (4).

L'Académie adopte *coreligionnaire* et *codonataire*; elle devrait écrire de même *corespondant*. Ce mot *coreligionaire* devrait s'écrire par un seul *n*, et de même *stationnaire*, en latin, *stationarius*; *dictionnaire*, *sermonnaire*, *visionnaire*, ne devraient également prendre qu'un *n*.

(1) On écrit *honorer*, *honorable*, *honorabilité*, *déshonorer*.
(2) On écrit *donataire*, *donation*, et par contre *ordonnateur*.
(3) Dans tous ces mots l'orthographe française est en perpétuelle contradiction avec la prosodie latine :

| | | | |
|---|---|---|---|
| honneur | hŏnŏr | personne | pērsōna |
| donner | dōnāre | légionnaire | lēgĭōnārĭŭs |
| ennemi | ĭnĭmīcŭs | rationnel | rătĭōnālis |
| monnaie | mŏneta | couronne | cŏrōna |
| sonner | sŏnāre | résonnant | rĕsŏnāns |

(4) Par une semblable bizarrerie, on écrit *loisir*, au lieu de *l'oisir*, de *otium*, d'où nous viennent aussi *oisif*, *oisiveté*.

Dans son Dictionnaire de 1740, elle a supprimé le *d* étymologique de la préposition latine *ad* dans les mots *advocat*, *advertir*, *adveu*, *advoué*, *advertissement*, *advis*, *advisé*, etc.; elle rendrait un grand service en effaçant le double *c*, qui représente également le *d* de la préposition *ad* dans les mots *accablement*, *accaparement*, *acclimater*, *accointer*, *accouchement*, *accoutrement*, *accoutumer*, *accroître*, *accuser*.

Elle écrit *abatage*, *abatée*, *abatis*; elle pourrait écrire *abatoir*, et même supprimer le double *tt* dans *abattement*, *abattre*, *abattu*. Corneille et Bossuet écrivent *batu*; et H. Estienne, dans son Traité de la *Précellence du langage françois*, écrit *combatre*, *combatu*, *débatre*, *débatu*, *rabatre*, *rabatu*.

Il doit en être de même du double *p* dans *apparaître*, *appartenir*, *appliquer*, *apprêter*, *apprivoiser*, *approcher*, *approbation*, *approximativement*, puisque d'ailleurs elle écrit *apaiser*, *apercevoir*, *aplanir*, *apetisser*, *aplatir*, *apitoyer*, *aposter*, *apostiller*, *apurer*.

Et l'on devrait écrire, conformément à la prononciation : *apauvrir*, *apesantir*, *aplaudir*, *aposer*, *aporter*, *aparaître*, *apareiller*, *apartenir*, *apartement*, *aprentissage*, *aprêter*, *apointer*, *aprécier*, *apréhender*, *aprendre*, *aprouver*, *aprofondir*, *aproprier*, *apuyer*.

On verrait aussi avec plaisir la suppression du double *pp* à *appeler* : la nuance de la prononciation dans certains temps de ce verbe est si faible qu'elle peut être omise, à l'exemple de tant d'autres plus sensibles en d'autres mots; par là on éviterait la difficulté de l'emploi tantôt du double *pp* et du double *ll*, tantôt du seul *p* ou *l*. Dans les anciens manuscrits, *apeler* est écrit avec un seul *p*.

Mais le double *pp* doit être conservé à *appétence*, *appéter*.

Quant au double *tt*, il y a contradiction à écrire :

| | | | |
|---|---|---|---|
| démailloter | et emmaillotter | cacheter | et égoutter |
| sangloter | et marmotter | caqueter | et fouetter |
| jeter | et flotter | exploiter | et garrotter |

| tricoter | et trotter | raboter | et regretter |
|----------|------------|---------|--------------|
| tripoter | et gigotter | souhaiter | et guetter |
| comploter | et ballotter | souffleter | et acquitter |
| il épèle | et il appelle | j'époussète | et je rejette |

Quelques autres anomalies pourraient disparaître, et puisque l'Académie écrit *charretier, gazetier, noisetier, tabletier, desquamation,* elle devrait supprimer le double *tt* dans *aiguillettier* et le double *mm* dans *squammeux, enflammer.*

## III. DES TIRETS OU TRAITS D'UNION.

Les Grecs et les Latins ne divisent pas les mots qui, composés de plusieurs, n'en forment réellement qu'un seul, tels que, en grec, ἀντιπέραν, vis à vis; παράπαν, tout à fait; παραμηρίδια, haut-de-chausses; παράλογος, contre-sens; παραχρῆμα, sur-le-champ; σύμπαν, tout à la fois; ἐξαίφνης, tout aussitôt; περιρρήδην, tout à l'entour. Et de même en latin : *adhuc,* jusqu'à présent, jusqu'à ce jour; *hucusque,* jusqu'ici; *alteruter,* l'un ou l'autre; *propemodum,* à peu près; *propediem,* jusqu'à ce jour; *ejusmodi,* de cette façon; *quoadusque,* jusqu'à ce que; *quantuluscumque,* quelque petit qu'il soit; *nihilominus,* néanmoins.

Les Grecs, dans la formation des mots composés, avaient souvent recours à la contraction et même à la suppression de la lettre finale : de ὄψον, ὀψοφαγία, ὀψοπώλης; de νόμος, νομοθέτης; dans κορυθαίολος, dans ποδάρκης, dans μονάρχης, il y a même suppression de deux lettres. Quelquefois, pour adoucir la prononciation, le ν se change en γ, παγχάλεπος. De même les Latins, de *postero die,* ont fait *postridie.* Usant du même procédé, nous avons fait de *bas bord,* bâbord; de *bec jaune,* béjaune; de *contre escarpe,* contrescarpe; de *contre trouver,* controuver; de *corps,* corsage, corset; de *tous jours,* toujours; de *passe avant,* passavant de *néant moins,* néanmoins; de *plat fond,*

*plafond*; de *plus tôt, plutôt*; de *vaut rien, vaurien*; de *sous
rire, sourire*; de *sous coupe, soucoupe*, etc.

Dans les autres langues, les mots composés ne forment qu'un
seul mot, ou, si les traits d'union sont quelquefois admis, ils sont
employés de manière à n'offrir aucune difficulté grammaticale.

La langue italienne, qui de toutes se rapproche le plus de la
nôtre, de plusieurs mots n'en forme qu'un seul (1): *acquavita*,
eau-de-vie (2); *affatto*, tout à fait; *capodopera*, chef-d'œuvre;
*nulladimeno*, néanmoins; *contuttociò*, avec tout cela; *concio-
siacosachè, conciofossecosachè*, puisque; *perlaqualcosa*, c'est
pourquoi; et en espagnol : *guardacostas*, garde-côte; *contra-
prueba*, contre-épreuve; *guardasellos*, garde des sceaux, etc.

Dans nos anciens manuscrits on ne voit aucun trait d'u-
nion (3), non plus que dans les dictionnaires de Robert Estienne. C'est dans le Dictionnaire de Nicot que je le vois apparaître pour la première fois, en 1573.

Le grand nombre de mots connus sous la dénomination de
*mots composés*, parce qu'ils n'expriment qu'une seule idée ou
qu'un seul objet avec le concours de plusieurs mots, tantôt sont
réunis par un *tiret* ou trait d'*union*, tantôt séparés, sans tirets,
et tantôt groupés en un mot unique. L'Académie jugera sans
doute utile d'adopter une marche plus régulière. Quand les
mots sont groupés en un seul, la formation du pluriel devient

(1) Je me rappelle avoir lu dans Boccace *contuttociosiacosachè*.
(2) Chez les Espagnols, *aguardiente*, contracté de *agua ardiente*.
(3) « Quant à l'accent enclitique (sorte de trait d'union), disait Dolet en 1540,
il n'est point recevable en la langue françoyse, combien qu'aulcuns soient d'aultre
opinion. Lesquelz disent qu'il eschet en ces dictions, *ie, tu, vous, nous, on, ton*.
La forme de cest accent est telle,' : par ainsi ilz vouldroient estre escript en la
sorte qui s'ensuyt : *M'attenderaï ie à vous ? Feras' tu cela ? Quand aurons'
nous paix ? Dict' on tel cas de moy ? Voirra' ton iamais ces méchants puniz ?*
Derechef ie t'advise que cela est superflu en la langue françoyse et toutes aultres :
car telz pronoms demeurent en leur vigueur, encores qu'ilz soient postposés à
leurs verbes. Et qui plus est, l'accent enclitique ne convient qu'en dictions indé-
clinables, comme sont en latin, *ne, ve, q', nam.* Qu'ainsi soit, on n'escript point
en latin en ceste forme : *Feram' ego id iniuriæ? Eris' tu semper tam nullius
consilij?* Tiens donc pour seur que tel accent n'est propre aucunement à nostre
langue. »

plus facile; ainsi des *femmes*, des *paroles aigredouces*, des *discours aigredoux*, des *rougegorges*, des *cassecous*, des *cocalânes*, des *choufleurs*, présentent une idée plus nette que des *discours aigres-doux* ou *aigre-doux*, des *femmes aigres-douces*, des *rouges-gorges*, des *casse-cou*, des *coq-à-l'âne* (1), des *choux-fleurs*. Si l'on permettait d'écrire *chefdœuvre* ou plutôt *chédœuvre* au singulier et *chédœuvres* au pluriel, et non *chefs-d'œuvre*, comme on le fait maintenant, les poëtes n'auraient plus à regretter de ne pas pouvoir dire : *chedœuvres éternels*, *les chédœuvres humains* (2).

L'Académie écrivant : *aussitôt*, *aujourd'hui*, *auparavant*, *auprès*, *aplomb*, *embonpoint* (qu'il serait mieux d'écrire *enbonpoint*, puisqu'on a *mal-en-point*), pourrait écrire sans tiret, *audevant*, *apropos*, *aprésent*. Pour trouver ces trois mots au Dictionnaire, il faut aller les chercher à *devant*, *propos*, *présent*.

L'Académie écrivant : *bientôt*, *plutôt*, *plupart* (où l's est retranchée), *bienheureux*, *bienséant*, *biendisant*, *médisant*, pourrait écrire sans tiret : *bienaimé*, *bienêtre*, *plusvalue* ou

---

(1) Ces vers de Regnard en sont la preuve :

> Pour être un bel esprit,
> Il faut avec dédain écouter ce qu'on dit ;
> Rêver dans un fauteuil, répondre en *coq-à-l'ânes*
> Et voir tous les mortels ainsi que des profanes.
>
> *Le Distrait*, act. IV, sc. 7.

(2) L'Académie, pour éviter les controverses grammaticales, a souvent omis d'indiquer les pluriels, laissant indécis si l'on doit écrire des *clair-obscurs* ou des *clairs-obscurs*, *maître-autels* ou *maîtres-autels*, *brèche-dent* ou *brèche-dents*. En formant un seul mot des deux, on trancherait la difficulté : un *clair-obscur*, des *clairobscurs*; un *maîtrautel*, des *maîtrautels*.

Un grammairien d'un vrai mérite explique ainsi l'orthographe académique d'un *gobe-mouches* et un *chasse-mouche*. « Un *gobe-mouches* ne prendrait pas ce nom s'il n'en avalait qu'une et on écrit sans *s* un *chasse-mouche* parce qu'il suffit d'une mouche pour en être importuné. »

En écrivant un *gobemouche*, des *gobemouches*, un *chassemouche* et des *chassemouches*, on soulagerait la grammaire de ces subtiles distinctions.

L'Académie écrit *eau-forte* et *eau seconde*, *eau régale*. Comment former le pluriel du premier si l'on ne fait pas de distinction entre *une eauforte*, épreuve d'une gravure, et l'*eau-forte* avec laquelle on l'a obtenue ? On devrait écrire aussi en un mot *eau de vie*, et aussi *belle de jour*, *belle de nuit*.

*pluvalue*, et, en un seul mot, *plusqueparfait*, comme elle écrit *imparfait*.

Puisqu'elle écrit *betterave*, pourquoi n'écrirait-elle pas *chourave*?

L'Académie, écrivant comme on prononce *bâbord*, terme de mer et non *bas-bord*, pourrait écrire sans tiret *bassetaille*, *bassecour*, ce qui éviterait ce pluriel : des *basses-cours*, des *basses-tailles*.

Elle écrit sans tiret *clairvoyant*, et avec tiret *clair-semé*.

Elle écrit en un seul mot : *contrebande*, *contrecarrer*, *contredanse*, *contredire*, *contrefaçon*, *contrescarpe*, etc., et devrait écrire aussi sans tiret : *contr'épreuve* ou *contrépreuve*, *contrecoup*, *contrecœur*, *contremarque*, *contretemps*, *contresens*, *contrepoids*, *contrepied*, *contrelettre*, *contrefort*.

*Contre-poison*, *contre-taille*, sont ainsi écrits à leur ordre alphabétique; mais, dans le cours de son Dictionnaire, l'Académie écrit *contrepoison*, *contretaille*.

L'Académie écrit : *entrecouper*, *entrelacer*, *entrelacs*, *entremettre*, *entrelarder*, auxquels elle devrait ajouter sans tiret : *entredonner*, *entredéchirer*, *entredeux*, *entrepont*, *entresol* (1).

L'Académie écrit : *gentilhomme*, *gendarme*, *lieutenant*, *mainmorte*, *malhonnête*, *malintentionné*, *malsain*, *malpropre*; Elle pourrait écrire de même sans tiret : *gardemeuble*, *mainforte*, *gagnepain*, *gardefeu*, *faufuyant*.

L'Académie écrit : *hautbois* (qui serait mieux sous cette forme : *haubois*), et *justaucorps*; pourquoi ne pas écrire : *hautecontre*, *haudechausse* et *contrebasse*?

L'Académie écrit : *partout*, *parterre*, *nonpareille*, *porteballe*, *portechape*, *portechoux*, *portecrayon*, *portefaix*, *portefeuille*, *portemanteau*, *postface*, *passavant*; pourquoi écrit-elle avec tiret : *passetemps*, *nonsens*, *peutêtre*, *portemontre*, *portecrosse*, *portedrapeau*, *portevoix*, *passedebout*, *passeport*? La régu-

(1) Dans les quatre éditions précédentes, l'Académie écrit *entresol* d'un seul mot.

larisation de ces derniers mots supprimerait l'embarras du pluriel. On verra par le tableau des mots composés la difficulté de
les former.

L'Académie écrit : *outremer*, *outrecuidant*, *sauvegarde*,
*souterrain*, *surenchère*, *surbaisser*, *soussigné*, *soucoupe*, *soutirer*;
elle pourrait écrire sans tiret : *souslouer* ou mieux *soulouer*,
*souspréfet* ou *soupréfet*, *saufconduit*, *sousentendu*, *sousordre*,
*outrepasser*, et devrait écrire *soussol*, *soulocataire*, comme
elle écrit *soucoupe*, *soutirer*, *sourire*, *soubassement*, *soumission*, *soulier*, mieux écrit autrefois *soulié*.

L'Académie écrivant *surlendemain*, *surnaturel*, *surenchérir*,
pourrait écrire *surlechamp*, au lieu de *sur-le-champ*, qui
devrait être placé à son rang à côté de *surlendemain*, tandis
qu'il faut chercher cet adverbe ou locution adverbiale à
*champ*. *Surlechamp* est un adverbe comme *sitôt* et *aussitôt*,
lequel est également composé de trois mots : *au-si-tôt*.

L'Académie écrit : *tournebroche*, *tournebride*, *tournemain*,
*becfigue*, *vaurien*, *pourboire*, *quintefeuille*, *quintessence*.

Elle pourrait écrire sans tiret : *songecreux*, *couvrepied*,
*chaussetrape*, *curedent*, *coupegorge*, *quatretemps*, *quatrevingts*.

L'Académie écrivant *tapecu*, il en devrait être de même pour
*torchecul* ou *torchecu*, et bien qu'elle écrive des *contrevents* et
des *abat-vent;* des *brise-vent* et des *paravents;* des *casse-tête*
et des *hausse-cols;* des *passe-poils* et des *passe-ports;* un
*gobe-mouches* et un *chasse-mouche*, ces mots, de même formation, devraient tous prendre une figure orthographique uniforme.

Comment fixer les pluriels des mots suivants, que chacun
forme à sa manière :

Des *ayants-cause*, des *chasse-marée*, des *tête-à-tête*, des *souffre-
douleur*, des *contre-vérité*, des *coq-à-l'âne*, des *dame-jeanne*, des
*croc-en-jambe*, des *arcs-en-ciel*, des *rouges-gorges*, des *rouge-
queue* des *rouges-trognes*, des *rouges-bords*, des *garde-forêt*, des
*garde-robes*, des *cure-dent*, des *cure-oreille*, des *chausse-pied*, des

*entre-côtes*, des *essuie-main*, des *appui-main*, des *fesse-cahier*, des *porte-hache*, des *pied-d'alouette*, des *passe-volants*, des *hautes-contres*, des *culs-de-sac*, des *loups-garous*, des *guet-apens*, des *pince-maille*, des *après-dînées*, des *après-midi*, des *gardes-marine*, des *perce-oreille*, des *trouble-fête*, des *ponts-neufs*, des *messire-Jean*, des *bains-Marie*, des *colin-maillard*, des *revenant-bon*, des *porte-étendard*, des *serre-tête*, des *serre-file*, etc. ?

Pour lever toute difficulté, ne pourrait-on pas, dès à présent, ramener comme il suit à une orthographe uniforme ces mots composés :

*Abajour, abavant, appuimain, avancoureur, avanmain, avanscène, bassecour, boutefeu, brèchedent, brisecou, brûletout, cassenoisette, chapechute, chassemarée, chassemouche, cervolant, chaufepied, chaussepied, chaussetrape, choufleur, contrecoup, coupegorge, couvrefeu, crèvecœur, curedent, damejeanne, entracte, entrecôte, entreligne, essuimain, gagnepain, gardechasse, gardecôte, gardemagasin, gardemanger, gardemine, garderobe, gâtemétier, gorgechaude, haussecol, haubois, hautecontre, messirejean, millepied, mouillebouche, ouïdire, passedebout, passedroit, passepartout, passepasse, perceneige, portemontre, portecrosse, reineclaude, reinemarguerite, réveillematin, saufconduit, serrefile, serrepapier, serretéte, tailledouce, terreplein, tirebotte, troublefête, vatout, viceroi,* et enfin un *ranupied,* etc. (Voir Appendice F.)

On place entre deux tirets la lettre euphonique *t*; et c'est avec raison qu'on écrit : *y a-t-il*; *ira-t-il*; mais pourquoi ne pas en faire autant pour l'*s* qui a le même emploi ? On ne devrait pas écrire, comme on le fait, *donnes-en, poses-y, cueilles-en, donnes-y, manges-en*, ce qui donne lieu à l'erreur fréquente que l'on commet en s'imaginant que, dans toutes les conjugaisons, la seconde personne de l'impératif doit avoir un *s*. Il faut donc de toute nécessité écrire *donne-s-en, porte-s-y, va-s-en chercher, va-s-y, cueille-s-en, mange-s-en.*

Doit-on, pour la division des mots au bout des lignes, se conformer à l'étymologie ou bien à l'épellation, qui favorise mieux la lecture à haute voix ? L'Académie, dans son Dictionnaire, n'a adopté aucune règle fixe à cet égard : il conviendrait de faire cesser cette incertitude qui embarrasse les correcteurs d'imprimerie. Ainsi, dans la même page, on trouve écrit : *sou-scrire* conformément à l'étymologie, et *sous-crire*, conformément à l'épellation. Il en est de même pour *sou-scripteur* et *sous-cripteur*, *atmo-sphère* et *atmos-phère*, *hémi-sphère* et *horos-cope*, *cata-strophe* et *cho-révêque*, *mono-ptère* et *coléop-tère*.

L'Académie ayant admis la division *i-nadmissibilité*, *i-néga-lité*, *su-ranné*, *pros-terner*, *pro-stituer*, semblerait autoriser cette division conforme à l'épellation pour *des-truction*, *des-titution*, *dés-union*, *pres-cription;* cependant elle écrit aussi *in-specter*, *in-spirer*, *ob-struction*, *pro-scrire*, *télé-scope*, conformément à l'étymologie.

Cette question, futile en apparence, a une application incessante dans la pratique.

#### DE L'ORTHOGRAPHE ET DE LA PRONONCIATION DES MOTS TERMINÉS EN *ant* OU *ent*.

Selon les grammaires, nous avons d'abord dans cette catégorie tous les participes présents, terminés sans aucune exception en *ant*, et invariables quand ils expriment une *action* ; ils peuvent cependant, ajoutent les grammaires, quand ils expriment un *état*, se transformer en adjectifs verbaux et s'accorder en genre et en nombre avec leur sujet. Cet adjectif verbal, extension du participe présent, conserve au singulier masculin la forme *ant* de ce participe présent dont il dérive. Il devient même quelquefois un substantif, que j'appellerai alors *substantif verbal*; tels sont : les *étudiants*, les *complaisants*, les *opposants*, les *gérants*, les *correspondants*, etc. Et d'abord, remarquons que les adjectifs et substantifs de ce genre existant dans notre langue et qui proviennent d'une autre source que le latin, sont terminés exclusivement en *ant*.

*Mots français formés d'un verbe terminés en* ANT *et ne provenant pas du latin.*

| | | | |
|---|---|---|---|
| agaçant | attachant | blanchissant | brisant |
| arrogant | attifant | bouffant | bruyant |

| | | | |
|---|---|---|---|
| choquant | étouffant | grimaçant | piquant |
| croupissant | étourdissant | grimpant | plongeant |
| éblouissant | frappant | guerroyant | rafraîchissant |
| éclatant | gagnant | jappant | ronflant |
| écrasant | galant | jaunissant | tannant |
| écumant | garant | marquant | tombant |
| effrayant | glapissant | navrant | trébuchant |
| engageant | glissant | pantelant | tuant |

Nous avons en outre les adjectifs et les substantifs des verbes formés sur la première conjugaison latine, tels que *amant*, *chantant*, *mendiant*, *suppliant*, dont le nombre est considérable, et qui tous, sans exception, sont, comme le participe présent et le gérondif, terminés en *ant*.

Mais il n'en est pas de même pour les adjectifs et substantifs formés sur les trois autres conjugaisons latines ; sans aucun motif apparent, les uns sont terminés en *ant*, les autres en *ent*. Il en résulte une grande incertitude orthographique, la prononciation ne pouvant servir de guide, puisque tous se prononcent également par notre *an* nasal.

Bien plus, il est quelques-uns de ces mots, au nombre de 17, qui, au masculin singulier, présentent une homographie complète avec la troisième personne du pluriel du présent de l'indicatif, également terminée en *ent*, et se prononçant différemment : exemple un *affluent*, ils *affluent*; un *expédient*, ils *expédient*. (Voir la liste, p. 43.)

Voici le tableau des mots en *ant* et en *ent* provenant d'une conjugaison latine autre que la première :

*Mots formés de participes latins en* ENS (*haute, moyenne et basse latinité, provenant de la 2<sup>e</sup>, 3<sup>e</sup> ou 4<sup>e</sup> conjugaison*).

**Les uns terminés en ANT.**

| | | | |
|---|---|---|---|
| absorbant | avenant | commettant | consistant |
| affligeant | avilissant | compatissant | constituant |
| agissant | belligérant | composant | consultant |
| amollissant | bienfaisant | compromettant | contenant |
| ascendant | bienséant | concertant | contendant |
| assistant | cédant | concluant | convaincant |
| assujettissant | clairvoyant | confiant | convenant |
| attenant | combattant | conquérant | copartageant |
| attrayant | complaisant | consentant | correspondant |

| | | | |
|---|---|---|---|
| croissant | imposant | offensant | revenant |
| croyant | impuissant | opposant | riant |
| cuisant | inconvenant | outrageant | rugissant |
| décevant | indépendant | pâlissant | savant |
| défiant | insuffisant | partageant | séant |
| délinquant | intendant | pendant | séduisant |
| dépendant | intervenant | perdant | servant |
| desservant | languissant | persécutant | souffrant |
| dirigeant | luisant | pesant | souriant |
| entreprenant | malfaisant | plaisant | suant |
| étudiant | méconnaissant | poursuivant | suffisant |
| excédant | mécréant | prenant | suivant |
| exigeant | médisant | pressant | surprenant |
| existant | méfiant | prétendant | survenant |
| exposant | mordant | prévenant | survivant |
| flagellant | mordicant | prévoyant | tendant |
| fleurissant | mourant | puissant | transcendant |
| florissant | naissant | ravissant | vaillant |
| fuyant | nourrissant | reconnaissant | versant |
| gémissant | obéissant | répondant | vivant |
| gérant | odoriférant | resplendissant | voyant |

**Les autres terminés en ENT.**

| | | | |
|---|---|---|---|
| absent | convergent | impertinent | négligent |
| abstinent | décent | impotent | occident |
| accident | déponent | imprudent | opulent |
| adhérent | différent | impudent | orient |
| adjacent | diligent | incident | patent |
| adolescent | dissident | incohérent | patient |
| affluent | divergent | incompétent | pénitent |
| agent | dolent | inconscient | permanent |
| antécédent | efficient | inconséquent | précédent |
| apparent | éloquent | incontinent | prééminent |
| ardent | émergent | inconvénient | président |
| astringent | éminent | indécent | prudent |
| coïncident | émollient | indigent | récipient |
| compétent | équipollent | indulgent | réfringent |
| concurrent | équivalent | inhérent | régent |
| confident | escient | innocent | résident |
| confluent | évident | insolent | subséquent |
| conscient | excellent | intelligent | succulent |
| conséquent | expédient | intermittent | suréminent |
| content | fervent | jacent | turbulent |
| continent | imminent | latent | urgent |
| contingent | impatient | mécontent | violent |

Les mots terminés en *ant*, et cela contrairement à leur dérivation latine en *ens*, sont, comme on voit, les plus nombreux.

Si l'on compare ces mots en les ramenant à leur conjugaison latine respective, on voit qu'aucune règle fixe n'a présidé à leur formation ; exemple :

| 2ᵉ Conjugaison : | plaisant, répondant | et abstinent, permanent |
| — — | contenant | et continent |
| — — | ascendant, belligérant | et antécédent, intelligent |
| 3ᵉ Conjugaison : | confiant | et confident |
| — — | suivant | et conséquent |
| — — | déposant | et déponent |
| 4ᵉ Conjugaison : | avenant, inconvenant | et inconvénient, expédient |
| — — | amollissant | et émollient |

*Mots en* ent *prononcés différemment, bien qu'écrits de même.*

| | | | |
|---|---|---|---|
| affluent, adj. | ils affluent | violent, adj. | ils violent |
| un expédient | ils expédient | un couvent | elles couvent |
| convergent, adj. | ils convergent | un confluent | ils confluent |
| un équivalent | ils équivalent | évident, adj. | ils évident |
| excellent, adj. | ils excellent | divergent, adj. | ils divergent |
| négligent, adj. | ils négligent | un parent | ils parent |
| émergent, adj. | ils émergent | coïncident, adj. | ils coïncident |
| un président | ils président | content, adj. | ils content |
| un résident | ils résident | | |

Bossuet, lors des discussions préliminaires pour le Dictionnaire de l'année 1694 (voir App. C, p. 70), frappé déjà de l'incohérence de l'orthographe des adjectifs et des substantifs terminés les uns en *ant*, les autres en *ent,* cherchait le moyen de parvenir à une sorte de régularité. Il proposait à cet effet de maintenir au participe présent, ainsi qu'au gérondif, la forme exclusive *ant* (1) et de donner à tous les autres, qui lui semblaient provenir pour la plupart de participes latins en *ens,* la forme *ent.*

Contrairement à ce sage avis de Bossuet, qui voulait l'uniformité, l'Académie inscrivait dans son Dictionnaire près de la moitié des adjectifs et substantifs verbaux (voir le tableau

(1) Dans les quelques pages autographes de Bossuet, que j'ai parcourues à la Bibliothèque impériale, on remarque, au contraire, une tendance naturelle à remplacer l'*e* par l'*a,* conformément à la prononciation. Ainsi, presque toujours il écrit, comme Corneille, *vanger, vangeance, atantion, atantif, atantats, cependant, commancer,* etc. Fénelon, à toutes ses éditions, écrit les *Avantures de Télémaque,* et Racine écrit aussi *avanture, vanger, vangeance.*

page 41) avec la désinence *ant*, bien qu'ils fussent de formation en *ens*, tels que : *affligeant, agissant, ascendant, assistant, assujettissant, attenant, attrayant, avenant, biendisant, bienfaisant, bienséant, cédant*, etc.

Mais comme dès cette époque l'adjectif verbal et ce qu'on peut appeler le substantif verbal se formaient ainsi, au fur et à mesure du besoin, sur le participe présent français, toujours en *ant*, et que depuis presque tous les mots semblables, de nouvelle formation, ont pris constamment cette même terminaison en *ant*, il en résulte que le nombre des mots de ce genre terminés en *ant* est devenu et devient de jour en jour de plus en plus dominant.

On peut donc se croire fondé à les ramener tous à un seul et même type en *ant*, ce qui épargnerait l'obligation, souvent si pénible, d'établir une distinction entre l'orthographe du participe présent et celle de l'adjectif verbal ou du substantif verbal.

Le petit nombre de mots en *ent*, formés directement du latin comme *gent* de *gens*, ou de neutres en *entum*, comme *testament, monument*, de *testamentum, monumentum*, et nos adverbes en *ment* tous par *e*, à cause de la racine *mente*, feraient seuls exception à la règle de l'*a* remplaçant *e*.

Enfin l'Académie examinera s'il ne conviendrait pas de ramener à une seule et même orthographe les mots ayant leur désinence en *ance* et *ence*.

Tous les substantifs dérivés des verbes de la première conjugaison latine se terminent par *ance : abondance, assonance, consonance, extravagance*, etc.

Pour les mots dérivés des verbes de la deuxième conjugaison, le plus grand nombre se termine en *ence ;* cependant l'Acamie écrit : *abstinence* et *clairvoyance, adhérence* et *bienséance, évidence* et *condoléance, éminence* et *complaisance, dissidence* et *dépendance, déshérence* et *déplaisance, présidence* et *surséance ;* enfin elle écrit diversement les dérivés d'un même verbe (*tenere, tenens*), *contenance* et *continence*.

Pour les mots dérivés de la troisième conjugaison, la moitié s'écrivent par *ance* et par *ence*, sans motif apparent : *adolescence* et *assistance*, *concupiscence* et *concomitance*, *confidence* et *confiance*, *conséquence* et *consistance*, *convalescence* et *descendance*, *crédence* et *croyance*, *conférence* et *croissance*, *décadence* et *déchéance*, *désinence* et *défiance*.

Pour les mots dérivés de la quatrième conjugaison, ils se bornent à 6 ou 8 et présentent la même anomalie : *audience* et *convenance*, *conscience* et *disconvenance*, *expérience* et *souvenance*.

Ainsi, par ces modifications ou plutôt ces rectifications, la grammaire, débarrassée d'une foule d'exceptions et de fatigantes minuties, deviendra plus facile à apprendre, et rendra plus facile à l'Académie l'obligation d'en rédiger une. C'est peut-être aux fastidieux détails qui surchargent encore cette œuvre, confiée d'abord à Regnier des Marais, qu'on doit, du moins en partie, attribuer son ajournement.

## V. Syllabes TI, TION.

Au moyen d'un simple signe adapté à la lettre *t*, comme Geofroy Tory l'a fait le premier pour la lettre *c*, lui donnant ainsi le son exceptionnel du *s*, bien des difficultés de prononciation seraient épargnées aux étrangers ainsi qu'aux enfants; et l'Académie ne serait plus obligée, dans son Dictionnaire, de répéter continuellement : « Dans ce mot, *t* suivi de *i* se prononce comme *c* dans *ce*, » indication fréquemment reproduite, mais qu'on lui reproche d'avoir oubliée dans plus de cent endroits.

Cette syllabe *ti*, qu'on doit prononcer *ci*, est une cause de telles difficultés pour la lecture et l'écriture, qu'il semble indispensable d'adopter un système régulier, soit en remplaçant le *t* par un *c* ou *s*, soit en plaçant une cédille sous le *t*, ainsi qu'on le fait depuis le milieu du seizième siècle pour le *c*. En sorte que, de même qu'on écrit *flacon* et *façon*, *gascon* et *gar-*

*çon*, on écrirait : nous *acceptions* et les *acceptions, pitié* et *inertie, inimitié* et *facétie, amitié* et *primatie, chrétien* et *Capétiens*, etc.

Déjà l'Académie a substitué quelquefois le *c* au *t* ; elle écrit *négociation*, qui, conformément à l'étymologie, aurait dû être écrit *négotiation*, comme elle écrit *initiation, pétition, propitiation* (1). Ailleurs elle écrit sans motif il *différencie* et il *balbutie, chiromancie* et *démocratie, circonstanciel* et *pestilentiel*.

L'Académie, qui a écrit par un *t* les huit adjectifs suivants : *facétieux, ambitieux, contentieux, dévotieux, factieux, captieux, séditieux, superstitieux*, écrit par un *c* les onze autres que voici : *avaricieux, consciencieux, disgracieux, gracieux, licencieux, malgracieux, malicieux, précieux, révérencieux, sentencieux, vicieux* : les uns et les autres, indistinctement, ont en latin un *t, vitiosus, pretiosus*, etc. Pourquoi cette distinction ? En modifiant l'orthographe des huit premiers, tous les adjectifs de cette catégorie terminés en IEUX seraient écrits et prononcés uniformément, comme *avaricieux, capricieux, délicieux*.

Peut-être conviendrait-il, pour quatorze substantifs ayant *tie* pour désinence : *argutie, aristocratie, théocratie, démocratie, ochlocratie, onirocritie, primatie, prophétie, facétie, impéritie, inertie, minutie, suprématie, calvitie*, de les écrire avec la désinence CIE, comme l'a fait l'Académie pour *chiromancie*. Alors il n'y aurait plus d'exception pour l'ensemble des mots se terminant en CIE, tels que : *pharmacie, superficie, alopécie, esquinancie*, que Henri Estienne, à sa table des mots dérivés du grec, renvoie avec raison à *squinancie*.

Il en est de même de *circonstanciel*, que l'Académie écrit par un *c* ; mais elle écrit *différentiel, pestilentiel, substantiel, obédientiel*, et cependant ces mots dérivent de *différence, pestilence, substance, obédience*, comme *circonstanciel* dérive de

---

(1) Elle se trompe même en indiquant ainsi la prononciation de ce mot : « On prononce *propiciation*. »

*circonstance*. Par la même raison, *essentiel* devrait s'écrire *essenciel*. On pourrait donc écrire uniformément les mots dont la désinence est en CIEL.

Ainsi, pour ces diverses séries de mots prononcés en *cion*, en *cieux*, en *cie* et en *ciel*, le *c* ayant déjà été employé quelquefois par l'Académie à la place du *t*, on pourrait adopter uniformément la première de ces lettres. Par là bien des difficultés et des règles de grammaire seraient supprimées.

Quant aux autres séries de mots où *ti* figure, peut-être conviendrait-il de préférer le *ţ* au *c* : tels sont les mots écrits exactement de même, mais changeant de signification et de prononciation, du moment où ils ne sont plus des verbes à la troisième personne de l'imparfait de l'indicatif.

| | | | |
|---|---|---|---|
| nous acceptions | — les acceptions | nous inspections | — les inspections |
| nous adoptions | — les adoptions | nous interceptions | — les interceptions |
| nous affections | — les affections | nous inventions | — les inventions |
| nous attentions | — les attentions | nous intentions | — les intentions |
| nous contentions | — les contentions | nous mentions | — les mentions |
| nous contractions | — les contractions | nous notions | — les notions |
| nous dations | — les dations | nous objections | — les objections |
| nous désertions | — les désertions | nous options | — les options |
| nous dictions | — les dictions | nous persécutions | — les persécutions |
| nous exceptions | — les exceptions | nous portions | — les portions |
| nous éditions | — les éditions | nous rations | — les rations |
| nous exemptions | — les exemptions | nous relations | — les relations |
| nous exécutions | — les exécutions | nous réfractions | — les réfractions |
| nous infections | — les infections | nous rétractions | — les rétractions |
| nous injections | — les injections | nous sécrétions | — les sécrétions |

La cédille, placée sous le *t* comme on le fait pour le *c* lorsqu'il prend le son de *s*, ferait cesser cette confusion injustifiable. Il deviendrait aussi facile de distinguer *les acceptions* de *nous acceptions*, *les adoptions* de *nous adoptions*, et de discerner et de prononcer les deux *ti*, soit *ti*, soit *ci*, qu'il l'est de ne pas confondre les deux sons du *c* dans *commerçant* et *traficant*, dans *reçu* et *recueillir*.

Quelle difficulté, je ne dirai pas de distinguer (il n'y a pas de distinction possible), dans la foule des mots où se trouvent les

. deux lettres *ti*, ceux où il faut les prononcer soit *ti*, soit *ci* : *amitié*, *pitié*, *inimitié*, *chrétien*, *moitié*, *épizootie* (1), et : *initié*, *inertie*, *imitation*, *Capétiens*, *facétie*, *primatie!* Pourquoi *supportions* et *action*, *argentier* et *différentier*, *abricotier* et *balbutier?*

Resteraient les autres mots terminés en ᴛɪᴏɴ : *dentition*, *partition*, *pétition* (2), où le premier *ti* doit se prononcer *ti* et le second *ci*. On écrirait donc : *dentiţion*, *partiţion*, *pétiţion*, *propiţiaţion*, et de même tous les mots dérivés de la 1ʳᵉ conjugaison latine, *abdicare*, *abdicaţio*, *abdicaţion*, et ceux de la 4ᵉ conjugaison latine, *audire*, *audiţio*, *audiţion* (le nombre en est minime). Ceux, en si grand nombre, appartenant aux deux autres conjugaisons latines ont leur désinence en *ţion*, *sion*, *ssion*, et *cion*.

Si l'on pouvait adopter une forme, la même pour tous, *sion*, ce serait préférable, car, pour distinguer ces désinences diverses, il faut savoir le latin. Du moins par l'emploi du *ţ* on ferait disparaître la plus grande difficulté.

| | | | | | |
|---|---|---|---|---|---|
| *abdicare* | *abdicatio* | abdication | *extorquere* | *extorsio* | extorsion |
| *abjurare* | *abjuratio* | abjuration | *infundere* | *infusio* | infusion |
| *retinere* | *retentio* | rétention | *incurrere* | *incursio* | incursion |
| *jubere* | *jussio* | jussion | *demittere* | *demissio* | démission |
| *prætendere* | *prætentio* | prétention (3) | *opprimere* | *oppressio* | oppression |
| *convertere* | *conversio* | conversion | *suspicari* | *suspicio* | suspicion |
| *adspergere* | *adspersio* | aspersion | *sugere* | *suxio* | succion |
| *abstergere* | *abstersio* | abstersion | *audire* | *auditio* | audition |

Je croyais avoir émis le premier cette idée fort simple de l'emploi de *t* cédille, *ţ*, mais j'étais devancé par Port-Royal, qui propose dans le même but de placer un point soûs le *ţ*. La cédille sous le *ţ* se trouve même mise en pratique à Amsterdam en 1663 par Simon Moinet, le correcteur des Elzeviers, ce qui prouve que l'idée en est bonne et très-praticable.

(1) L'Académie n'indique pas la prononciation de ce mot.

(2) Contrairement aux règles de la grammaire, le premier *ti* de ce mot se prononce *ti*, bien que placé entre deux voyelles.

(3) Racine écrivait avec raison *prétension* (en latin *prætensio*), et, en effet, nous écrivons *tension*. Voyez le manuscrit autographe de la Bibliothèque impériale. On trouve néanmoins dans Du Cange un exemple de *prætentio*.

Mais, en écrivant la désinence *tion* par le *ţ* dans les mots terminés en *tion*, toute équivoque cesse pour la lecture.

Les deux verbes *initier* et *balbutier* seraient aussi écrits par *ţ*.

## VI. DU g *g* ET DU ǥ *ǥ*.

La forme du g romain et du *g* italique ayant paru déplaisante à mon oncle Pierre Didot, elle fut modifiée dans la plupart de ses impressions. Dans la grande édition de Corneille en 12 volumes in-8 que j'ai imprimée pour M. Lefèvre en 1854, j'ai cru devoir substituer au g la forme ǥ.

Puisque l'on dispose de ces deux formes de *g* et *ǥ* auxquelles l'œil est également habitué, ne pourrait-on pas utiliser l'une pour figurer le *g* dur comme dans *figure, envergure*, réservant l'autre au *ǥ* doux, pour les mots *gageure, mangeure, vergeure*, que l'on pourrait alors écrire sans la lettre parasite *e*, *gaǥure, manǥure, verǥure*, puisque dans ces mots on ne prononce pas *eu* comme dans *demeure, effleure, pleure*?

Cette forme du ǥ, *ǥ*, est d'autant mieux appropriée à cet office qu'elle contient comme élément la lettre *j*. On écrirait donc *figure, envergure*, et avec le *ǥ* doux *manǥure, verǥure, gaǥure, affliǥant, exiǥant, gaǥe, gorǥer* (on pourrait même ajouter un point sur le ǥ *ǥ̇*).

Par cette légère modification, on aurait le double avantage de ne présenter à l'œil rien de choquant et d'inusité, et d'épargner l'emploi de l'*e*, si fâcheusement mis en usage pour rendre au *g*, dur devant les voyelles *a, o, u*, le son du *j*, à moins qu'on ne préférât remplacer le *ǥ* doux par le *j*, comme dans le mot *donjon*, écrit *dongon* dans le *Procès de la Pucelle*. On écrit, en effet, *jumeaux* et *gémeaux, jambe* et *gigue, enjamber* et *dégingandé*; du latin *gaudere, gaudium*, on a fait *joie, joyeux, réjouir*; de *gena, joue*; de *magis, majeur, majesté*.

En écrivant *affliǥant, exiǥant, naǥant, partaǥant, diri-*

4*

*gant*, au lieu de *affligeant*, *exigeant*, *nageant*, *partageant*, *dirigeant*, on simplifierait l'orthographe déjà si compliquée des mots terminés en ANT.

Avant l'emploi de la cédille placée sous le *ç*, on était forcé, pour éviter qu'on prononçât *commencons*, d'écrire nous *commenceons*, comme nous écrivons *gageure* en ajoutant un *e*. La cédille rendit cette addition inutile ; l'*e* fut donc supprimé (1).

Je crois nécessaire de rappeler que, tout importantes et nombreuses que soient ces modifications, soumises à la décision de l'Académie, elles n'apporteront pas dans l'écriture un trouble comparable au grand changement introduit en 1740 dans la troisième édition de son Dictionnaire. Réparties sur les vingt-six mille mots du dictionnaire de notre langue (2), elles seront bien moins sensibles, et facilement adoptées, étant fondées toutes sur la logique et l'analogie ; la plupart d'entre elles passeront même inaperçues. D'ailleurs quelques inconvénients passagers seront bien faibles en comparaison des avantages réels et durables qui en résulteront.

La rectification de ces irrégularités orthographiques, la suppression de quelques marques étymologiques latines et grecques, qui avaient échappé aux précédentes radiations, ne causeront aucune hésitation à ceux qui savent le grec et le latin. L'étymologie des mots ne saurait être douteuse pour eux ; l'œil ne sera pas plus déçu que l'oreille. Qu'on écrive *filosofie* comme *frénésie*, qu'on écrive *abstinance* comme *complaisance*, *compétance* comme *consistance*, *consciance* comme *convenance*, ces mots, quelle qu'en soit l'orthographe, n'en conserveront pas moins leur

---

(1) Si cette distinction du *g* dur et du *g* doux était admise, l'usage bien distinct des deux *g* et *g* permettrait PLUS TARD de supprimer l'*u* introduit après le *g* pour le rendre *dur* lorsqu'il est suivi d'un *e* ou d'un *i* dans les mots *langue*, *languir*, comme par un effet contraire on ajoute l'*e* à *gageure*. On écrirait alors *lange*, *langir*, en conservant *gu* pour les mots tels que *anguille*, *aiguille*, etc., et *ge* pour *gage*, *gagure*, etc.; par là, trois prononciations seraient bien distinctement figurées.

(2) Le nombre des mots admis dans la cinquième édition est de 25,786.

origine évidente, et l'esprit sera soulagé de minuties pénibles qui fatiguent la mémoire et déconcertent l'intelligence.

Lorsque l'on compare la complication de l'orthographe française avec la simplicité de celle des autres langues néo-latines, l'italien, l'espagnol, le portugais, et qu'on voit dans nos anciens manuscrits notre orthographe se rapprocher par sa simplicité de celle de ses sœurs, on est porté à rechercher la cause de cette anomalie ; mais c'est à cette tendance particulière à l'esprit français d'être logique, même dans ses erreurs, que je crois devoir l'attribuer.

En effet, frappés de l'irrégularité des formes variées et incorrectes de l'écriture en prose de nos preux chevaliers, les Villehardouin, les Joinville, et des poésies de nos trouvères et de nos troubadours, c'est sur celle du latin, fixée depuis tant de siècles, que devaient la modeler ceux qui les premiers cherchèrent à la régulariser. C'est ce que firent les Estienne, pour qui la langue grecque et la langue latine étaient aussi familières que le français. L'Académie, en 1694, rendit donc un vrai service par l'ordre qu'elle établit dans son premier Dictionnaire, ordre savant et pour le classement des mots et pour l'orthographe latinisée, qu'elle maintint, malgré les sourds murmures du vieil esprit français et les protestations, un siècle auparavant, de Ronsard et de sa Pléiade contre cette orthographe qui leur semblait pédantesque. Mais, dans sa sagesse et sa prévision de l'avenir, l'Académie ne tarda pas à faire des concessions à l'*usage*, c'est-à-dire aux besoins du temps et aux réclamations justement fondées.

A mesure que l'écriture se généralisait de plus en plus, les inconvénients du lourd bagage de tant de lettres inutiles se manifestèrent plus vivement, et, dès sa troisième édition, en 1740, l'Académie, qui avait déjà renoncé au classement scientifique par racines pour rendre plus pratique l'emploi de son Dictionnaire, ne se montra pas moins logique en ce qui touche l'orthographe. La hardiesse avec laquelle elle réforma tant de lettres conservées par le fétichisme de l'étymologie fait même regretter qu'elle n'ait pas osé davantage.

Mais si, dans cette réforme, l'Académie ne voulut pas dérouter entièrement les habitudes, elle n'en accomplit pas moins un acte de haute sagesse. En effet, l'écriture, calquée sur le latin, restait une sorte de privilége pour le clergé, la magistrature, les hommes de cour et pour un cercle restreint de la société, initié alors au grec et au latin, mais devenait incompatible avec les besoins des classes nombreuses pour qui son emploi se montrait de plus en plus indispensable.

On pouvait donc craindre, en présence des efforts, aussi nombreux que persévérants, tentés durant plusieurs siècles par des hommes éminents pour régulariser l'orthographe, la simplifier, et même la remplacer par un système néographique ou phonographique, qu'on ne vît, comme aux anciens temps de l'Égypte et de l'Inde, l'ancienne et savante écriture délaissée en faveur d'une autre plus simple, telle que la souhaitaient les phonographes, et qui répondît mieux aux besoins du peuple.

L'Académie, persévérant dans son système de simplifier notre orthographe, introduisit donc dans sa quatrième, puis dans sa cinquième édition, des améliorations qui, continuées dans le même esprit, faciliteront l'écriture et feront renoncer aux utopies, quelque séduisantes qu'elles soient (1).

L'Italie, l'Espagne, le Portugal, ont le même alphabet que nous, et il suffit à la prononciation de leurs langues, néo-latines comme la nôtre ; à leur exemple, tout en gardant notre phy-

---

(1) Lorsqu'on songe que, par l'écriture phonographique, *en trois jours*, un enfant peut sans peine apprendre à lire et prononcer correctement sa langue, et qu'il faut peut-être cinq ou six ans* pour apprendre, et avec tant de peine ! à lire dans notre système orthographique, bien qu'amélioré, on ne peut s'empêcher de reconnaître que ce temps suffirait pour apprendre deux ou trois langues modernes, ou même le grec.

* Le programme universitaire pour l'enseignement du français consacre *six années* à l'étude de l'orthographe et de la grammaire.

sionomie naturelle, rapprochons donc du simple et du beau notre orthographe que les *th* et *ph* défigurent. Malgré ces modifications, elle différera encore beaucoup de la simplicité des langues italienne, espagnole et portugaise.

Dante, le Tasse, Cervantes, Lopez de Vega, Camoens, n'ont rien perdu à être écrits avec une orthographe plus simple, et le grand Corneille s'en réjouirait.

Notre alphabet, bien qu'incomplet comme le leur, peut suffire à tous nos besoins, et notre orthographe, graduellement modifiée par la sagesse de l'Académie, rendra la lecture et l'écriture de plus en plus accessibles à tous. Avec le concours du temps l'Académie pourra donc, sans apporter aucun trouble, satisfaire aux vœux des Français et des étrangers, qui lui en témoigneront leur reconnaissance.

En abaissant ainsi les barrières qui s'opposaient à l'extension du savoir le plus élémentaire, elle ferait une œuvre digne d'elle, digne des hommes d'État qui figurent dans son sein, digne de l'esprit de son illustre fondateur.

Ainsi seront reléguées à jamais les utopies d'une écriture plus ou moins phonétique qui blesse nos habitudes, et contrarie même la raison, puisqu'elle priverait l'écriture d'un de ses principaux avantages :

De peindre la parole et de *parler aux yeux*.

L'habitude d'abréger les mots en les contractant, qui est une tendance de notre esprit vif et prompt, et un besoin de notre civilisation (1), a réduit en monosyllabes des mots qui en latin et en d'autres langues néo-latines sont composés d'éléments doubles ou même triples. Tel est cet exemple :

| Français. | Latin. | Italien. | Espagnol. | Portugais. |
|---|---|---|---|---|
| saint | sanctus | santo | santo | sancto |
| sein | sinus | seno | seno | seio |
| sain | sanus | sano | sano | são |

(1) Voltaire n'a pas eu raison de dire que « notre langue s'est formée du latin en abrégeant les mots, *parce que c'est le propre des barbares que d'abréger tous*

| Français. | Latin. | Italien. | Espagnol. | Portugais. |
|---|---|---|---|---|
| ceint | cinctus | cinto | ceñido | cinto |
| cinq | quinque | cinque | cinco | cinco |
| seing | signum | segno | seña ou | signal ou |
| | | | signo | signo |

Si la prononciation parfaitement identique de ces mots, au nombre de six, *saint, sein, sain, ceint, cinq, seing*, est parfois une cause d'équivoques dans la conversation, du moins, à défaut de l'oreille, l'écriture variée de ces monosyllabes a l'avantage de rappeler et même de représenter aux yeux les objets eux-mêmes, ce que ne saurait faire l'écriture phonétique qui nous les offrirait sous une seule et même forme. Ce sont, on peut le dire, autant de figures hiéroglyphiques. Lorsque nous voyons écrits les mots *os, eau* (1), *au, haut, ô, oh,* l'emploi du signe *o*, auquel certains phonographes voudraient ramener leur configuration, serait une véritable barbarie. Conservons donc précieusement ces distinctions qui aident l'intelligence, donnent à l'écriture une vie qui réjouit l'œil et l'esprit, et compensent les avantages que la parole a sur elle par l'animation du geste et les inflexions de la voix.

*les mots.* » Si notre langue n'a pas la plénitude de la poésie d'Homère et de l'éloquence cicéronienne, cette abréviation des mots, que la langue anglaise ne contracte pas moins, est une grande qualité, puisqu'elle répond au besoin d'exprimer vivement et énergiquement, en prose et en vers, la pensée que saisit vivement l'intelligence toujours impatiente de l'auditeur. La poésie surtout s'accommode difficilement de mots qui ne sont pas monosyllabes ou dissyllabes, et ce vers de Racine :

> Le jour n'est pas plus pur que le fond de mon cœur,

perdrait tout son effet, traduit en italien. Quoi de plus vif que ces monosyllabes :

> . . . . . . Qu'a-t-il fait ? A quel titre ?
> Qui te l'a dit ?

Que de mots et d'idées en peu de lettres !

(1) Dans l'écriture hiéroglyphique, l'*eau* est ainsi représentée ≋, et, par ces ondulations, on voit l'objet même ainsi figuré ; le groupe de lettres *eau* produit sur notre esprit un effet de ce genre. Il en est de même des *os;* on croit voir des ossements.

# EXPOSÉ

DES

# OPINIONS ET SYSTÈMES

CONCERNANT

## L'ORTHOGRAPHE FRANÇAISE

DEPUIS 1527 JUSQU'A NOS JOURS.

A la suite de mes remarques personnelles, je crois devoir donner ici un exposé succinct des diverses tentatives et des appels incessants faits depuis trois siècles par des esprits distingués, et je dirai même par des amis du bien public, en faveur d'une réforme *orthographique.* J'espère que ce travail offrira de l'intérêt, ne fût-ce que sous le rapport de l'histoire de notre langue, et qu'il aura quelque utilité.

Chacun appréciera ce qu'il y a de vrai, de pratique, d'opportun et même de malencontreux dans tant de systèmes. On verra que des idées rejetées d'abord se sont successivement introduites, et que, une fois introduites, elles ont été favorablement accueillies et sanctionnées par l'usage.

Il en sera de même de celles que l'Académie, éclairée par l'expérience de ses précédents, et par la nécessité de rendre notre langue de plus en plus accessible à tous, croira devoir concéder aux désirs le plus généralement manifestés : tant d'efforts lui donneront la preuve des besoins et la mesure du possible. Ils lui démontreront même l'impossibilité d'adhérer à des systèmes trop absolus.

Du haut de la position qu'occupe l'Académie, l'avenir, qui lui appartient, lui permet de ne céder que dans une juste mesure aux désirs impatients des novateurs. Elle considérera donc, dans le calme de sa sagesse, les besoins du temps, non moins exigeants aujourd'hui qu'ils ne l'étaient autrefois. L'Académie, moyennant des concessions qui consolideront successivement, en la perfectionnant, la langue française quant à son orthographe, en assurera de plus en plus l'universalité.

## APPENDICE *A*.

### ORTHOGRAPHE DE L'ACADÉMIE EN 1694, DATE DE LA PREMIÈRE ÉDITION DU DICTIONNAIRE.

Il n'est peut-être pas sans intérêt de rechercher quels principes ont dirigé l'Académie française dans l'établissement des règles d'orthographe adoptées dans la première édition de son Dictionnaire en 1694. Ces règles sont, pour la plupart, tombées en désuétude sous l'action du temps, mais il en reste encore des traces nombreuses dans presque toutes les parties de la cinquième édition.

Pour déterminer ces principes, je m'attacherai à trois documents officiels :

La *Préface* du Dictionnaire même ;

Les *Cahiers de remarques sur l'orthographe françoise pour estre examinez par chacun de messieurs de l'Academie*, sorte de mémento particulier destiné à assurer une certaine unité dans la discussion académique et à préparer la solution des difficultés grammaticales ;

La *Grammaire de Regnier des Marais*, secrétaire perpétuel de la Compagnie et chargé par elle de rédiger la Grammaire mentionnée dans les statuts de sa fondation.

### *Préface du Dictionnaire de l'Académie.*

En 1694, l'Académie s'exprimait ainsi dans sa préface :

« L'Académie s'est attachée à l'ancienne orthographe receuē parm
α tous les gens de lettres, parce qu'elle ayde à faire connoistre l'ori-

« gine des mots. C'est pourquoy elle a creu ne devoir pas authoriser
« le retranchement que des particuliers, et principalement les impri-
« meurs, ont fait de quelques lettres, à la place desquelles ils ont
« introduit certaines figures qu'ils ont inventées (1), parce que ce
« retranchement oste tous les vestiges de l'analogie et des rapports
« qui sont entre les mots qui viennent du latin ou de quelque autre
« langue. Ainsi elle a écrit les mots *corps, temps* avec un *p* et les
« mots *teste, honneste* avec un *s* pour faire voir qu'ils viennent du
« latin *tempus, corpus, testa, honestus*. Il est vray qu'il y a aussi
« quelques mots dans lesquels elle n'a pas conservé certaines lettres
« caracteristiques qui en marquent l'origine, comme dans les mots
« *devoir* et *fevrier*, qu'on escrivoit autrefois *debvoir* et *febvrier* pour
« marquer le rapport entre le latin *debere* et *februarius*. Mais l'usage
« l'a décidé au contraire; car il faut reconnoistre l'usage pour le
« maistre de l'orthographe aussi bien que du choix des mots. C'est
« l'usage qui nous mene insensiblement d'une manière d'escrire
« à l'autre, et qui seul a le pouvoir de le faire. C'est ce qui a rendu
« inutiles les diverses tentatives qui ont esté faites pour la refor-
« mation de l'orthographe depuis plus de cent cinquante ans par
« plusieurs particuliers qui ont fait des regles que personne n'a
« voulu observer (2). Ce n'est pas qu'ils ayent manqué de raisons
« apparentes pour deffendre leurs opinions qui sont toutes fon-
« dées sur ce principe, qu'il faut que l'escriture represente la pro-
« nonciation; mais cette maxime n'est pas absolument veritable;
« car si elle avoit lieu, il faudroit retrancher l'*r* finale des verbes
« *aymer, ceder, partir, sortir*, et autres de pareille nature dans
« les occasions où on ne les prononce point, quoy qu'on ne laisse
« pas de les escrire. Il en estoit de même dans la langue latine où
« l'on escrivoit souvent des lettres qui ne se prononçoient point.
« Je ne veux pas, dit Cicéron, qu'en prononçant on fasse sonner
« toutes les lettres avec une affectation desgoustante : *Nolo exprimi*
« *litteras putidius*. Ainsi on prononçoit *multimodis* et *tectifractis*
« quoy qu'on écrivist *multis modis* et *tectis fractis*, ce qui fait
« voir que l'escriture ne represente pas tousjours parfaitement la
« prononciation. L'Académie seroit donc entrée dans un détail
« tres-long et tres-inutile, si elle avoit voulu s'engager en faveur

(1) Les accents.
(2) Moins de cent ans après, l'Académie devait, conformément aux propositions
de la plupart des novateurs, simplifier l'écriture de près de cinq mille mots et
introduire les accents dans le corps d'une grande partie d'entre eux.

« des estrangers à donner des regles de la prononciation. Qui-
« conque veut sçavoir la veritable prononciation d'une langue
« qui luy est estrangere, doit l'apprendre dans le commerce des
« naturels du pays ; toute autre methode est trompeuse, et pre-
« tendre donner à quelqu'un l'idée d'un son qu'il n'a jamais entendu,
« c'est vouloir donner à un aveugle l'idée des couleurs qu'il n'a
« jamais veuës. Cependant l'Académie n'a pas negligé de
« marquer la prononciation de certains mots lors qu'elle est trop
« esloignée de la maniere dont ils sont escrits et l's en fournit plu-
« sieurs exemples ; c'est une des lettres qui varie le plus dans la
« prononciation lors qu'elle precede une autre consone, parce
« que tantost elle se prononce fortement, comme dans les mots
« *peste*, *veste*, *funeste*, tantost elle ne sert qu'à allonger la
« prononciation de la syllabe, comme dans ces mots *teste*,
« *tempeste*; quelquefois elle ne produit aucun effet dans la
« prononciation, comme en ces mots, *espéc*, *esternuer*; c'est
« pourquoy on a eu soin d'avertir le lecteur quand elle doit
« estre prononcée. Il y a des mots où elle a le son d'un *z*, et c'est
« quand elle est entre deux voyelles, comme dans ces mots *aisé*,
« *desir*, *peser*. Mais elle n'est pas la seule lettre qui soit sujette à
« ces changemens. Le *c* se prononce quelquefois comme un *g*,
« ainsi on prononce *segret* et non pas *secret*, *segond* et non pas
« *second*, *Glaude* et non pas *Claude*, quoy que dans l'escriture
« on doive absolument retenir le *c*. Ainsi les Romains prononçoient
« *Gaius*, quoy qu'ils escrivissent *Caius*, *Amurga* quoy qu'ils es-
« crivissent *Amurca*, selon l'observation de Servius sur le premier
« livre des Georgiques ; ce qui acheve de confirmer ce qu'on vient
« de dire que la prononciation et l'orthographe ne s'accordent pas
« toujours et que c'est de la vive voix seule qu'on peut attendre
« une parfaite connoissance de la prononciation des langues vi-
« vantes et qu'on n'appelle vivantes que parce qu'elles sont en-
« core animées du son et de la voix des peuples qui les parlent
« naturellement; au lieu que les autres langues sont appellées
« mortes, parce qu'elles ne sont plus parlées par aucune nation, et
« n'ont plus par consequent que des prononciations arbitraires au
« defaut de la naturelle et de la veritable qui est totalement
« ignorée. »

### *Cahiers de remarques du Dictionnaire de 1694.*

Dans les *Cahiers* dressés par l'Académie pour éclairer la discussion des mots du Dictionnaire de 1694, se trouvent des règles de détermination orthographique qu'elle n'a formulées nulle part ailleurs. Ces Cahiers étaient tirés strictement à quarante exemplaires au nom de chacun des membres. Il en existe deux éditions (1). C'est sur l'exemplaire de Racine de la première édition, conservé à la Bibliothèque impériale, que j'ai transcrit ce qui suit. On y voit établie la règle du doublement de la consonne avec ses nombreuses exceptions, celle de la composition avec les prépositions latines. La loi de la configuration étymologique paraît déjà subir de notables restrictions, faites au nom de l'usage. Voici l'analyse de quelques-unes des principales remarques :

« La premiere observation que la Compagnie a creu devoir
« faire, est que, dans la langue françoise, comme dans la pluspart
« des autres, *l'orthographe n'est pas tellement fixe et determinée*
« *qu'il n'y ait plusieurs mots qui se peuvent escrire de deux*
« *differentes manieres, qui sont toutes deux esgalement bonnes,*
« *et quelquefois aussi il y en a une des deux qui n'est pas si*
« *usitée que l'autre, mais qui ne doit pas estre condamnée.*

« Generalement parlant, la Compagnie prefere l'ancienne or-
« thographe qui distingue les gens de lettres d'avec les ignorans,
« et est d'avis de l'observer par tout, hormis dans les mots où un
« long et constant usage en a établi une differente.

« L'ancienne orthographe peche quelquefois en lettres super-
« flu ës ; mais il ne faut pas les appeller ainsi quand elles servent à
« marquer l'origine, comme en ce mot *vingt,* qui s'escrit de la
« sorte, encore que le *g* ne se prononce point, parce qu'il vient du
« latin *viginti.* Il n'en est pas de mesme quand l'usage a depuis
« long-temps reglé le contraire : ainsi on n'orthographie plus le mot
« *escripre* avec un *p* ni *escripture.* »

Suivent quelques règles sur la permutation des consonnes ou le maintien des consonnes caractéristiques, règles que l'usage a consacrées ou que l'Académie a abrogées elle-même en 1740.

(1) M. Ch. Marty-Laveaux a réédité en 1863, chez le libraire J. Gay, à trois cents exemplaires, ces deux éditions en les faisant précéder d'une intéressante introduction.

« *On doit garder les doubles consonnes aux mots où il y en avoit*
« *dans le latin.* »

Le Cahier passe ensuite en revue les prépositions latines qui en-
trent dans la composition des mots français. « Quand la préposition *a* est suivie d'un *g* ou d'un *m*, ces consonnes ne se doublent
pas, excepté dans les mots où le *g* est déjà double en latin. Exemples : *aggreger, aggresseur, aggraver, exaggerer.* Toute autre consonne que *g* ou *m* se double : *abbatre, abbonner, abbreuver, abbre-
ger, abbrutir.* Il y a un certain nombre d'exceptions indiquées.

« Avec la préposition *ad* il y a à distinguer ; quelques-uns enlè-
vent le *d,* mais la meilleure orthographe le conserve. Exemples :
*adjoint, adjourner, adjouster, adjuger, adjuster, admettre, admi-
rable, admiral, admis, admodier, admonester, advis, advocat.*
Quelques-uns neantmoins escrivent ENCORE (1) *avis, avertissement*
et *avocat* sans *d.*

« Préposition *e.* Devant un mot simple commençant par *f*, cette
consone se double. Exemples : *effaroucher, effeminer.* Devant
toute autre consone que *f*, on met après la préposition latine
un *s.* Exemple : *esbattre,* etc.

« La préposition *sous* garde son *s.* Exemples : *sousbarbe, sous-
chantre, souslever, souspeser, souspir, soustenir, soustraire.* Quelques-uns écrivent *soupir* et *soutenir.* »

L'Académie en a décidé autrement en 1740, et dans les éditions postérieures de son Dictionnaire. Il suffit d'indiquer quelques

---

(1) L'habitude d'écrire simplement et d'essayer de figurer la prononciation plutôt que l'étymologie est plus ancienne en France que l'Académie de 1694 ne paraît
le supposer, car cet usage remonte à l'époque même où l'on trouve les plus anciens
monuments écrits du xi$^e$, du xii$^e$ et du xiii$^e$ siècle (*Lois de Guillaume, Apoca-
lypse, Quatre Livres des rois,* etc.). Le mot *appellata,* que l'Académie de 1694
écrit *appellée,* est figuré ainsi, *apeled* et *apelee ;* le *tesmoignage* (*testimonium*)
est alors *testimoine* ou *tesmoigne ;* les *yeux,* comme écrivait R. Estienne, sont
des *oils,* etc. Il est vrai que, de siècle en siècle, les clercs, fort amoureux du
latin, se sont donné carrière pour saupoudrer de plus en plus leurs transcriptions
de lettres étymologiques et souvent de lettres qui ne le sont pas ; mais c'est à
partir de la Renaissance de l'antiquité que cette fièvre d'érudition a pris son plus
grand développement.

La préface du premier Dictionnaire de l'Académie, en 1694, a été écrite par
Regnier des Marais, et l'épître dédicatoire au Roi, par Perrault. On croit que les
observations sur cette dédicace publiées par d'Olivet, à la fin de ses Remarques
sur les tragédies de Racine, Paris, Gandouin, 1738, in-12, sont dues à Racine et à
Regnier des Marais.

mots extraits des séries complètes du Cahier qu'elle a rectifiés dès sa troisième édition : *appanage, appaiser, appercevoir*, etc. ; *desbotter, desborder, desbourser, esbattre, esbranler, escarter*, qu'elle écrit par un seul *p* et sans *s*.

Dans le Cahier on autorise cependant d'écrire *deffaillir* et *defleurir, deffaire* et *defricher*, et on remarque que quelques mots qui n'avaient pas de *h* en latin en ont pris en français : « *ululare*, hurler; *altus*, haut; *exaltare*, exhausser; *ostreum*, huistre; *oleum*, huile; *ostium*, huis ; *octo*, huit. »

Voici ce qui est dit à l'article DU CIRCONFLEXE (1) :

«Le circonflexe mis sur vne syllabe marque bien qu'elle est longue; mais ce n'est pas pour cela qu'on l'y met, c'est pour montrer qu'on y a retranché une voyelle, comme on fait en grec aux verbes et aux noms contractes. Par exemple, on en met à *bâiller, râiller*, contractes de *beailler* et *riaillier*, à *âge, blessûre, j'ay pû, ingenûment, assidûment*, etc. Ces novateurs de l'orthographe veulent le substituer à la place de l's muette et escrivent *tempéte, béte, óter*, etc. »

L'opinion des novateurs a prévalu, et l'Académie a même retranché l'accent circonflexe à la plupart des mots où l's a été supprimé : *railler, blessure, pu, ingénument*. Elle l'a conservé à *assidûment*.

### DE LA DIVISION (2).

« La division se met entre deux mots qui, en effet, ne font qu'un, mais qui ne sont pas entièrement joincts : comme *euxmesmes, re-saler, re-sumer, francs-fiefs, cordon-bleu, grand-croix, ciel-de-lict, entre-post*, etc. On la met aussi entre la troisième personne singulière tant du present de l'indicatif que du futur, et le pronom personnel *il* et *elle*, et l'impersonnel *on*. Exemples : *parle il, mange elle, disne on céans, ira il, dira elle, sonnera on*. C'estoit l'ancienne orthographe, dont la raison est assez connüe à ceux qui connoissent la langue françoise du quatorziesme et quinziesme siècle. Mais depuis quelques années on s'est advisé de mettre entre les mots deux tirets et un *t* au milieu, de cette sorte, *dira-t-il, ira-t-on*. Ie voy grand nombre de

---

(1) Cet article ne formait que quatre lignes dans la 1re édition.
(2) Cet article est le dernier du cahier.

gents qui s'opposent à cet usage, et disent qu'il n'y a aucune raison, ny aucun exemple chez nos Anciens. Messieurs jugeront si leur opposition est bien fondée ; et chacun marquera, s'il luy plaist, ce qu'il voudroit changer, corriger, retrancher et adjouster à tout ce Traitté, tant pour le gros et pour l'ordre, que pour le détail et pour les exemples. »

### Grammaire de Regnier des Marais.

Dans sa *Grammaire,* publiée en 1706, Regnier des Marais, qu'on peut supposer avoir été le rédacteur des Cahiers, expose les mêmes principes. (Voir plus loin l'analyse de cette Grammaire, p. 136.)

Ainsi donc, l'Académie de 1694 procédait en matière d'orthographe, par amour de l'archaïsme, en vue d'une conformité aussi intime que possible avec l'écriture latine. Elle ne tenait aucun compte des concessions que la basse latinité et les écrivains français du xiie au xvie siècle avaient faites à la prononciation et à la nécessité de simplifier. Aussi la lecture d'après ces principes de 1694 devait être fort difficile, par suite de la multiplicité de ces consonnes ramenées du latin du siècle d'Auguste, consonnes qui tantôt se prononçaient et tantôt ne se prononçaient point. Ronsard, ainsi que le grand Corneille, tous deux véritablement Français, avec des idées et des sentiments antiques, avaient mieux compris l'organisme de notre langue. C'est un grand honneur pour l'Académie d'avoir osé, dès 1740, se déjuger elle-même en renonçant aux règles surannées qu'elle avait adoptées en 1694, et rentrer dans la voie de la tradition nationale et de la vérité pratique.

## APPENDICE *B*.

### OPINION DE RONSARD SUR L'ORTHOGRAPHE ÉTYMOLOGIQUE.

Ronsard, par l'ampleur et la hardiesse de son esprit, devançant son siècle et ceux qui l'ont suivi, a découvert en partie les différences qui distinguent certaines de nos lettres de leurs correspondantes chez les anciens, et affirmé les droits de notre langue à une orthographe qui lui soit propre. Il se rencontre ainsi, à cent ans de distance, avec Corneille, pour ouvrir la voie dans laquelle l'Académie devait successivement entrer. Sans l'opposition de ses

amis, il eût accepté volontiers en grande partie les réformes de
Meigret ; mais il se borne pour le moment à chasser l'*y* étymologique, à la suppression des consonnes superflues, à l'adoption
de l'accent aigu dans nombre de cas, et au remplacement du *ph*
par un *f*. Il réclame de nouveaux signes pour *i* et *u* consonnes (*j* et
*v*), pour *ll* mouillé, *gn* et *ch*, et la restitution de *k* et *z*, qu'il demande de *remettre en leur premier honneur* (1).

Il s'exprime ainsi dans l'avertissement au lecteur placé en tête de
son *Abrégé de l'art poëtique* (édit. de 1623, t. II, page 1616 ) :

« J'avois deliberé, lecteur, suivre en l'orthographe de mon livre
la plus grand'part des raisons de Louys Meigret, homme de sain
et parfait iugement (qui a le premier osé desiller les yeux, pour
voir l'abus de nostre escriture ), sans l'advertissement de mes
amis, plus studieux de mon renom que de la verité ; me peignant au
devant des yeux le vulgaire, l'antiquité, et l'opiniastre advis des
plus celebres ignorans de nostre temps ; laquelle remonstrance
ne m'a tant sceu espouvanter, que tu n'y voyes encore quelques
marques de ses raisons (de Meigret). Et bien qu'il n'ait totalement
raclé la lettre grecque Υ, comme il devoit, ie me suis hazardé de
l'effacer, ne la laissant servir sinon aux propres noms grecs,
comme en Tethys, Thyeste, Hippolyte, Vlysse, à fin qu'en les
voyant, de prime face, on cognoisse quels ils sont et de quels païs
nouvellement venus vers nous : non pas en ces vocables, *abisme,*
*cigne, Nimphe, lire, sire* (qui vient comme l'on dit de κύριος, changeant la lettre κ en σ), lesquels sont desia receus entre nous pour
françois, sans les marquer de cet espouvantable crochet de *y*, ne
sonnant non plus en eux que nostre *i* en *ire, simple, lice, lime.*
Bref, ie suis d'opinion (si ma raison a quelque valeur), lors que
tels mots grecs auront long temps demeuré en France, les recevoir en nostre megnie, puis les marquer de l'*i* françois pour
monstrer qu'ils sont nostres, et non plus incogneus estrangers ;
car qui est celuy qui ne iugera incontinent que *Sibille, Cibelle,*
*Cipris, Ciclope, Nimphe, lire,* ne soient naturellement grecs, ou
pour le moins estrangers, puis adoptez en la famille des François,
sans les marquer de tel espouvantail de Pythagore ? Tu dois sçavoir qu'un peu devant le siecle d'Auguste, la lettre grecque Υ
estoit incogneuë aux Romains, comme l'on peut voir par toutes

---

(1) Préface de la *Franciade.*

les comedies de Plaute, où totalement tu le verras osté, ne se servant point d'un charactère estranger dans les noms adoptez, comme *Amphitruon*, pour *Amphitryon* : et si tu me dis qu'anciennement la lettre *y* se prononçoit comme aujourd'huy nous faisons sonner nostre *u* latin, il faut donc que tu le prononces encores ainsi, disant *Cubelle*, pour *Cybelle* ; mais ie te veux dire davantage, que l'*y* n'y a pas esté tant affecté des Latins (ainsi qu'asseurent nos docteurs) pour le retenir comme enseigne en tous les vocables des Grecs tournez par eux en leur langue, mais ils l'ont ordinairement transformé, ores en *u*, comme μῦς, *mus*, ores en *a*, κύων, *canis*, ores en *o*, ὕπνος, *somnus*, tournant l'esprit aspre noté sur ὅ en *s*, comme estoit presque leur vieille coustume, avant que l'aspiration *h* fust trouvée. Ie t'ay bien voulu admonester de cecy, pour te monstrer que tant s'en faut qu'il faille escrire nos mots françois par l'*y* grec, que nous le pouvons bien oster, suivant ce que j'ay dit, hors du nom naturel, pourveu qu'il soit usité en nostre langue. Et si les Latins le retiennent en quelques lieux, c'est plus pour monstrer l'origine de leur quantité, que pour besoin qu'ils en ayent. S'il advient que nos modernes sçavants se vueillent travailler d'inventer des dactyles et spondées en nos vers vulgaires, lors à l'imitation des Latins, nous le pourrons retenir dans les noms venus des Grecs, pour monstrer la mesme quantité de leur origine. Et si tu le vois encore en ce mot, *yeux*, seulement, sçache que pour les raisons dessus mentionnées, obeïssant à mes amis, ie l'ay laissé maugré moy, pour remedier à l'erreur auquel pourroient tomber nos scrupuleux vieillars, ayant perdu leur marque en la lecture des *yeux* et des *ieux* (*jeux*) : te suppliant, lecteur, vouloir laisser en mon livre la lettre *i*, en sa naïve signification, ne la depravant point, soit qu'elle commence la diction, ou qu'elle soit au milieu de deux voyelles, ou à la fin du vocable, sinon en quelques mots, comme en *ie*, en *i'eus*, *iugement*, *ieunesse*, et autres, où abusant de la voyelle I, tu le liras pour I consonne inventé par Meigret, attendant que tu recevras cette marque d'I consonne, pour restituer l'I voyelle en sa premiere liberté. Quant aux autres diphthongues (1), ie les ay laissées en leur vieille corruption, avecques insupportables entassemens de lettres, signe de nostre ignorance et de peu de iugement, en ce qui est si manifeste et certain : estant satisfait d'avoir deschargé mon livre, pour cette

(1) Doubles consonnes, selon l'acception d'autrefois.

heure, d'une partie de tel faix : attendant que nouveaux characteres seront forgez pour les syllabes *ll*, *gn*, *ch* et d'autres. Quant à la syllabe *ph*, il ne nous faut autre note que nostre F, qui sonne autant entre nous que φ entre les Grecs, comme manifestement tu peux voir par ce mot φῦλη, *feille* (1). Et si tu m'accuses d'estre trop inconstant en l'orthographe de ce livre, escrivant maintenant, espée, *épée*, accorder, *acorder*, vestu, *vétu*, espandre, *épandre*, blasmer, *blâmer*, tu t'en dois colerer contre toy mesmes, qui me fais estre ainsi, cherchant tous les moyens que je puis de servir aux oreilles du sçavant, et aussi pour accoustumer le vulgaire à ne regimber contre l'éguillon, lors qu'on le piquera plus rudement, monstrant par cette inconstance, que si i'estois receu en toutes les saines opinions de l'orthographe, tu ne trouverois en mon livre presque une seule forme de l'escriture que sans raison tu admires tant. »

## APPENDICE *C*.

OPINIONS DE PLUSIEURS MEMBRES DE L'ACADÉMIE FRANÇAISE ET DE L'INSTITUT SUR L'ORTHOGRAPHE ET LA RÉFORME ORTHOGRAPHIQUE.

(On trouvera plus loin dans l'Appendice D l'analyse des méthodes orthographiques proposées par plusieurs d'entre eux.)

PIERRE CORNEILLE, membre de l'Académie française en 1647, s'es beaucoup préoccupé de l'orthographe. Il désirait sinon une réforme complète, du moins plus qu'une régularisation. Trente ans avant la première édition du Dictionnaire de l'Académie, dans l'édition de luxe donnée par lui-même en 1664 (le *Théâtre de P. Corneille, reveu et corrigé par l'autheur*, impr. à Rouen, 2 vol. in-fol.), il s'exprime ainsi dans l'*Avis au lecteur :*

« Vous trouuerez quelque chose d'étrange aux innouations en l'Ortographe que j'ay hazardées icy, et ie veux bien vous en rendre raison. L'vsage de nostre langue est à present si épandu par toute l'Europe, principalement vers le Nord, qu'on y voit peu d'Estats où elle ne soit connuë; c'est ce qui m'a fait croire qu'il ne seroit pas mal à propos d'en faciliter la prononciation aux es-

(1) Peut-être faut-il lire φύλλον, *feuille*.

trangers, qui s'y trouuent souvent embarrassez par les diuers sons qu'elle donne quelquefois aux mesmes lettres. Les Hollandois m'ont frayé le chemin, et donné ouuerture à y mettre distinction par de differents caracteres, que jusqu'icy nos imprimeurs ont employé indifferemment. Ils ont séparé les *i* et les *u* consones d'avec les *i* et les *u* voyelles, en se seruant tousiours de l'*j* et de l'*v* pour les premieres, et laissant l'*i* et l'*u* pour les autres, qui jusqu'à ces derniers temps auoient esté confondus..... Leur exemple m'a enhardy à passer plus auant. J'ay veu quatre prononciations differentes dans nos *ſ* et trois dans nos *e*, et j'ay cherché les moyens d'en oster toutes ambiguitez, ou par des caracteres differens, ou par des régles generales, auec quelques exceptions. Ie ne sçay si j'y auray reüssi, mais si cette ébauche ne déplaist pas, elle pourra donner iour à faire vn trauail plus acheué sur cette matiere, et peut-estre que ce ne sera pas rendre vn petit service à nostre langue et au public.

« Nous prononçons l'*s* de quatre diuerses manieres : tantost nous l'aspirons, comme en ces mots, *peſte, chaſte*; tantost elle allonge la syllabe, comme en ceux-cy, *paſte, teſte*; tantost elle ne fait aucun son, comme à *eſbloüir, eſbranler, il eſtoit*; et tantost elle se prononce comme vn *z*, comme à *preſider, preſumer*. Nous n'auons que deux differens caracteres, *ſ* et *s*, pour ces quatre differentes prononciations : il faut donc establir quelques maximes generales pour faire les distinctions entieres. Cette lettre se rencontre au commencement des mots, ou au milieu, ou à la fin. Au commencement elle aspire toûjours : *ſoy, ſien, ſauuer, ſuborner*; à la fin, elle n'a presque point de son, et ne fait qu'allonger tant soit peu la syllabe, quand le mot qui suit se commence par vne consone, et quand il commence par vne voyelle, elle se détache de celuy qu'elle finit pour se joindre auec elle, et se prononce toûjours comme vn *z*, soit qu'elle soit précedée par vne consone, ou par vne voyelle.

« Dans le milieu du mot, elle est, ou entre deux voyelles, ou aprés vne consone, ou auant vne consone. Entre deux voyelles elle passe tousiours pour *z*, et aprés vne consone elle aspire tousiours et cette difference se remarque entre les verbes composez qui viennent de la mesme racine. On prononce *prezumer, rezister*, mais on ne prononce pas *conzumer*, ny *perzister*. Ces régles n'ont aucune exception, et j'ay abandonné en ces rencontres le choix des caracteres à l'Imprimeur, pour se seruir du grand ou du petit, selon qu'ils se sont le mieux accommodez auec les lettres qui les joignent. Mais ie n'en ay pas fait de mesme, quand l'*f* est auant vne consone dans le milieu du mot, et ie n'ay pû souffrir que ces trois mots, *reſte, tempeſte, vous eſtes,* fussent escrits l'vn comme l'autre, ayant des prononciations si differentes: l'ay reserué la petite *s* pour celle où la syllabe est aspirée, la grande pour celle où elle est simplement allongée, et l'ay supprimée entièrement au troisiéme mot où elle ne fait point de son, la marquant seulement par vn accent sur la lettre qui la précede. l'ay donc fait ortographer ainsi les mots suivants et leurs semblables, *peste, funeste, chaste, reſiste, espoir; tempeſte, haſte, teſte, vous étes, il étoit, ébloüir, écouter, épargner, arréter.* Ce dernier verbe ne laisse pas d'auoir quelques temps dans sa conjugaison où il faut lui rendre l'*ſ,* parce qu'elle allonge la syllabe, comme à l'impératif *arreſte, qui rime bien auec teſte*, mais à l'infinitif et en quelques autres où elle ne fait pas cet effet, il est bon de la supprimer et escrire, *j'arrétois, j'ay arrété, j'arréteray, nous arrétons,* etc.

« Quant à l'*e,* nous en auons de trois sortes. L'*e* feminin qui se rencontre touiours ou seul, ou en diphtongue dans toutes les dernières syllabes de nos mots qui ont la terminaison feminine, et qui fait si peu de son, que cette syllabe n'est iamais contée à rien à la fin de nos vers feminins, qui en ont tousiours vne plus que les autres. L'*e* masculin qui se prononce comme dans la langue latine, et vn troisiéme *e* qui ne va iamais sans l'*s,* qui luy donne vn son esleué qui se prononce à bouche ouuerte, en ces mots, *ſucces, acces, expres.* Or comme ce seroit vne grande confusion que ces trois *e* en ces trois mots, *aſpres, verite* et *apres,* qui ont vne prononciation si differente, eussent vn caractere pareil, il est aisé d'y remedier, par ces trois sortes d'*e* que nous donne l'imprimerie, *e, é, è,* qu'on peut nommer l'*e* simple, l'*e* aigu et l'*e* graue (1). Le premier seruira pour nos terminaisons feminines, le second pour les latines, et le troisiéme pour les esleuées, et nous escrirons ainsi ces trois mots et leurs pareils, *aſpres, verité, áprès,* ce que nous estendrons à *ſuccès, excès, procès,* qu'on avoit jusqu'icy escrits avec l'*e* aigu, comme les terminaisons latines,

---

(1) Il est regrettable que, dans cette excellente réforme, Corneille n'ait pas, tout au contraire, nommé grave l'*e* que nous appelons *aigu,* et aigu celui que nous nommons *grave;* cela eût été plus logique, puisque la voix s'abaisse sur le premier et s'élève sur le second.

quoy que le son en soit fort different. Il est vray que les imprimeurs y auoient mis quelque difference, en ce que cette terminaison n'estant iamais sans ∫, quand il s'en rencontroit vne aprés
vn *é* latin, ils la changeoient en *z* et ne la faisoient préceder que
par un *e* simple. Ils impriment *veritez*, *deïtez*, *dignitez* et non pas
*veritès*, *deïtès*, *dignitès*, et j'ay conserué cette ortographe : mais
pour éuiter toute sorte de confusion entre le son des mots qui ont
l'*e* latin sans ∫, comme *verité*, et ceux qui ont la prononciation
éleuée comme *succès*, j'ay crû à propos de nous seruir de differents caracteres, puisque nous en auons, et donner l'*è* grave à
ceux de cette derniere espèce. Nos deux articles pluriels, *les* et
*des* ont le mesme son, quoy qu'écrits auec l'*e* simple : il est si
mal-aisé de les prononcer autrement, que ie n'ay pas crû qu'il
fust besoin d'y rien changer. Ie dy la mesme chose de l'*e* devant
deux *ll*, qui prend le son aussi esleué en ces mots *belle*, *fidelle*,
*rebelle*, etc., qu'en ceux-cy, *succès*, *excès* ; mais comme cela arriue tousiours quand il se rencontre auant ces deux *ll*, il suffit
d'en faire cette remarque sans changement de caractere. Le
mesme arriue deuant le simple *l*, à la fin du mot *mortel*, *appel*,
*criminel* et non pas au milieu, comme en ces mots *celer*, *chanceler*,
où l'*e* auant cette *l* garde le son de l'*e* feminin.

« Il est bon aussi de remarquer qu'on ne se sert d'ordinaire de
l'*é* aigu qu'à la fin du mot, ou quand on supprime l'∫ qui le suit,
comme à *établir*, *étonner* : cependant il se rencontre souuent au
milieu des mots auec le mesme son, bien qu'on ne l'escriue qu'auec
vn *e* simple, comme en ce mot *seuerité* qu'il faudroit escrire *∫éuérité*,
pour le faire prononcer exactement, et peut-estre le feray-je obser-
uer en la premiere impression qui se pourra faire de ces recueils.

« La double *ll* dont ie viens de parler à l'occasion de l'*e* a aussi
deux prononciations en nostre langue, l'vne seche et simple, qui
suit l'orthographe, l'autre molle qui semble y joindre vne *h*. Nous
n'auons point de differents caracteres à les distinguer, mais on en
peut donner cette régle infaillible. Toutes les fois qu'il n'y a point
d'*i* auant les deux *ll*, la prononciation ne prend point cette mollesse : en voicy des exemples dans les quatre autres voyelles,
*baller*, *rebeller*, *coller*, *annuller*. Toutes les fois qu'il y a vn *i*
auant les deux *ll*, soit seul, soit en diphtongue, la prononciation
y adjouste vne *h*. On escrit *bailler*, *éueiller*, *briller*, *chatouiller*,
*cueillir* et on prononce *baillher*, *éueillher*, *brillher*, *chatouillher*,
*cueillhir*. Il faut excepter de cette règle tous les mots qui vien-

nent du latin et qui ont deux *ll* dans cette langue, comme *ville*, *mille*, *tranquille*, *imbecille*, *distille*, *illustre*, *illegitime*, *illicite*, etc. Ie dis qui ont deux *ll* en latin, parce que les mots de *fille* et *famille* en viennent et se prononcent auec cette mollesse des autres, qui ont l'*i* deuant les deux *ll* et n'en viennent pas ; mais ce qui fait cette difference, c'est qu'ils ne tiennent pas les deux *ll* des mots latins *filia* et *familia* qui n'en ont qu'vne, mais purement de nostre langue. Cette régle et cette exception sont generales et asseurées. Quelques modernes, pour oster toute l'ambiguité de cette prononciation, ont escrit les mots qui se prononcent sans la mollesse de l'*h* auec un *l* simple, en cette maniere, *tranquile*, *imbecile*, *distile*, et cette ortographe pourroit s'accommoder dans les trois voyelles *a*, *o*, *u*, pour escrire simplement *baler*, *affoler*, *annuler*, mais elle ne s'accommoderoit point du tout auec l'*e* et on auroit de la peine à prononcer *fidelle* et *belle* si on escriuoit *fidele* et *bele* ; l'*i* mesme sur lequel ils ont pris ce droit ne le pourroit pas souffrir tousiours et particulierement en ces mots *ville*, *mille*, dont le premier si on le reduisoit à vne *l* simple, se confondroit auec *vile*, qui a vne signification toute autre.

« Il y auroit encor quantité de remarques à faire sur les differentes manieres que nous auons de prononcer quelques lettres en nostre langue ; mais ie n'entreprends pas de faire vn traité entier de l'ortographe et de la prononciation, et me contente de vous auoir donné ce mot d'auis touchant ce que i'ay innoué icy. Comme les imprimeurs ont de la peine à s'y accoustumer, ils n'auront pas suiuy ce nouuel ordre si punctuellement qu'il ne s'y soit coulé bien des fautes : vous me ferez la grace d'y suppléer. »

Effectivement, on peut juger du désordre orthographique qui s'était introduit dans les imprimeries d'alors par la longue citation textuelle que je viens de reproduire. Ce n'est donc point un faible service que rendit la publication du Dictionnaire de l'Académie en apportant quelque remède à cette anarchie.

C'est un grand mérite à Corneille d'avoir proposé, comme nous venons de le voir, une accentuation régulière de l'*e* plus de cent ans avant que l'Académie l'introduisît complétement dans le Dictionnaire. Quant à la distinction qu'il suggère du *f* long et du petit *s*, elle devint inutile dès 1740 par l'emploi de l'*é* aigu et de l'*é* circonflexe qui supprima le *s*.

Il est regrettable que Corneille, sans doute à cause de son âge,

n'ait pu assister aux premières délibérations des cahiers; son autorité, secondée par celle de Bossuet, eût sans doute fait prévaloir
beaucoup d'améliorations dont quelques-unes ne sont pas encore
réalisées.

Jacques-Bénigne Bossuet, membre de l'Académie vers 1670, prit une
    part active à la rédaction du Dictionnaire. Ses idées en matière d'or-
    thographe, dont on trouve quelques traces dans le manuscrit existant
    à la Bibliothèque impériale des *Résolutions de l'Académie françoise
    touchant l'orthographe*, sont aussi libérales que progressives. On en
    jugera par les quelques passages suivants que j'extrais de l'introduc-
    tion de l'édition des cahiers donnée par M. Marty-Laveaux :

    « Parmi les lettres qui ne se prononcent pas et que l'Académie
a dessein de retenir, il y en a qui ne seruent guere a faire connoistre l'origine; de plus il faut marquer de quelle origine on
ueut parler, car l'ancienne orthographe retient des lettres qui
marquent l'origine a l'egard des langues etrangeres, latine, italienne, alemande, et d'autres qui font connoistre l'ancienne prononciation de la France mesme. Il faut demesler tout cela.
Autrement des le premier pas on confondra toutes les idées. »
    « On ueut suivre, dit-on, l'ancienne orthographe et cependant
on la condamne ici et ailleurs une infinité de fois. Ueut on écrire
*recebuoir, deub, nuict,* etc.? On les rciette. Ce n'est donc pas
l'ancienne orthographe qu'on ueut suiure, mais on ueut suiure
l'usage constant et retenir les restes de l'origine et les uestiges de
l'antiquité autant que l'usage le permettra. »
    On avait proposé de dire dans les *Résolutions:* «C'est une vi-
laine et ridicule orthographe d'escrire par un *a* ces syllabes qu'on
a touiours escrites *en* et *ent,* par exemple d'orthographier *antre-
prandre, commancement, anfant, sansement,* etc.» Bossuet, plus
grammairien en cette circonstance que Regnier des Marais, qui
voulait qu'on passât à l'ordre du jour, s'exprime en ces termes :
    « Il y a pourtant ici quelques regles a donner pour l'instruction.
La regle la plus generale c'est de retenir *en* partout ou il y a *en*
ou *in* en latin, comme dans *in, intra* et leurs composez. Cependant dans les participes qui ont *ens* en latin on ne laisse pas de
dire en francois *lisant, peignant, oyant, feignant,* etc., et de
mesme pour les gerondifs *legendo, patiendo,* en *lisant,* en *pâtis-*

*sant,* etc. Les mêmes participes deuenant adiectifs reprennent l'*e* comme *intelligens,* intelligent, *patiens,* patient, *negligens,* negligent, et ainsi des autres. On pourroit donc donner pour regle que tous les participes et gerondifs ont *ant,* que tous les adverbes et noms en *mant* s'escriuent *ment* parce que les noms semblent ,uenir de quelques latins terminez en *mentum,* et les adverbes semblent venir : *fortement* de *forti mente*.....

« Au reste, je ne uoudrois pas faire de remarques contre l'orthographe impertinente de Ramus, mais on peut faire voir par cet excez l'équité de la regle que la Compaignie propose comme je le dis a la fin.....

« Le principal est de se fonder en bons principes et de bien faire connoistre l'intention de la Compaignie, qu'elle ne peut souffrir une fausse regle qu'on a uoulu introduire d'écrire comme on prononce, parce qu'en uoulant instruire les étrangers et leur faciliter la prononciation de nostre langue, on la fait mesconnoistre aux François memes. Si on ecrivoit *tans, chan, cham, emais* ou *émés, connaissais* (1), *anterreman, faisaiet,* qui reconnoistroit ces mots ? On ne lit point lettre à lettre, mais la figure entiere du mot fait son impression sur l'œil et sur l'esprit, de sorte que quand cette figure est considerablement changée tout à coup, les mots ont perdu les traits qui les rendent reconnoissables a la ueüe et les yeux ne sont point contents. Il y a aussi une autre orthographe qui s'attache scrupuleusement a toutes les lettres tirées des langues dont la nostre a pris ses mots, et qui ueut escrire *nuict, escripture,* etc. Celle la blesse les yeux d'une autre sorte en ueüe des lettres dont ils sont desaccoutumez et que l'oreille n'a jamais connus (*sic*). C'est la ce qui s'appelle l'ancienne orthographe uicieuse. La Compaignie paroistra conduite par un iugement bien reglé quand apres avoir marqué ces deux extremitez si manifestement uitieuses, elle dira qu'elle ueut tenir un juste milieu. Qu'elle se propose :

« 1° De suiure l'usage constant de ceux qui sçauent écrire ;

« 2° Qu'elle ueut tascher de rendre autant qu'il se pourra l'usage uniforme ;

« 3° De le rendre durable ;

« Qu'elle a dessein pour cela de retenir les lettres qui marquent l'origine de nos mots sur tout celles qui se uoyent dans les mots

---

(1) C'est pourtant ainsi que l'on écrit ce mot aujourd'hui.

latins, si ce n'est que l'usage constant s'y oppose; que comme
la langue latine ne change plus, cela servira à fixer nostre orthographe; que ces lettres ne sont pas superfluës parce qu'outre
qu'elles marquent l'origine, ce qui sert mesme a mieux apprendre
la langue latine, elles ont diuers autres usages, comme de marquer les longues et les breves, les lettres fermées et ouuertes, la
difference de certains mots que la prononciation ne distingue
pas, etc. Que la Compaignie pretend retenir non seulement les
lettres qui marquent l'origine, mais encore les autres que l'usage
a conservées, par ce qu'oustre qu'elle ne ueut point blesser les
yeux qui y sont accoustumez, elle desire autant qu'il se peut que
l'usage deuienne stable, ioint qu'elles ont leur utilité qu'il faudra
marquer. »

Ce juste milieu que Bossuet proposait à l'illustre Compagnie de
tenir entre l'orthographe ancienne, surchargée de lettres étymologiques qui ne se prononçaient pas, et l'écriture des novateurs,
purement figurative de la prononciation, est encore peut-être
aujourd'hui le parti de la sagesse. L'Académie de 1694 ne s'en
tint pas à ces idées, elle se jeta alors dans une voie hérissée de
difficultés en voulant à la fois concilier les traditions du français,
l'usage qui tend à simplifier, et la conformité avec le latin, qui, à
défaut d'accent écrit, marquait le plus souvent l'allongement des
syllabes par le redoublement des consonnes, tandis qu'on semble
avoir voulu faire le contraire en français.

Bossuet avait pressenti cet écueil, car on trouve encore cette
note de sa main :

« Il faudroit expliquer a fond la quantité françoise en quelque
endroit du Dictionnaire aussi bien que l'orthographe. La principale remarque à faire sur cela, c'est que la poesie francoise n'a
aucun egard à la quantité que pour la rime et nullement pour le
nombre et pour la mesure; ce qui fait soupçonner que nostre
langue ne marque pas tant les longues a beaucoup pres que la
grecque et la latine. »

L'abbé DE DANGEAU, membre de l'Académie française en 1682.

« Il y aurait, dit M. Gabriel Henry (*Hist. de la langue française*),
de l'ingratitude à passer sous silence les services essentiels que
l'abbé de Dangeau rendit à la langue en nous donnant une idée
claire de ses sons originaires, en fixant irrévocablement la nature

du son nasal, confondu si souvent avec les consonnes par nos anciens grammairiens, en examinant la nature des temps du verbe et en nous en faisant connaître les différentes propriétés. On regrette, pourtant, qu'il ne nous ait pas développé ses idées dans toute la suite d'un système grammatical ; mais le peu qu'il nous a laissé lui assure une place distinguée parmi nos grammairiens. Ses successeurs n'ont eu qu'à le copier dans les articles qu'il a rendus publics. »

Dangeau reconnaît dans la langue française quinze voyelles qu'il classe ainsi :

Cinq voyelles latines : *a, é, i, o, u* ;

Cinq voyelles françaises : *ou, eu, au, e* ouvert (comme dans *cyprès*), *e* muet (comme dans *juste*) ;

Cinq voyelles sourdes ou esclavones : *an, en, in, on, un.*

« En latin, dit-il, des mots dérivés du grec sont écrits tantôt par *ph* et tantôt par *f*. Preuve certaine qu'ils ne prononçoient pas le *ph* comme l'*f*. Quand il leur est arrivé d'adoucir l'aspiration du φ grec, ils ne se sont plus servis du *ph*. Pourquoi donc ne pas imiter les Italiens et les Espagnols, qui n'ont pas crû être obligez à garder l'ortographe latine, dans les mots venus du grec, et qui écrivent *teologo* sans *h*, *filosofo et Filippo* par des *f*, etc. ? »

L'abbé de Choisy, membre de l'Académie française en 1687.

En tête de son Journal de l'Académie françoise (1), il donne les explications suivantes :

« Au commencement de l'année 1696, l'Académie résolut, à la pluralité des voix, qu'on travailleroit en deux Bureaux ; que, dans le premier, on reverroit le Dictionnaire, et que, dans le second, on proposeroit les doutes sur la langue, qui, dans la suite, pourroient servir de fondement à une Grammaire. Messieurs Charpentier, Perrault, Corneille (T.), et MM. les abbez de Dangeau et de Choisy promirent assiduité au second Bureau ; c'est le dernier nommé de ces membres qui se chargea de tenir la plume pendant le reste du quartier. »

(1) Ce journal, dont l'Académie ne voulut point permettre la publication, parce que cette société trouvait qu'il était d'un style trop libre et ressemblait trop à celui du *Journal de Siam*, du même auteur, a paru dans le volume publié en 1754 (par d'Olivet) sous le titre d'*Opuscules sur la langue françoise, par divers académiciens.*

Suivent les diverses questions grammaticales rangées par chapitres, où l'abbé de Choisy expose les diverses opinions de chacun pour et contre ; il s'occupe plutôt des difficultés grammaticales proprement dites, cependant il déclare « que les caractères
sont faits pour peindre les sons, et que, par conséquent, l'ortographe la moins imparfaite est celle qui nous expose le moins à
prononcer mal. »

Voici au xixe chapitre ce qu'il dit concernant l'orthographe :
il nous donne un récit curieux des difficultés qu'offrait ce genre
de discussions sur l'orthographe du Dictionnaire de 1694, difficultés qui se reproduisirent pour l'édition de 1740, ainsi que nous
l'apprend l'abbé d'Olivet.

« Un de ces Messieurs, rapporte de Choisy, sur la fin de la séance
précédente, avait proposé de faire quelques changemens à l'orthographe de l'Académie, et, par exemple, de mettre une *s*, pour plus
grande uniformité, à tous les pluriels (ce que Corneille avait proposé). Un autre, qui abhorre les changemens, a commencé aujourd'hui par nous mettre devant les yeux ces deux vers d'*Athalie* :

> Quel est-il cet objet des pleurs que **vous** versez ?
> Les jours d'Éliacin seroient-ils menacez ?

« Vous prétendez, nous a-t-il dit, qu'il est à propos que l'écriture fasse distinguer le verbe d'avec les substantifs, adjectifs et
participes, ce qui sera très-aisé, lorsqu'on réservera l'*s* pour les
pluriels de tous ceux-ci, et le *z* pour le verbe seul. Ainsi, selon
vous, il faudra écrire :

> Quel est-il cet objet des pleurs que **vous** versez ?
> Les jours d'Éliacin seroient-ils menacés ?

« Mais cette imagination n'est pas nouvelle, puisqu'il y a deux
siècles qu'elle a été proposée, sans néanmoins que le public ait
paru en faire cas. Il n'y a qu'à ouvrir les Grammaires de Ramus,
de Pelletier et de bien d'autres, qui s'érigèrent en réformateurs
d'orthographe peu de temps après la mort de François Ier. On s'est
moqué d'eux. Hé ! depuis quand l'orthographe auroit-elle pour but
de spécifier et de faire distinguer les parties d'oraison ? Assurément, sur cent femmes qui parlent très-bien, et qui même écrivent correctement, il n'y en a pas dix qui sachent ce que c'est que
participe. *Versez* est un verbe, *menacez* est un participe : donc il

faut les écrire différemment? Pour moi, je ne vois ici qu'un principe qui soit également avoué, tant par ceux qui se plaisent à introduire des nouveautez, que par ceux qui tiennent pour l'usage ancien. Quel est ce principe? Que les caractères sont faits pour peindre les sons, et que, par conséquent, l'orthographe la moins imparfaite est celle qui nous expose le moins à prononcer mal. Or il est clair que ce mot, *menacez,* se prononce absolument de même, et sans la plus légère différence, soit qu'on le fasse verbe, comme quand je dis, *vous menacez,* soit qu'on le fasse participe, comme dans le vers de M. Racine, *seroient-ils menacez?* Pourquoi donc, où il ne s'agit que d'un seul et même son, employer deux signes différens? Une règle d'orthographe qui suppose qu'on sait toujours distinguer le verbe d'avec un nom, n'est bonne que pour ceux qui ont étudié : au lieu que celle qui fut adoptée par nos pères est à la portée de tout le monde. Personne, en effet, ne manque assez d'oreille pour confondre l'*è* ouvert comme dans *procès, succès,* avec l'*é* fermé, comme dans *aimé, bonté.* Voilà le cas où il est utile d'avoir deux signes, puisqu'il y a deux sons. Aussi prenons-nous l'*s* pour le signe de l'*è* ouvert, *procès, succès;* et le *z* pour le signe de l'*é* fermé, quand le mot est au pluriel, *vous aimez, vous êtes aimez.* Règle qui ne souffre aucune exception, qui se conçoit sans étude, qui se retient sans effort. On accentue l'*è* quand il est ouvert, *procès,* de peur qu'on ne le prenne pour un *e* muet, comme dans *frivoles, paroles,* où l'*s* n'a lieu que pour marquer le pluriel. Ajoutons que le *z* a cela de commode, qu'il nous dispense de lever la main pour former un accent. On écrit tout de suite *bontez;* au lieu que pour écrire *bontés,* il faut que j'aie l'attention et la patience d'aller chercher la lettre qui doit recevoir l'accent, et que je risque encore de mettre un grave pour un aigu. Quoi qu'il en soit, l'Académie ne s'est jamais départie du *z,* et cette raison en vaudra toujours mille autres pour moi. Je ne dis point que pour observer cette belle uniformité dans tous les pluriels, il faudroit donc écrire, les *travaus,* les gens *heureus,* nos *vœus.* O! que nos livres en deviendroient bien plus beaus!

« Après avoir entendu ce que je viens de rapporter, et qui avoit été dit avec un peu de chaleur, tout le monde jugea que le mieux étoit d'abandonner la matière, parce qu'on a toujours vû que les disputes sur l'orthographe ne finissoient point, et que d'ailleurs elles n'ont jamais converti personne. »

On traita ensuite cette question d'orthographe : « CHAPITRE XX. *J'ai eté payé des sommes qu'on m'avoit données, ou, donné à recevoir d'un tel* (1).

« Le premier opinant a dit qu'il falloit dire, j'ai été payé des sommes qu'on m'avoit données à recevoir ; parce que, les sommes étant au pluriel, données y devoit être aussi.

« Pour moi, a dit le second opinant, je suis d'un avis contraire. Les sommes sont reçues, et non pas données. Ce qu'on donne, c'est à recevoir : on reçoit les sommes. Ainsi il faut dire, donné à recevoir.

« Un troisième, se rangeant du côté du second, a dit que, si l'on pouvoit renverser la phrase et dire, à lesquelles recevoir on m'a donné, on verroit bien que recevoir régit les sommes, et que donné régit recevoir. On m'a donné à faire quelque chose ; l'action qu'on m'a donnée à faire, c'est de recevoir. Au lieu de donner, mettons le mot de prier ; et au lieu de dire, les sommes qu'on m'a donné à recevoir, disons, qu'on m'a prié de recevoir ; vous verrez que vous ne sauriez dire, les sommes qu'on m'a priées de recevoir, mais qu'il faut dire, qu'on m'a prié de recevoir.

« Le quatrième opinant a été de même avis : que ce qu'on donnoit, n'étoit pas les sommes, mais une action à faire. On me donne à recevoir ces sommes-là.

« Ceux qui ont suivi ont dit qu'ils avoient bien vû d'abord, qu'il falloit dire, donné à recevoir, ne consultant que l'usage ; et que ce qu'avoient dit les derniers opinans, les confirmoit dans un avis dont ils n'avoient pas examiné jusque-là toutes les raisons grammaticales.

« Mais, Monsieur, a repris quelqu'un, si pour juger de la bonté d'une phrase, il est nécessaire d'examiner, comme viennent de faire ces Messieurs, et les verbes et leurs régimes, si c'est un participe, ou un gérondif, où en serons-nous ? J'ai bien peur que ces Messieurs qui raisonnent tant, ne trouvent moyen de nous fournir aujourd'hui des raisons pour une opinion, et demain d'autres raisons aussi bonnes, peut-être meilleures, pour le sentiment contraire. Je me souviens d'avoir vû faire quelque chose de semblable à feu Monsieur de Marca dans nos assemblées du clergé : il soutenoit tantôt un avis, et tantôt un autre, selon les occasions ;

---

(1) Après deux siècles, des questions quelque peu analogues sont encore en litige. *Et adhuc sub judice lis est.*

et il avoit toujours à nous alléguer quelque canon, qui paroissoit fait exprès pour lui. Ainsi, Messieurs, tous vos raisonnemens me paroissent fort suspects.

« Hé bien, Monsieur, trouvons un moyen de nous accommoder, a dit un (1) de ceux qui est le plus accusé d'aimer à raisonner. Quand on vous présente une phrase, le grand usage que vous avez du beau monde, du monde poli, fait que vous prenez aisément le bon parti. C'est peut-être par un usage qui en approche, que nous nous déterminons aussi, ces autres Messieurs et moi. Mais après avoir porté notre premier jugement, et avoir dit, cette manière de parler me plaît, ou me déplaît, nous rentrons un peu en nous-mêmes, et nous disons : Voyons un peu ce qui rend cette manière de parler vicieuse; voyons ce qui la rend bonne. Alors ayant recours à nos participes, à nos régimes, à nos gérondifs, et à tout cet attirail, que vous avez peur qui ne vienne du pays latin, nous tâchons de découvrir les raisons de notre premier goût, et nous sommes quelquefois assez hardis pour faire quelques petites règles générales, à l'occasion d'un sentiment particulier. Un homme voit un bâtiment : du premier coup d'œil il dit : Cela me plaît, cela me déplaît. Il y a tel homme de bon goût, qui par le grand usage qu'il a d'avoir vû des maisons, d'avoir connu celles qui plaisent et celles qui déplaisent aux connaisseurs, dit fort à propos : Cela me plaît, cela me déplaît. Demandez-lui-en la raison, il ne sauroit vous la dire. Mais faites venir M. Perrault : aussi-tôt Vitruve en campagne, les cinq ordres d'architecture, et tout ce qu'il sait par sa méditation, jointe à un grand usage des bâtiments.

« Voyons, avec vos règles, a dit l'homme (2) de Monsieur de Marca, que direz-vous de cette phrase? Elle s'est laissée emporter à la colère. Faut-il dire, elle s'est laissé emporter, etc.?

« Je ne blâmerois peut-être ni l'un ni l'autre, a-t-il répondu. Mais de grâce, lui a-t-on répliqué, rentrez un peu en vous-même, comme vous nous avez tout à l'heure si bien dit qu'il falloit faire quelquefois ; et faites-nous voir sur quoi vous fondez votre indulgence, et pourquoi vous souffrez qu'on dise, elle s'est laissée emporter à la colère, et que vous ne voulez pas dire, les sommes qu'on m'a données à recevoir.

---

(1) M. l'abbé de Dangeau.
(2) M. l'abbé Testu, abbé de Belval.

« En vérité, Monsieur, a-t-il répondu froidement, je suis las de raisonner. Permettez-moi de m'abandonner de temps en temps à mon instinct et à un peu de paresse, et de laisser en repos mes règles de grammaire. Je vois ici tant d'honnêtes gens qui font la même chose, et qui ne font peut-être pas mal.

« Hé bien, Monsieur, a dit celui qui avait cité Monsieur de Marca, je crois qu'il faut dire, elle s'est laissée emporter à la colère; et puisque vous ne voulez pas nous en dire la raison, je m'en vais me mettre à votre place, et peut-être vous l'apprendre. Elle s'est laissée emporter se dit, parce qu'il est plus doux à la prononciation. La voyelle qui commence le mot d'emporter mange la dernière du mot laissée, et empêche la rencontre de ces deux *e*, qui auroit quelque chose de trop languissant.

« Mais, Monsieur, a dit un troisième, s'il y avoit surprendre au lieu d'emporter, croiriez-vous qu'il fallût dire, elle s'est laissée surprendre? Pour moi, je ne le crois pas; et moins indulgent que Monsieur qui a parlé avant vous, je veux qu'on dise, elle s'est laissé emporter à la colère, comme on dit, les sommes qu'on m'a donné à recevoir. »

Ch. Irénée Castel, abbé de Saint-Pierre, membre de l'Académie française en 1695, fut un des plus zélés partisans de la réforme orthographique. Il fut exclu de l'Académie en 1718 pour son ouvrage intitulé *Discours sur la polysynodie*. Voir son projet, Appendice D, à la date de 1730, p. 145.

L'abbé Girard, membre de l'Académie française en 1744. (Voir p. 143.)

Duclos, secrétaire perpétuel de l'Académie française, joignant l'exemple au précepte orthographique, juge ainsi le système de l'orthographe étymologique (en 1754) :

« Le préjugé des *étimologies* est bien fort, puisqu'il fait regarder come un avantage ce qui est un véritable défaut; car enfin les caractères n'ont été inventés que pour représenter les sons. C'étoit l'usage qu'en faisoient nos anciens : quand le respect pour eus nous fait croire que nous les imitons, nous faisons précisément le contraire de ce qu'ils faisoient. Ils peignoient leurs sons : si un mot ut alors été composé d'autres sons qu'il ne l'étoit, ils auroient employé d'autres caractères.

« Ne conservons donc pas les mêmes caractères pour des sons

qui sont devenus diférens. Si l'on emploie quelquefois les mêmes sons dans la langue parlée, pour exprimer des idées diférentes (champ, chant), le sens et la suite' des mots sufisent pour ôter l'équivoque des homonimes. L'intelligence ne feroit-èle pas pour la langue écrite ce qu'èle fait pour la langue parlée? Par exemple, si l'on écrivoit champ de *campus,* comme chant de *cantus,* en confondroit-on plûtôt la signification dans un écrit que dans le discours? N'avons-nous pas même des homonimes dont l'ortografe est pareille? Cependant on n'en confond pas le sens. Tels sont les mots son *(sonus),* son *(furfur),* son *(suus),* et plusieurs autres. »

« L'usage, dit-on, est le maître de la langue, ainsi il doit décider également de la parole et de l'écriture. Je ferai ici une distinction. Dans les choses purement arbitraires, on doit suivre l'usage, qui équivaut alors à la raison : ainsi l'usage est le maître de la langue parlée. Il peut se faire que ce qui s'appèle aujourd'hui un livre s'apèle dans la suite un arbre ; que vert signifie un jour la couleur rouge, et rouge la couleur verte, parce qu'il n'y a rien dans la nature ni dans la raison qui détermine un objet à être désigné par un son plutôt que par un autre : l'usage, qui varie là-dessus, n'est point vicieus, puisqu'il n'est point inconséquent, quoiqu'il soit inconstant. Mais il n'en est pas ainsi de l'écriture : tant qu'une convention subsiste, èle doit s'observer. L'usage doit être conséquent dans l'emploi d'un signe dont l'établissement étoit arbitraire ; il est inconséquent et en contradiction, quand il done à des caractères assemblés une valeur diférente de cèle qu'il leur a donée et qu'il leur conserve dans leur dénomination, à moins que ce ne soit une combinaison nécessaire de caractères pour en représenter un dont on manque. »

(Voir à l'Appendice D, à la date de 1756, p. 150, pour l'exposition de sa réforme.)

Nicolas Beauzée, membre de l'Académie française, mort en 1789, s'était d'abord prononcé contre la réforme de l'orthographe. Dans l'*Encyclopédie méthodique*, publiée chez Panckoucke, en 1789, revenant sur ses premières opinions, il termine ainsi l'article Néographisme.

« Il faut compter à l'excès sur l'aveugle docilité de ses lecteurs pour oser défendre les abus de notre orthographe actuelle par l'autorité des grands écrivains que l'on cite : comme s'ils avoient spécialement aprofondi et aprouvé formellement les

principes d'orthographe qu'ils ont suivis dans leur temps,
comme si celle que l'on suit et que l'on défend aujourd'hui
étoit encore la même que la leur en tout point, et comme s'il
suffisoit d'opposer des autorités à des raisons dans une matière
qui doit ressortir nûment au tribunal de la raison.

« Ces raffinements, dit-on, s'ils pouvoient jamais être adoptés,
« en produiroient d'autres ; on perdroit toutes les étymologies ; on
« obscurciroit le génie de la langue et l'histoire de ses variations ;
« on défigureroit toutes les éditions qui ont paru jusqu'à nos
« jours ; les auteurs et les lecteurs, accoutumés à l'ancienne or-
« thographe, seroient réduits à se placer avec les enfants pour
« aprendre à lire et à écrire ; la nouvelle méthode, pour être peut-
« être plus conforme à la prononciation du moment, n'en auroit
« pas moins combattu l'impression d'un long usage qui a subju-
« gué l'imagination et les ieux... La lecture de cette orthographe
« est impossible à tout homme qui n'est pas disposé à changer de
« tête et d'ieux en sa faveur. » Ce sont les propres termes d'un
journaliste dans les annonces qu'il a faites des deux premières
éditions de ma traduction des *Histoires de Salluste,* où j'avois
suivi quelques-uns seulement de mes principes de réforme.

« Ces changements, dit-il, en produiroient d'autres. Oui, j'en
conviens ; l'art de lire, réduit à un nombre déterminé d'éléments
précis, seroit mis par sa facilité à la portée des plus stupides, et
s'aprendroit en peu de temps ; l'orthographe, simplifiée et réduite à des principes clairs et généraux, n'embarrasseroit plus que
ceux qui ne voudroient pas s'en occuper quelques semaines. Oh !
voilà, je l'avoue, d'affreux bouleversements !

« On perdroit toutes les étymologies. Oui, on perdroit les traces
incommodes des étymologies ; mais les savants, que cet objet regarde uniquement, sauroient bien les retrouver. La langue appartient à la nation ; la multitude n'a nul besoin de remonter aux
étymologies, qui sont même perdues pour elle, malgré les caractères étymologiques dont on l'embarrasse dans les livres destinés
à son instruction.

« Mais passons à ce qui choque réellement le plus les défen-
seurs de l'ancienne orthographe : c'est qu'ils seroient réduits à se
placer avec les enfants pour aprendre à lire et à écrire, et qu'il
leur faudroit changer de tête et d'ieux. Eh ! messieurs, n'en chan-
gez pas ; gardez votre ancienne orthographe, puisqu'elle vous
plaît : mais permettez aux générations suivantes d'en adopter une

autre, qui leur coûtera moins que la vôtre ne vous a coûté, qui leur sera plus utile, qui servira, au contraire de ce que vous dites, à fixer notre langue, à la répandre, à la faire adopter par les étrangers. » (Voyez à l'*Appendice D,* p. 158, l'analyse de la réforme proposée par Beauzée.)

VOLTAIRE, membre de l'Académie française, revient sans cesse sur la critique du vicieux système de notre orthographe. Il dit, entre autres observations, dans le *Dictionnaire philosophique,* article ORTHO-GRAPHE

  « L'orthographe de la plupart des livres français est ridicule. Presque tous les imprimeurs ignorants impriment *Wisigoths, Westphalie, Wittemberg, Wétéravie,* etc.

  « Ils ne savent pas que le double *V* allemand qu'on écrit ainsi *W* est notre *V* consonne et qu'en Allemagne on prononce *Vétéravie, Virtemberg, Vestphalie, Visigoths.*

  « Pour l'orthographe purement française, l'habitude seule peut en supporter l'incongruité. *Emploi-e-roient, octroi-e-roient,* qu'on prononce *emploiraient, octroiraient; paon,* qu'on prononce *pan; Laon,* qu'on prononce *Lan,* et cent autres barbaries pareilles font dire :

Hodieque manent vestigia ruris.

  « Les Anglais sont bien plus inconséquents; ils ont perverti toutes les voyelles; ils les prononcent autrement que toutes les autres nations. C'est en orthographe qu'on peut dire avec Virgile :

Et penitùs toto divisos orbe Britannos.

  « Cependant ils ont changé leur orthographe depuis cent ans : ifs n'écrivent plus : *loveth, speaketh, maketh,* mais *loves, speaks, makes.*

  « Les Italiens ont supprimé toutes les *h.* Ils ont fait plusieurs innovations en faveur de la douceur de leur langue.

  « *L'écriture est la peinture de la voix; plus elle est ressemblante, meilleure elle est.* »

  Me trouvant en possession d'un grand nombre de lettres autographes de Voltaire, et particulièrement de sa correspondance, en partie inédite, avec d'Alembert, j'ai été curieux de confronter son orthographe avec celle de l'Académie de 1740. C'est surtout à par-

6

tir de 1752 que devient plus sensible la modification apportée sous
ce rapport par Voltaire dans sa correspondance, surtout alors
qu'il s'occupait de la rédaction des articles qu'il envoyait à d'Alembert pour le *Dictionnaire philosophique.* Il supprime le plus souvent
les lettres doubles qui ne se prononcent pas. Il écrit *pardonait,*
et d'un autre côté *guai*, il *éguaiera.* Il affecte le plus profond dédain pour l'étymologie. On voit alors s'échapper de sa plume tantôt
le mot *philosophe* et tantôt *philosofe,* ce dernier plus fréquemment que l'autre; il écrit même quelquefois *filosofe.* Dans sa lettre
datée des Délices, le 2 décembre 1755, que j'ai sous les yeux, il
écrit : « ennemi de la philosofie » et « persécuteur des philosofes. »
Il met partout ainsi : *enciclopédie, dictionaire.* Dans une lettre
datée du 24, il écrit : « Je voudrais que votre *tipografe* Briasson
« pensast un peu à moy. » ... « Vous avez des articles de *téologie*
et de *métaphisique.* » Dans d'autres, il écrit plusieurs fois : *Athène,*
*autentique, entousiasme, tése, historiografe, bibliotèque, téologien,*
*crétien* et *cristianisme,* s'écartant ainsi, avec une intention évidente, de l'orthographe de l'Académie, dont il était membre depuis 1746. (Voir le texte de ces lettres avec leur orthographe à
l'Appendice E.)

En comparant les lettres de Voltaire avec les éditions impri-
mées, on voit que l'habitude *typographique* de tout ramener à
l'orthographe du Dictionnaire de l'Académie a fait supprimer celle
que Voltaire préférait. Il eût pourtant été intéressant de suivre,
dans ses nombreux écrits, aussi bien les modifications de son orthographe que celles de sa pensée. Peut-être, à un certain moment, la popularité immense dont il jouissait eût-elle pu faciliter
quelques-unes des réformes déjà proposées. Dans la grande édition de Beuchot, que nous avons imprimée en 1834, on n'a conservé de l'orthographe de Voltaire que ses *a* au lieu des *o*, et je
*fesais,* nous *fesons,* du verbe *faire.*

François de Neuchateau, membre de l'Institut national, ministre de
l'intérieur, après s'être préoccupé pendant une partie de sa vie des moyens
d'apprendre à lire au peuple des campagnes, émettait, en 1799, une opinion qui me paraît impliquer de notables simplifications dans notre
orthographe :

« Au premier coup d'œil on croirait que rien n'est plus simple,
plus trivial, plus vulgaire que ce que l'on nomme l'ABC, mais les

meilleurs esprits en jugent bien différemment. *Non sunt contem-*
*nenda quasi parva, sine quibus magna constare non possunt,* a
dit saint Jérôme. Le célèbre Rollin, dans son *Traité des études*
(ch. I$^{er}$, § II), avoue qu'il serait bien embarrassé s'il se trouvait
dans le cas d'apprendre à lire à des enfants. En effet, les auteurs
de méthodes n'ont eu en vue que des éducations privées, celles des
enfants des classes privilégiées. Locke se propose de former un
jeune gentilhomme, *Télémaque* est composé pour un prince, l'*É-*
*mile* lui-même encourt en grande partie le même reproche.

« Je pose deux principes, ajoute ce ministre ami des lettres,
qui me semblent démontrés : le premier, que *jamais on n'ap-*
*prendra à lire aux enfants des pauvres, surtout dans les cam-*
*pagnes, s'il faut consacrer des années entières à cette seule partie*
*de l'instruction;* et le second, qu'il importe beaucoup de n'as-
treindre les enfants à se procurer aucun de ces livres d'école
dont on les embarrasse et que la plupart perdent ou dé-
chirent..... »

C'est pourquoi ce sage ministre, si dévoué aux lettres, se faisait
rendre compte des méthodes de simplification de la lecture par
le perfectionnement de l'alphabet, et les expérimentait lui-même,
afin qu'en France on pût arriver au même degré d'instruction primaire que la plupart des nations du continent. (Voyez Dieudonné
Thiébault, *Principes de lecture et de prononciation à l'usage des*
*écoles primaires.* Paris, 1802, in-8.)

Urbain Domergue, membre de l'Institut de France (classe de la langue
et de la littérature françaises), est l'auteur d'une réforme plus absolue que celles qu'on a proposées de nos jours.

Après avoir énoncé les deux obstacles qui s'opposent à ce que
notre belle langue devienne familière aux étrangers : la détermination du genre des substantifs et l'écart entre l'orthographe et la
prononciation, l'académicien de 1803, plus novateur que Meigret,
ajoute :

« Le second obstacle est de nature à être levé ; l'orthographe
d'une langue n'est pas de son essence, comme la syntaxe. Faite
pour réfléchir les sons, elle est une glace fidèle, lorsque les écrivains d'une nation se sont abandonnés à la nature ; infidèle, lorsque, ébloui par le faux éclat d'un savoir déplacé, détournant les

signes de leur véritable institution, on a modelé l'écriture de la
langue dérivée sur la prononciation de la langue primitive.

« Le retour aux principes est désiré par tous les bons esprits.
Mais quelle autorité fera triompher la raison ? Quel pouvoir fera
rentrer dans ses limites l'érudition, toujours prête à les franchir ?
Quelle voix imposera silence au préjugé ? Cette heureuse révolution peut être opérée par le concert de la force, à qui rien ne
résiste, et des lumières, à qui rien n'échappe. Que le gouvernement dise à la classe de l'Institut national chargée du dépôt de la
langue française :

« Je demande que les sons de la langue soient tous appréciés et
« reconnus ; que chaque son simple ait un signe simple qui lui
« soit exclusivement affecté ; en un mot, que la langue écrite soit
« l'image fidèle de la langue parlée.

« Et je promets que l'orthographe sanctionnée par l'Académie
« française sera sur-le-champ adoptée :

« Dans tous les actes émanés des autorités constituées ; — dans
« tous les journaux soumis à l'inspection de la police ; — dans
« toutes les écoles nationales ; — dans tous les établissements
« payés des deniers publics. »

« La raison et l'exemple auroient bientôt achevé une révolution
commencée sous des auspices aussi imposants.

« O Bonaparte (1), jette un regard sur ces lignes, elles t'appellent à la gloire, non à celle du guerrier, tes exploits ont lassé la
renommée ; non à celle de l'homme d'État, la France te bénit et
l'univers t'admire..... La gloire que je t'offre est pure et n'appar-
tiendra qu'à toi seul. Ose ordonner la réforme de notre orthographe ; et le mensonge abécédaire, qui prépare à tous les mensonges, ne déformera plus les jeunes esprits, et l'immense famille
dont tu es le chef parlera partout le même langage, et les monuments immortels du génie et du goût de nos écrivains se présente-
ront d'eux-mêmes à l'étranger reconnaissant. Élevé au faîte du
pouvoir par ta valeur, ta sagesse et notre amour, déploie ta force
pour la propagation des idées justes, mets ta gloire dans le triomphe de la vérité. »

(Voir plus loin pour son plan de réforme, Appendice D, à la
date de 1806, p. 167.)

_____

(1) Domergue écrivait ceci en 1803, sous le Consulat.

Volney, de l'Académie française, qui s'est livré à une étude toute
spéciale des langues et de l'orthographe, formule ainsi son opinion
sur notre manière de représenter les sons, dans son ouvrage intitulé :
*L'Alfabet européen appliqué aux langues asiatiques* (p. 21) :

« On peut dire que depuis l'adoption, et en même temps la modification de l'alphabet phénicien par les Grecs, aucune amélioration, aucun progrès n'a été fait dans la chose. Les Romains, vainqueurs des Grecs, ne furent à cet égard, comme à bien d'autres,
que leurs imitateurs. Les Européens modernes, vainqueurs des
Romains, arrivés bruts sur la scène, trouvant l'alfabet tout or-
ganisé, l'ont endossé comme une dépouille du vaincu, sans
examiner s'il allait à leur taille. Aussi les méthodes alfabétiques
de notre Europe sont-elles de vraies caricatures : une foule d'irrégularités, d'incohérences, d'équivoques, de doubles emplois se
montrent dans l'alfabet même italien ou espagnol, dans l'allemand,
le polonais, le hollandais. Quant au français et à l'anglais, c'est le
comble du désordre : pour l'apprécier, il faut apprendre ces deux
langues par principes grammaticaux ; il faut étudier leur orthographe par la dissection de leurs mots. »
(Voir Appendice D, à la date de 1821, p. 169.)

Fortia d'Urban, membre de l'Institut, Académie des inscriptions et
belles-lettres, s'exprime ainsi dans son *Nouveau Système de bibliogra-
phie alphabétique*, 2ᵉ édit., Paris, 1822, p. 9 :

« Un principe, dont je crois que tout le monde reconnaîtra l'é-
vidence, doit sans doute diriger ceux qui voudront raisonner sur
notre orthographe et sur les innovations que l'on peut y apporter.
Cet axiome, c'est qu'*il faut écrire comme on parle*. En effet, l'é-
criture n'étant que le signe du langage, plus l'image est fidèle,
mieux elle atteint son but. C'est un avantage que la langue *allemande*, l'*espagnole* et l'*italienne* ont sur les langues anglaise et
française ; nous devons nous efforcer de le partager. »

Destutt de Tracy, de l'Académie française, émet sur ce grave sujet un
jugement remarquable par sa netteté :

« Nos alphabets, vu leurs difficultés et le mauvais usage que
nous en faisons, c'est-à-dire nos vicieuses orthographes, méritent
encore à peine le nom d'écriture. Ce ne sont que de maladroites

tachygraphies qui figurent tant bien que mal ce qu'il y a de plus frappant dans le discours, et en laissent la plus grande partie à deviner, quoique souvent elles multiplient les signes sans utilité comme sans motif.

« Que se passe-t-il avec l'alphabet actuel? On enseigne d'abord à connaître les lettres, et la facilité qu'y apportent les plus jeunes et les plus inappliqués des élèves prouve que l'obstacle n'est pas là. Il faut ensuite apprendre à épeler, c'est-à-dire à les réunir. Ici commencent des difficultés sans nombre. Elles sont véritablement infinies avec l'alphabet français, puisque personne ne peut deviner l'orthographe d'un mot nouveau ou d'un nom propre. C'est par ce motif que beaucoup de personnes renoncent à faire épeler les enfants, et préfèrent leur apprendre les mots entiers, écrits sur des cartes, comme avec l'écriture idéologique des Chinois. C'est assurément là une preuve irrécusable des vices et des difficultés que présente notre alphabet irrationel. »

« La mémoire seule peut servir à l'étude de l'orthographe; aucun raisonnement ne peut guider; au contraire, il faut à tout moment faire le sacrifice de son bon sens, renoncer à toute analogie, à toute déduction, pour suivre aveuglément l'usage établi, qui vous surprend continuellement par son inconséquence, si, malheureusement pour vous, vous avez la puissance et l'habitude de réfléchir.

« Et j'en appelle à tous ceux qui ont un peu médité sur nos facultés intellectuelles; y a-t-il rien au monde de plus funeste qu'un ordre de choses qui fait que la première et la plus longue étude de l'enfance est incompatible avec l'exercice du jugement? Et peut-on calculer le nombre prodigieux d'esprits faux que peut produire une si pernicieuse habitude, qui devance toutes les autres? »

Destutt de Tracy fut un des partisans les plus convaincus de la proposition faite par Volney d'appliquer à l'écriture des langues orientales l'alphabet latin complété.

Jouy, membre de l'Académie française, en 1829, acceptait l'idée fondamentale de la réforme dans sa réponse à l'*Appel aux Français* de M. Marle.

« J'ai moi-même exprimé plusieurs fois le désir de voir opérer, dans l'orthographe de la langue française, une foule de change-

ments que le plus simple bon sens réclame. L'emploi des voyelles
inutiles et des doubles consonnes dans les mots où la prononciation n'en fait sentir qu'une seule est un reste de barbarie que
l'étymologie n'excuse pas toujours. »

CHARLES NODIER, également de l'Académie française, l'un des hommes
les plus compétents dans la question, n'hésite pas dans l'expression de
son sentiment :

« Si les dictionnaires sont mal faits, ce n'est presque jamais la
faute des *dictionnaristes*. C'est d'abord celle de la langue, qui n'est
pas bien faite; celle de l'alphabet, qui est *détestable ;* celle de
l'orthographe, qui est *une des plus mauvaises et des plus arbitraires
de l'Europe ;* c'est peut-être enfin celle des institutions littéraires
préposées à la conservation de la langue, et qui ont fait de cette
routine un fatal monopole. »

Malgré ces aveux significatifs, on doit convenir que Nodier, avant
d'être membre de l'Académie française, fut un des adversaires les
plus redoutables du néographisme absolu, contre lequel il épuisait
les traits les plus acérés de sa verve spirituelle. (Voir plus loin,
Appendice D, à l'article d'Honorat Rambaud, p. 109.)

ANDRIEUX, secrétaire perpétuel de l'Académie française, esprit judicieux,
bon grammairien et littérateur de premier ordre, s'exprimait ainsi de
son côté en 1829, dans sa réponse à M. Marle :

« Il est d'un bon esprit de désirer la réforme de l'orthographe
française actuelle, de vouloir la rendre conforme, autant que possible, à la prononciation; il est d'un bon grammairien, et même
d'un bon citoyen, de s'occuper de cette réforme. Les routines
sont tenaces; le succès vous en sera plus glorieux si vous l'ob-
tenez. Vous vous proposez de marcher lentement et avec précaution dans cette carrière assez dangereuse : c'est le moyen d'arriver
au but. Puissiez-vous l'atteindre ! »

(Voir plus loin, Appendice D, à la date de 1829, p. 173, la réclamation de M. Andrieux contre M. Marle.)

Le professeur LAROMIGUIÈRE, membre de l'Académie des sciences morales et politiques, écrivait à M. Marle à propos de son système.

« Je pense, après Molière, Montesquieu, Du Marsais, que rien
n'est plus désirable que l'exécution de votre projet. En rappro-

chant l'orthographe de la prononciation, vous nous apprendrez en même temps à lire, à parler et à écrire la langue française ; ce sera un service signalé rendu à tous les Français et à tous les étrangers qui aiment notre littérature. »

DAUNOU, secrétaire perpétuel de l'Académie des inscriptions et belles-lettres, membre de l'Académie des sciences morales et politiques, membre du Comité d'instruction publique de l'Assemblée nationale, s'exprimait ainsi à propos des moyens de faciliter la lecture aux enfants :

« ... J'invoque donc une réforme d'un plus grand caractère que celles qui ont été introduites jusqu'ici dans l'enseignement de la lecture. Je réclame, comme un moyen de raison publique, le changement de l'orthographe nationale, et je ne crois pas cette proposition indigne d'être adressée à des législateurs qui compteront pour quelque'chose le progrès, ou plutôt, si je puis m'exprimer ainsi, la santé de l'esprit humain. Il n'est point question ici de quelques corrections partielles, semblables à celles que l'on a tentées, et qui ne sont bien souvent que de nouvelles manières de contrarier la nature. Je demande la restauration de tout le système orthographique, et que, d'après l'analyse exacte des sons divers dont notre idiome se compose, l'on institue entre ces sons et les caractères de l'écriture une corrélation si précise et si constante que, les uns et les autres étant égaux en nombre, jamais un même son ne soit désigné par deux différens caractères, ni un même caractère applicable à deux sons différens. Cette analyse des sons de notre langue, la philosophie l'a déjà faite, ou l'a du moins fort avancée. Cette correspondance invariable entre la langue parlée et la langue écrite, il ne faut plus que la vouloir pour l'établir avec succès. Nous ne pouvons pas désirer pour cette réforme importante une plus favorable époque que celle où les préjugés se taisent, où les habitudes s'ébranlent, où l'on travaille enfin à régénérer l'instruction.

« On suppose qu'un tel changement dans l'orthographe doit entraver ou abolir l'usage des livres écrits selon la méthode ordinaire, ou du moins que la lecture de ces livres deviendrait presque inaccessible aux enfans accoutumés à un autre système graphique. Il ne s'agit, pour dissiper cette objection, que de bien expliquer ce que je propose. Assurément, je ne demande point que l'on

n'imprime plus aucun livre avec notre orthographe actuelle, ni
même que les lois soient écrites avec l'orthographe philosophique
que j'ai indiquée. Les livres classiques que les enfans auront entre
les mains, dans les écoles nationales, sont les seuls que j'aie ici en
vue. A l'égard de tous les autres, il faut laisser agir le temps, la
liberté et la raison. »

M. LITTRÉ, membre de l'Académie des inscriptions et belles-lettres,
    s'exprime ainsi dans son *Histoire de la langue française*, tome Ier,
    p. 327 :

« L'habitude commune dans les anciens textes de ne pas écrire
les consonnes doublées qui ne se prononcent pas et de mettre
*arester*, *doner*, *apeler*, etc., mériterait d'être transportée dans
notre orthographe. On écrit dans les anciens textes au pluriel sans
*t* les mots *enfans*, *puissans*, etc. : cette orthographe, depuis longtemps proposée par Voltaire, est un archaïsme bon à renouveler.
Ceux qui s'effrayeraient du changement d'orthographe ne doivent
pas se faire illusion sur l'apparente fixité de celle dont ils se servent. On n'a qu'à comparer l'orthographe d'un temps bien peu
éloigné, le dix-septième siècle, avec celle du nôtre, pour reconnaître combien elle a subi de modifications. Il importe donc, ces
modifications étant inévitables, qu'elles se fassent avec système et jugement. Manifestement, le jugement veut que l'orthographe aille en se simplifiant, et le système doit être de combiner
les simplifications de manière qu'elles soient graduelles et qu'elles
s'accordent le mieux possible avec la tradition et l'étymologie...»

« Notre langue fourmille de mots où l'écriture a fini par tuer la
prononciation, c'est-à-dire que des lettres écrites, il est vrai, mais
non prononcées, ont fini par triompher de la tradition et se faire
entendre à l'oreille comme elles se montrent à l'œil. »

## APPENDICE *D*.

### HISTORIQUE DES RÉFORMES ORTHOGRAPHIQUES PROPOSÉES
### OU ACCOMPLIES.

Le rapide exposé qui va suivre donnera une juste idée des
changements et des progrès tentés et parfois réalisés dans la voie

du perfectionnement de notre orthographe sous l'influence des
hommes les plus instruits depuis la renaissance des lettres. Après
tant de services déjà rendus à la langue par les novateurs, on ne
saurait dédaigner complétement les opinions et les vœux émis
pendant le xvi<sup>e</sup>, le xvii<sup>e</sup>, le xviii<sup>e</sup> et le xix<sup>e</sup> siècle par des esprits
éminents et des hommes zélés pour le bien public, sous le pré-
texte que plusieurs d'entre eux auraient, dans leur zèle et leur
amour de la perfection, dépassé les bornes du possible et encouru la qualification d'utopistes.

Frappés, au premier abord, de l'aspect inusité d'une page écrite
dans le système des néographes absolus, système avec lequel
l'étude de la sténographie (qui n'emploie que des signes phoniques) aurait pu nous familiariser davantage, nous repoussons avec
une répugnance instinctive un résultat qui nous semble donner
aux productions de l'intelligence moderne le vêtement d'un
idiome enfantin et barbare. On ne saurait, j'en conviens, dans l'é-
tat actuel de notre civilisation, concevoir la pensée de métamor-
phoser notre antique alphabet, quels que soient d'ailleurs, dans
bien des cas, son insuffisance et ses vices. Toutefois l'étude de la
néographie n'est point à dédaigner de la part des esprits sérieux.
Nous ne sommes point parvenus, sous le rapport des méthodes
d'enseignement, et spécialement de la lecture et de la grammaire,
à l'idéal de la perfection : il y a peu de nations du continent qui
ne soient en avance sur nous de ce côté. Il est donc utile de se
rendre compte des critiques dont notre langage, et surtout notre
orthographe, sont passibles, afin de reconnaître la voie dans laquelle
on doit s'avancer pour distinguer, mieux qu'on ne l'a fait jusqu'ici,
le bon du mauvais usage, pour discerner enfin la raison même de
l'usage.

A n'envisager maintenant que les critiques de détail, que les
réformes partielles, que les compromis entre l'étymologie et
la prononciation, que la mise en ordre de l'accentuation, qui
composent en majorité les travaux entrepris sur l'orthographe, il y
a beaucoup à profiter dans une étude consciencieuse des contradictions et des irrégularités de notre écriture, ainsi que des moyens
proposés pour en diminuer le nombre. Cet examen nous force à
réfléchir sur la constitution de notre idiome, sur la validité de
certains préceptes de la grammaire et sur les solutions qui doivent
prévaloir. En tout état de cause, notre langue ne saurait que gagner à s'individualiser davantage, en se dégageant de plus en plus

de ses langes originaires, en se préservant de la funeste influence
du néologisme chimique ou médical (1), non moins que de l'invasion des locutions étrangères.

Je crois donc rendre un véritable service à l'étude normale de
notre idiome par la présente esquisse de la réforme depuis son
origine, esquisse qui pourra plus tard être étendue et transformée
en une véritable histoire.

Voici la liste et l'analyse de ces ouvrages sur la réforme de
notre orthographe que j'ai pu me procurer :

## AU SEIZIÈME SIÈCLE.

GILLES DU WÈS (ou DEWES, ou DU GUEZ) : *An Introductorie for to
lerne, to rede, to pronounce and to speke freinch trewly, compyled
for the right high, exellent and most vertuous lady the lady Mary
of Englande, doughter to our most gracious soverayn lorde kyng
Henry the eight.* Printed at London by Thomas Godfray (vers 1527),
in-4 goth.

Les deux premiers ouvrages de quelque importance sur notre
orthographe sont sortis de la cour des rois d'Angleterre, qui déjà,
trois siècles et demi auparavant, avaient été les mécènes des auteurs des premiers poëmes de la Table ronde rédigés en français.

L'auteur de cette grammaire, qui s'est nommé dans un acros-
tiche, rédigea son ouvrage vers 1527, et il l'a dédié à la princesse
Marie, fille de Henri VIJI, alors âgée de douze ans et devenue
plus tard Marie la Sanglante. Il emploie quelques accents pour faciliter la prononciation, et il les marque sous les voyelles et non
au-dessus. Voici un spécimen de son orthographe, tiré d'une pièce
de vers adressée à sa royale élève pour s'excuser de ne pouvoir
continuer ses leçons à cause de la goutte qui le tourmente :

> « A uous, tressouueraine maistresse,
> jenvoy ces uerse, uoullant sinifiér
> ma grand doulleur et que plus mopresse
> ne uous pouoir seruir et enseygnér
> que de souffrir maladie et dangiér;

(1) Il suffira d'un simple coup d'œil sur les dernières éditions du **nouveau**
*Dictionnaire de médecine* de Nysten, si savamment complété par **MM.** Littré et
Ch. Robin, pour se rendre compte de la destruction imminente dont notre langue
est menacée de ce côté.

pourquoy, sil plaist tant faire a uostre grace
les uoulloir lire quelque petitte espace
mon espoir est que mieulz uous en vauldrés
et par ce point aussi mescuserés.

« Entre les mois qui accomplissent lan
deux en y a espéciallement
qui mont fait deul, grant ennuy et aban,
estre ne peult que je die aultrement;
souuent ay ueu leur maniere et comment
ilz mont traicte, sans lauoir deseruy
pour ce quilz sont de courage asseruy,
naimant jamais les œuures de printemps
ains sans cessér leur font mal en tous temps.

« Le principal duquel plus je me plains
en son blason se fait nommér Décembre;
par luy ay fait pleurs et soupirs mains
ja ne sera que ne men remembre;
lui et Januiér mont tollu ung membre
qui me fera que tant que je uiuray
en grant doulleur doresnavant iray
pourquoy je crains quen grant merencolie
en fin fauldra que jen perde la uie. »

On voit que l'orthographe de du Guez, venu trop tôt pour s'inspirer de l'exubérance de lettres qui, à partir de la Renaissance jusqu'à la fin du xviie siècle, s'est montrée dans l'écriture, est demeurée presque aussi sobre que l'est devenue aujourd'hui la nôtre. Fr. Génin croit que son livre n'a été publié qu'après l'ouvrage de Palsgrave qui suit.

Jehan Palsgbave. *Lesclarcissement de la langue francoyse, compose par maistre Jehan Palsgrave Angloys, natyf de Londres et gradue de Paris.* Neque luna per noctem. Anno uerbi incarnati **M.D.xxx** (avec privilége de 1531). *The imprintyng fynysshed by Iohann Haukyns the xviii daye of Iuly. The yere of our lorde God.* Mccccc *and* xxx. In-fol. goth.

Le second ouvrage, bien plus important, est dédié à Henri VIII. Dans sa préface l'auteur dit s'être conformé pour le plan de son livre à celui de la Grammaire grecque de Théodore de Gaza. Par les exemples qu'il donne et par l'accent tonique, qu'il place sur les voyelles d'une manière souvent tout opposée à la nôtre, on voit que la prononciation en différait essentiellement et qu'elle était beaucoup plus accentuée. Voici comment il marque pour un lecteur anglais la prononciation des vers qui commencent le *Roman de la Rose* :

Maintes gentes dient que en songes
*Máinto jan díet kan sóungos*
Ne sont que fables et mensonges
*Ne soun ko fábles e mansoungos*
Mais on peult telz songes songier,
*Mays oun peut tez sóungo soungier*
Que ne sont mie mensongier.
*Ke ne soun my mansoungier.*

Il place ainsi l'accent prosodique : *à la fémme*, *à l'ábbe* (à l'abbé), *beaucóup*, *lhábitude*, *lunión*, *dentendément*, *des áultres*, *saigément*, et il écrit sans division : *souventesfóys*, *aulcunefóys*, *plusieursfóys*, *dixfóys*, *troysfóys*, *quattrefóys*, *entredeux*, *paradventure*, *à lencóntre*, *jusquadix*, *jusquaumourir*.

Fr. Génin a donné, dans les *Documents inédits pour servir à l'histoire de France*, une bonne réimpression des ouvrages de Palsgrave et de du Guez.

Jacques Sylvius (Dubois). *In linguam gallicam Isagωge*. Parisiis ex officina Roberti Stephani, 1531, in-4.

Dans son système, le grand nombre des accents ˆ, ¯, ¨, ˆ̄, ´, `, qu'il ajoute aux lettres rend la lecture pénible, entrave l'écriture et déplaît à l'œil. La superposition de petites lettres au-dessus de certaines consonnes a le même inconvénient, et l'application ne m'en paraît utile, à l'époque de Dubois, que dans deux cas : à *cœur*, qu'il figure ainsi : *$\overset{u}{c}$eûr*, et à *limaçon*, qu'il écrit *lima$\overset{ss}{c}$on*. Nous verrons Geofroy Tory, aussi habile artiste que savant typographe, remplacer ce dernier signe par l'emploi de la cédille, qui, placée sous le *c*, ne défigure en rien l'aspect de nos impressions.

Sylvius distingue le *j* consonne de l'*i* voyelle, et le *v* de l'*u*, ce qui n'est pas un faible mérite, puisque cette confusion a duré près de deux siècles après lui, et n'a cessé qu'après avoir été adoptée par les Hollandais (1).

(1) Voyez la Préface de Corneille dans la grande édition qu'il a donnée de ses œuvres en 1664, et reproduite ci-dessus, p. 65.

GEOFROY TORY. *Champ fleury,* etc. Acheue dimprimer le xxviij Iour
du mois Dapuril Lan mil cincq cens xxix pour maistre Geofroy Tory
de Bourges, autheur dudict liure. Paris, in-4.

Dans cet ouvrage, dont le privilége est du 5 septembre 1526,
Tory réclame (fol. 52 recto, 56 verso) l'emploi des accents et de
l'apostrophe. Dès qu'il fut imprimeur, il ne tarda pas à introduire
dans ses éditions plusieurs de nos signes orthographiques. Dans
l'*Adolescence clementine* de Clément Marot, imprimée le 7 juin
1533, Tory annonce ainsi cette réforme : « Auec certains accens
« notez, cest assauoir sur le *é* masculin different du feminin, sur
« les dictions ioinctes ensemble par sinalephes, et soubz le *ç*
« quand il tient de la prononciation de le *s*, ce qui par cy deuant
« par faulte daduis n'a este faict au langaige françoys, combien
« qu'il y fust et soyt tres necessaire. »

JEAN SALOMON s'est, dans le cours de la même année 1533, servi
du *ç* dans une dissertation intitulée : *Briefue doctrine pour deuc-
ment escripre selon la propriete du langage francoys,* reliée dans
l'exemplaire de la Bibl. imp. du *Miroir de l'ame pecheresse* de
Marguerite de Navarre, édition sans lieu , sans date et sans nom
d'imprimeur. Voir *Geofroy Tory,* par M. Auguste Bernard, 2ᵉ édition, Paris, Tross, 1865, in-8°, p. 374.

ÉTIENNE DOLET. *La manière de bien traduire d'une langue en aultre,
de la ponctuation françoyse, des accens d'icelle.* 1540, in-8.

Les imprimeurs ont été de tout temps émus plus que d'autres
des vices de l'écriture française, et désireux d'y apporter remède.
Étienne Dolet, imprimeur de Lyon, helléniste et latiniste con-
sommé, préparait depuis plusieurs années, sous le titre de l'*Orateur,* un traité complet de la langue, de l'orthographe et de la
poésie françaises. Sa fin déplorable l'empêcha de le mettre au
jour. Dans plusieurs de ses éditions, et notamment dans l'opuscule
que je cite, il put du moins compléter en partie les perfectionne-
ments apportés quelque temps auparavant par Geofroy Tory.

Nous devons à Dolet d'avoir inauguré l'usage de l'accent grave
sur *à* préposition, *là* adverbe. L'apocope ^ qu'il propose, particulièrement en poésie, dans les mots *mani^ment* pour *maniement,
lai^rra, pai^rra, vrai^ment, hardi^ment,* est le premier germe de

notre accent circonflexe, dont l'emploi tardif en grammaire pourrait être étendu avec tant d'avantages.

Il a enseigné l'usage du tréma : *païs, poëte,* sans en faire précisément la même application que de nos jours.

Il ne veut pas, devançant ainsi une réforme qui ne s'est généralisée que deux siècles plus tard, qu'on écrive des *dignitez,* des *voluptez,* mais bien *dignités, voluptés,* réservant la lettre *z* pour la terminaison de la seconde personne du pluriel des verbes. Il rétablit le *t* au pluriel des mots terminés en *ant,* et complète cette judicieuse réforme en écrivant *touts* (*omnes*).

Bien qu'étymologiste en matière d'orthographe, comme les Estienne, il admet comme eux d'indispensables simplifications. Tandis qu'il écrit *aureilles, quelcque, maling, soubdain, rhithme* (pour rime), il corrige ainsi : *cinqiesme, alaine* (*halitus*), *haren, j'excepte, r'imprimer, r'ouvrir,* et quelquefois *home.* Son orthographe est malheureusement un peu irrégulière, comme celle de tous les écrivains qui ont précédé l'Académie française.

Son meilleur titre à l'estime des grammairiens sera peut-être de s'être prononcé, d'après l'exemple des Grecs et des Latins, contre l'emploi de l'accent qu'il appelle *enclitique,* et que nous représentons aujourd'hui par le trait d'union. (Voir plus haut la *Notice* sur ce sujet.)

LOUIS MEIGRET. *Traité touchant le commun usage de l'escriture françoise; auquel est debattu des faultes et abus en la vraye et ancienne puissance des lettres* (privilége de 1542). Paris, Jeanne de Marnef, 1545, in-8. — *Le Tretté de la Grammaire françoeze.* Paris, Wechel, 1550, in-4.

Meigret est un de ces esprits rigides qui n'admettent pas le compromis entre la configuration étymologique et la configuration de la *prolation,* comme on disait de son temps. Contrairement à l'école toute-puissante des érudits de la Renaissance, il annonce qu'il a travaillé pour *le commun peuple.*

« Je ne voy point, dit-il, de moyen suffisant ni raisonnable excuse pour conserver la façon que nous avons d'escrire en françois... Notre orthographe, pour la confusion et abus des lettres, ne quadre point entièrement à la prononciation.

« Les voix, ajoute-t-il, sont les elemens de la prononciation, et les letres les marques ou notes des elemens.... Puisque les letres

ne sont qu'images de voix, l'escriture devra estre d'autant de letres
que la prononciation requiert de voix; si elle se treuve autre, elle
est faulse, abusive et damnable. »

Meigret a proposé d'excellentes simplifications que l'usage a
sanctionnées pour quelques-unes, comme l'emploi du *ç* qu'il emprunte, dit-il, aux Espagnols, la suppression du *g* dans les mots
où il n'est pas prononcé, tels que *cognoistre*, *ung*, *besoing*, etc. Il
biffe le *d* de *advenir*, *advisé*. Il veut qu'on écrive *dit*, *fait*, et non
*dict*, *faict*; *bete*, *fete* et non *beste*, *feste*.

D'autres modifications qu'il a proposées n'ont pas prévalu,
ce qui est regrettable pour quelques-unes, telles que *dixion* ou
*diccion*, au lieu de *diction*; *manifestacion*, *annonciacion*, etc.; le
*n* à jambage pour *gn* mouillé.

Il ne se fait pas illusion sur les chances de succès de sa réforme :
« La plus part de nous, François, usent de cette superfluité de
letres plus POUR PARER LEUR ÉCRITURE que pour opinion qu'ils ayent
qu'elles y soient necessaires... sans avoir égard si la lecture pour
laquelle elle est principalement inventée en sera facile et aisée.
J'ose bien davantage asseurer que c'est bien l'une des principales
causes pour laquelle je n'espere pas jamès, ou pour le moins il
sera bien dificile que la superfluité de letres soit quelquefois cor-
rigée, quoy qu'il s'ensuyve espargne de papier, de plume et de
temps, et finablement facilité et aisance de lecture à toutes nations. »

Meigret eut l'honneur de faire école. Pendant plusieurs années
on parla beaucoup des *meigreitistes* et l'on rompit des lances, dont
le fer n'était pas toujours émoulu, contre eux ou en leur honneur.
Ronsard et Baïf se déclarèrent partisans du système. Mais ce mou-
vement dut bientôt s'assoupir.

Tout novateur en fait d'orthographe échouera s'il porte un
trouble trop grand dans les habitudes, et s'il veut atteindre sur-
le-champ un but dont on ne peut approcher qu'avec l'aide du
temps. En effet, Meigret fut forcé plus tard d'abandonner son
propre système dans sa traduction du livre des *Proportions du
corps humain*, d'Albert Dürer, et il ne fut repris complétement
par personne.

Quel qu'ait été le sort de ces systèmes, aujourd'hui tombés dans
l'oubli ou dépassés, ils ne méritent ni la dérision ni le blâme.
Les luttes ardentes qu'ils ont provoquées ont servi à l'élucidation
et à l'affermissement des principes qui ont porté si haut l'éclat

de notre littérature. Plusieurs modifications de détail longtemps dédaignées ont été d'ailleurs reprises dans des temps plus favorables.

JACQUES PELETIER, du Mans. *Dialogue de l'Ortografe e Prononciation Françoese, departi an deus liures.* Poitiers, Enguilbert de Marnef, 1550, pet. in-8. — *L'Art poétique, départi en deux livres.* Lyon, Jean de Tournes, 1555, in-8.

Le petit volume de Peletier, pour n'être composé que de viij feuillets et 216 pages, est intéressant et instructif. La forme d'entretiens, qu'il a adoptée, où chacun de ses interlocuteurs, Jean Martin, Denys Sauvage, Théodore de Bèze, le seigneur Dauron, combat ou défend, avec clarté et une parfaite bonne foi, la réforme orthographique de l'auteur, nous permet de juger quelles étaient, à l'époque de la Renaissance, les idées des hommes instruits sur l'écriture française et ses principes ; et, bien que les systèmes plus ou moins absolus de Sylvius, de Meigret, de Peletier, de Baïf, n'aient point été adoptés, on se félicite de voir tout le chemin que depuis le seizième siècle l'écriture a fait pour se rapprocher de la prononciation.

On écrivait, par exemple, comme nous le voyons dans l'ouvrage de Peletier, *soubcontrerolleur,* que nous écrivons aujourd'hui *souscontrôleur,* et que nous pourrions écrire *soucontrôleur,* comme nous écrivons *soutenement, soucoupe,* etc. On prononçait *sou, mou, cou, pou,* et l'on écrivait *sol, mol, col, pol.* Bien qu'on prononçât *dîne ti, ira ti,* on écrivait *dîne il, ira il.* Nous avons fait depuis ce temps une bien large concession à la prononciation, en écrivant *dîne-t-il, ira-t-il.*

Peletier supprimait les lettres étymologiques et écrivait *teologie, teze, filosofie, cretien,* etc.

L'écriture figurative de la parole proposée par Peletier ayant, comme celle des autres réformateurs de son époque, l'inconvénient de donner un aspect étrange et désagréable à l'impression, ne fut accueillie ni par les gens de cour ni par les imprimeurs.

JOACHIMI PERIONII *benedictini cormœriaceni Dialogorum de linguæ gallicæ origine, eiusque cum græca cognatione, libri quatuor.* Parisiis, apud Sebastianum Niuellium, 1555, in-8.

Périon a écrit en latin un ouvrage dont le plan a beaucoup d'analogie avec la *Conformité du language françois avec le grec* de Henri

7

Estienne. La recherche des étymologies l'a beaucoup plus occupé que le perfectionnement de l'écriture de son temps, surchargée, comme on sait, d'une si grande quantité de lettres superflues. Étranger, comme ses contemporains, à toute critique philologique, il admet, au milieu de judicieuses découvertes, des explications qui feraient sourire à bon droit les linguistes de nos jours.

Ainsi il est plus étymologiste en orthographe qu'aucun de ses émules. Il écrit *achapter* (acheter), *acouter* (ἀκούειν), *præteur* (prætor), *pœne* (peine, de pœna), *sœur* (soror), pour distinguer ce mot de *seur* (sûr, *securus*), *aglanthier* (églantier, de ἄκανθα), *basme* (baume, de *balsamum*), *contendents*, *coulteau* (cultellus), *droëct* (*jus*), *egraphigner* (égratigner (1)), *grephyer* (greffier), *hostruche* (autruche, de ὁ στρουθός), *onnyon* (oignon, de κρομμυών).

La direction exclusivement hellénique de son travail, qui l'entraîne à ne tenir aucun compte de la provenance germanique ou celtique, ou même de la basse latinité, l'amène à écrire *buthyner* (de βουθυνεῖν), au lieu de *butiner*, de l'ancien allemand *büte*, *büten*; *mokker*, de μωχκᾶσθαι, tandis qu'on a découvert en gallois le radical celtique *moc*, d'où *moquerie*; *gambe* et *gambon* (*jambe, jambon*) de καμπή, au lieu du celtique, en écossais, *gamban*, en irlandais, *gambun*; *Ianthil homme*, dont l'étymologie *gentilis* était pourtant si claire; enfin *non cheillant*, de νωχελής, au lieu de l'ancien verbe *chaloir*, qui nous a laissé cette locution : *Il ne m'en chaut*.

Périon, ce me semble, nous offre un curieux exemple des inconvénients de la méthode étymologique poursuivie à outrance en matière d'orthographe.

Il propose de supprimer l'*s* dans *hoste*, et voudrait que la lettre *a* remplaçât la lettre *e* partout où *e* se prononce *a*, attendu, dit-il, qu'il n'y a que les *sapientes* qui sachent qu'il faut écrire *science* ce qui se prononce *sciance*. Il voit avec peine les savants écrire *escrivents*, *oïents* et *proueoents* (*scribentes, audientes, providentes*), tandis que certains participes sont écrits par *a*.

Il admet les accents sur les voyelles, mais il en fait un emploi différent de celui auquel l'usage s'est fixé. Il se sert de l'accent circonflexe, avec d'autres savants du seizième siècle que je cite, devançant ainsi les grammairiens de près d'un siècle et demi. Il écrit *aise*, *boúrgois* (civis) et *bourgoîse*, *françoîse* (française), *croîstre* et *cognoîstre*.

(1) Ce mot nous vient du tudesque, *krazjan*, gratter.

Jehan Garnier. *Institutio gallicæ linguæ ad usum juventutis ger-*
*manicæ, ad illustrissimos juniores principes landtgravios Hessiæ*
*conscripta. Authore Ioan. Garnerio.* Marpurgi Hæssorum, ap. Io.
Crispinum, 1558, in-12.

M. Ch.-L. Livet a donné une analyse très-étendue de ce livre
dans son ouvrage intitulé : *La Grammaire française et les Gram-*
*mairiens au* xvie *siècle* (1). Garnier, dans ce traité très-utile pour
l'histoire des variations de l'orthographe, se plaint amèrement des
lettres étymologiques inutiles : « *Quod tædiosum valde moles-*
*tumque fuit lectoribus; atque linguam ipsam odiosam et difficilem*
*omnibus peregrinis reddidit. Siquidem merito omnes conquerentur,*
*et ab ejus lectione abhorrent quod aliter scribamus, aliter vero*
*pronuntiemus.* »

Abel Mathieu, natif de Chartres. *Devis de la langue françoyse, à*
*Jehanne d'Albret, royne de Navarre, duchesse de Vendosme,* etc.
Paris, imprimerie de Richard Breton, 1559, in-8.

L'auteur n'est point un grammairien, mais un gentilhomme
devisant de la langue pour le plaisir des dames. Sans être réformateur, il est indépendant. « Notre langue est à nous, dit-il; les
Grecs et les Latins n'ont rien à y voir. »

Il n'approuve l'emploi du *s* long, du *h* et de l'*y* que parce que
« ces lettres, par leur forme, servent d'ornement et d'ampliation à
l'escripture et lui donnent de la grace suivant la similitude dont il
a usé de l'œil à la peinture (2). »

Joachim du Bellay. *Defense et illustration de la langue françoise.*
Paris, Morel, 1561, in-4. (La première édition est de 1549.)

L'éminent écrivain et poëte approuve en principe les réformateurs précédents, mais il se garde de les suivre en ce qui le concerne, et il en donne ses raisons :

«... C'est encor', dit-il dans la postface, la raison pourquoy i'ay
si peu curieusement regardé à l'orthographie (*sic*), la voyant
auiourd'hui aussi diuerse qu'il y a de sortes d'escriuains. I'ap-

(1) Paris, Auguste Durand, 1859, in-8. — (2) Et en effet, si l'on jette les yeux
sur les spécimens de calligraphie du xvie siècle et même sur les chefs-d'œuvre
d'écriture de Jarry au xviie, on voit que les artistes se complaisaient dans la belle
forme qu'ils donnaient aux lettres longues et particulièrement à l'*y*.

*prouve et loue grandement les raisons de ceux qui l'ont voulu reformer.* Mais voyant que telle nouueauté desplaist aux doctes comme aux indoctes, i'aime beaucoup mieux louer leur inuention que de la suyure, pource que ie ne fay pas imprimer mes œuures en intention qu'ilz seruent de cornetz aux apothiquaires ou qu'on les employe à quelque autre plus vil mestier. »

PIERRE RAMUS (la Ramée). *Gramere.* Paris, André Wechel, 1562, in-8. — *Id.,* 1572 et 1587.

La Ramée, plus connu sous le nom de Ramus, lecteur du roi dans l'Université de Paris, savant latiniste, helléniste et hébraïsant, auteur d'ouvrages fort appréciés de son temps sur la dialectique, les mathématiques, la langue latine et la langue grecque, est peut-être le plus érudit des auteurs de réformes de l'écriture française. Son système a pour but de représenter avec une fidélité absolue la prononciation par l'écriture, et l'on peut dire qu'il y réussit presque aussi bien peut-être que ses représentants de nos jours, M. Marle et M. Féline. Grâce à son petit livre, nous sommes en mesure de prononcer le français comme un orateur au temps de Henri III. Ce n'est pas un faible service rendu à la philologie, et nous serions heureux qu'il y eût eu un Ramus dans Athènes au temps de Périclès, et dans Rome sous Auguste.

A l'exception de l'*e* muet qu'il représente par un *e* à boucle inférieure et que je représenterai par ε ; de *l* et *ll* mouillé, qu'il écrit par *l* à boucle et que je figurerai par λ ; du *ch,* qu'il figure par *c* avec boucle et que je remplace par ξ ; de *gn,* par η, et de *nt,* qu'il écrit par *n* à boucle dans les mots en *ant* final, Ramus n'introduit dans son écriture aucun caractère nouveau ni étranger au français. Il met ainsi un signe simple à la place des signes binaires ou *digrammes,* et il donne à toutes ses lettres une prononciation constante et unique. Le *c* se prononce comme le *cappa,* le *g* comme le *gamma* des Grecs. Le *s,* si embarrassant pour les étrangers, n'a qu'une seule valeur, celle du *sigma.* Toute lettre nulle dans la prononciation disparaît de son écriture, et il se passe même d'accents, simplification qui n'est pas à dédaigner pour l'écriture cursive. Il résulte de cette méthode une grande économie dans l'écriture et l'impression, comme on va en juger :

« Apres avoer rεconu (ami lecteur) sε cε j'avoe publie dε la Gra-
« merε tan' grecε cε latinε, j'e prin' plezir a considerer selε dε ma

« patriε : dε lacelε (comε jε puis estimer par le' livrε' publies en-
« viron dεpui' trent' ans ensa) lε premier auteur a ete Jacε' du
« Boes exelen' profeseur dε medεsinε, ci entr' autre' ξozes a taξε
« a reformer notr' ecriturε e la ferε cadrer a la parolε. Etienε Dolet
« a fet celcε trete, comε de' poins et apostrofε : mes lε batiment
« dε set' euvrε plu' haut e plu' maηificε, e dε plu' riξε e divers'
« etofε, e' proprε a Loui' Megret : Toutε foes il n'a pas persuade a
« un ξacun sε c'il pretendoet touξan' l'ortografε : Jacε Pelεtier a
« dεbatu sε point en deu' dialogεs subtilεment e doctεment : Giλ-
« ąumε des Autes (Autels) l'a fort combatu pour defendrε e meintεnir
« l'ansien' ecriturε. Le' plu' nouveaus ont evite setε controversε,
« e on' fet celcε formε dε doctrinε ξacun a sa fantazie, Jan Pilot
« en latin, com' avoe' fet Jacε' du Boes au paravant, Robert Etienε
« en fransoes, le'celz tous jε louε et prize ξacun pour son meritε,
« en sε c'ilz sε sont eforse dε nou' doner sε pourcoe nous maηifion'
« la langε grecε e latinε, s'et a dirε la loc dε bien parler. »

On jugera, par cette citation, des avantages et des vices du
système de Ramus. Toute méthode phonétique doit être absolue comme son principe, pour remplir complétement son objet : la certitude de la prononciation et la rapidité de l'écriture.
Celle de Ramus ne l'est pas. Il eût fallu se décider, dans cette
voie, à écrire *prεmie, batiman, subtilεman*, et non *premier, batiment, subtilεment*, comme le fait l'auteur ; *mentenir*, et non
*meintenir*. Autrement on laisse subsister, en même temps que le
doute dans la lecture, toute la subtilité des distinctions d'origine et
d'étymologie. L'écriture, d'un autre côté, comme l'ont si bien remarqué les sténographes, ne peut être facile et prompte qu'à condition de supprimer les *levées* de la main nécessitées par toutes
ces apostrophes prodiguées par Ramus, plus longues à former
que les lettres muettes dont elles tiennent la place. A ce point de
vue, tout trait nouveau ajouté à une lettre entraîne un retard équi-
valant au bénéfice de la suppression d'une lettre ou d'un accent. Les
réformateurs phonographes, y compris Ramus, excepté Domergue
et Marle, ont reculé devant cette nécessité qui forcerait d'abandonner la marque du pluriel quand elle ne se fait pas sentir à l'oreille,
et le public, avec son bon sens pratique, a dédaigné des systèmes
entachés d'inconséquence, qui mutilaient la grammaire sans grand
profit comme économie de temps et comme simplicité.

Pierre Ramus a le mérite d'avoir, deux siècles avant nos grammairiens et nos dictionnaires, distingué le *v* de l'*u*, le *j* de l'*i*, et

ces deux consonnes ont porté longtemps le nom de consonnes
*ramistes*, en souvenir de leur célèbre patron.

ÉTIENNE PASQUIER (1), dans une de ses « Lettres à M. Ramus,
professeur du Roy en la philosophie et les mathématiques », combat avec raison l'excès dans lequel ce savant, renchérissant sur Meigret et Pelletier, était tombé, en bouleversant notre orthographe,
et, par suite de ces excès mêmes, Pasquier se prononce encore
plus fermement pour le maintien des anciens usages. Tel est l'effet
ordinaire de toute exagération dans les systèmes.

On lira avec intérêt cette longue Lettre, où, après avoir réfuté
le système de Ramus, il traite particulièrement des diphthongues.
Malheureusement, nous ne possédons plus le texte *original* de
Pasquier ; mais dans l'impression, qui est de près de cent soixante-
quinze ans postérieure à l'époque où il écrivait, on paraît s'être
attaché en grande partie à suivre celle de l'ancienne édition. On
en pourra juger par ce que je transcris ici de cette lettre, où
d'ailleurs Pasquier consent que s'il se trouve dans notre orthographe « quelques choses aigres, on y puisse apporter quelque
douceur et attrempance ».

« Or sus, je vous veux donner une forte guerre, et ne m'y veux
pas présenter que bien empoint. Car je sçay combien il y a de
braves capitaines qui sont de vostre party. Le premier qui de
nostre temps prit ceste querelle en main contre la commune, fut
Louis Meigret, et après luy Jacques Pelletier, grand poëte,
arithméticien, et bon médecin, que je puis presque dire avoir
esté le premier qui mit nos poëtes françois hors de page. A la
suitte desquels vint Jean Antoine de Baïf, amy commun de nous
deux, lequel apporta encore des règles et propositions plus es-
troites. Et finalement vous, pour clorre le pas, avez fraischement
mis en lumière une grammaire françoise, en laquelle avez encores adjousté une infinité de choses du vostre, plus estranges que
les trois autres. Je dy nommément plus estranges ; car plus vous
fourvoyez de nostre ancienne orthographe et moins je vous puis
lire. Autant m'en est-il advenu voulant donner quelques heures à
la lecture de vos partisans. Je sçay que vostre proposition est
très-précieuse, de prime-rencontre ; car si l'escriture est la vraye
image du parler, à quoy nous pouvons nous plus estudier que de
représenter par icelle en son naïf, ce pourquoy elle est inventée :

_____

(1) Les *Œuvres d'Étienne Pasquier*, 2 vol. in-fol., Amsterdam, 1723, p. 55.

Belles paroles vrayement. Mais je vous dy que quelque diligence
que vous y apportiez, il vous est impossible à tous de parvenir au-
dessus de vostre intention. Je le cognois par vos escrits : car
combien que décochiez toutes vos flèches à un mesme blanc,
touteffois nul de vous n'y a sceu attaindre : ayant chacun son orthographe particulière, au lieu de celle qui est commune à la
France. Comme de faict nous le voyons par l'apologie que Pelletier a escrit encontre Meigret, où il le reprend de plusieurs traits
de son orthographe. Et vous-mesmes ne vous rapportez presque
en rien par la vostre à celle, ny de Meigret, ny de Pelletier, ny de
Baïf. Qui me faict dire que pensant y apporter quelque ordre,
vous y apportez le désordre : parce que chacun se donnant la
mesme liberté que vous, se forgera une orthographe particulière.
Ceux qui mettent la main à la plume prennent leur origine de
divers païs de la France, et est malaisé qu'en nostre prononciation
il ne demeure tousjours en nous je ne sçay quoy du ramage de
nostre païs. Je le voy par effect en vous, auquel, quelque longue
demeure qu'ayez faite dans la ville de Paris, je recognois de jour à
autre plusieurs traits de vostre picard , tout ainsi que Pollion re-
cognoissoit en Tite-Live je ne sçay quoy de son padouan. J'adjouste que soudain que chacun en son particulier se faict accroire
estre quelque chose entre nous, aussi se veut-il servir de mots
non meilleurs, ains qu'il nous débite, par une fausse persuasion,
pour tels. Le courtisan aux mots douillets nous couchera de ces
paroles, *reyne, allét, tenét, venét, menét :* comme nous vismes un
des Essars, qui pour s'estre acquis quelque réputation par les
huit premiers livres du roman d'Amadis de Gaule, en ses dernières traductions de Josephe et de Dom Flores de Gaule, nous
servit de ces mots, *amnonester, contenner, sutil, calonnier, ami-
nistration.* Ni vous ni moy (je m'asseure) ne prononçerons, et
moins encores escrirons ces mots de *reyne, allét, tenét, venét,* et
*menét,* ains demeurerons en nos anciens qui sont forts, *royne,
alloit, venoit, tenoit, menoit.* Et quant à mon particulier, dès à
présent, je proteste d'estre resolu et ferme en mon ancienne prononciation, d'*admonnester, contenner, subtil, calomnier, admi-
nistrer.* En quoy mon orthographe sera autre que celle de des Essars, puis que ma prononciation ne se conforme pas à la sienne.
Pelletier, en son dernier livre de l'Orthographe et prononciation
françoise, commande d'oster la lettre G, des paroles esquelles
elle ne se prononce, comme en ces dictions, *signifier, regner,*

*digne;* quant à moy je ne les prononçay jamais qu'avecques
le G. En cas semblable Meigret, en sa Grammaire françoise,
escrit, *pouvre* et *sarions;* d'autant que vray-semblablement, sa
prononciation estoit telle, et je croy que celuy qui a la langue
françoise naïfve en main, prononcera, et par conséquent escrira
*pauvre* et *sçaurions.* A tant puis que nos prononciations sont diverses, chacun de nous sera partial en son escriture. La volubilité
de la langue est telle, qu'elle s'estudie d'addoucir, ou pour mieux
dire, raccourcir ce que la plume se donne loy de coucher tout au
long par escrit. Et de fait, n'estimez pas que les Romains en ayent
usé autrement que nous : car quand je ly dans Suetone, qu'Auguste fust du nombre de ceux qui pensoient qu'il falloit escrire
comme on prononçoit, je recueille que l'escriture ne symbolizoit
en tout au parler, ains qu'Auguste, par une opinion particulière,
telle que la vostre, estoit d'un advis contraire à la commune, toutesfois si ne le peut-il gaigner: d'autant que du temps mesmes de
Néron, Quintilian nous enseigne que l'on escrivoit autrement
qu'on ne prononçoit..... » La lettre de Pasquier se termine ainsi :
« ..... A quel propos donc tout cela? Non certes pour autre
raison, sinon pour vous monstrer qu'il ne faut pas estimer que
nos ancetres ayent temerairement orthographié, de la façon qu'ils
ont faict, ny par consequent qu'il falle aisément rien remuer de
l'ancienneté, laquelle nous devons estimer l'un des plus beaux
simulachres qui se puisse presenter devant nous, et qu'avant que
de rien attenter au prejudice d'icelle, il nous faut presenter la
corde au col, comme en la republique des Locriens : et à peu
dire que tout ainsi qu'anciennement en la ville de Marseille ils
executoyent leur haute justice avec un vieux glaive enrouillié, ay-
mans mieux user de celuy-là, que d'en rechercher un autre qui
fust franchement esmoulu, aussi que nous devons demeurer en
nostre vieille plume : je ne dy pas que s'il se trouve quelques
choses aigres, l'on n'y puisse apporter quelque douceur et attrempance, mais de bouleverser en tout et par tout sens dessus dessous nostre orthographe, c'est, à mon jugement, gaster tout. Les
longues et anciennes coustumes se doivent petit à petit desnoüer,
et suis de l'opinion de ceux qui estiment qu'il vaut mieux conserver une loy en laquelle on est de longue main habitué et nourry,
ores qu'il y ait quelque defaut, que sous un pretexte de vouloir
pourchasser un plus grand bien, en introduire une nouvelle, pour
les inconveniens qui en adviennent auparavant qu'elle ait pris

son ply entre les hommes. Chose que je vous prie prendre de
bonne part, comme de celuy, lequel, combien qu'il ne condes-
cende à vostre opinion, si vous respecte-t-il et honore pour le bon
vouloir qu'il voit que vous portez aux bonnes lettres. A Dieu. »

Jean-Antoine Baïf. *Étrènes de poézie fransoœze an vers mezurés.*
Paris, Denys du Val, 1574, pet. in-4.

L'insuccès de ses devanciers ne rebuta pas ce poëte, qui, sans
savoir profiter de ce qu'il y avait d'ingénieux dans la méthode de
Ramus, défigura l'écriture sans parvenir à figurer l'accent tonique,
indispensable à la lecture de sa versification métrique.

Montaigne, en tête de la seconde édition de ses *Essais* (celle de 1588,
Paris, l'Angelier), a écrit au verso du frontispice quelques instructions
pour l'impression d'une autre édition :

« *Montre, montrer*, etc. , escrives les sans *s* a la differance de
*monstre, monstrueux.*

« *Cet home, cette fame*, escrives le sans *s* à la differance de *c'est,
c'estoit.*

« *Ainsi*, mettes le sans *n* quand une consonante suit et avecq *n*
si c'est une voyelle ; *ainsi marcha, ainsin alla* (1).

« *Campaigne, Espaigne, Gascouigne*, etc. ; mettez un *i* devant le *g*
come à *Montaigne* (2).

« Mettez *regles, regler*, non pas *reigles, reigler*. »

Dans le texte, des instructions sont données par Montaigne à
l'imprimeur pour la ponctuation, pour l'emploi des lettres ca-
pitales, qu'il réserve seulement aux noms propres ; pour les dates,
à mettre en toutes lettres et sans chiffres, et pour l'espacement
des mots, etc.

Montaigne écrit ainsi les mots : *come, differant* (adj.), *commancemens* (au plur.), *exemplère, orthografe, inprimeur* (3), *aus* (aux),
*stile, deus* (deux), *paranthese, avecq.*

Par la manière dont il orthographie ces mots : *come, home* et
*fame, differan* (adjectif), *commancemens, paranthèse*, on voit qu'il
voulait qu'on imprimât son livre conformément à la prononciation ;
Qu'il remplaçait dans les pluriels l'*x* par le *s* : *aus, deus* ;

(1) C'est ainsi que les Grecs font emploi du ν euphonique ἐστι, ἐστὶν.
(2) Cette prononciation devait être celle de la Gascogne.
(3) Dans beaucoup de mots il a devancé son époque, où l'on écrivait *escript.*

Qu'il simplifiait l'orthographe dans *exemplere, stile, orthographe* ;

Enfin que dans les mots *monstre, monstrer, cet,* pronom démonstratif, *reigle,* l'orthographe qu'il indiquait a été adoptée par l'Académie.

Le manuscrit original déposé à la bibliothèque de Bordeaux, qu'un de mes amis vient d'y consulter, est écrit dans le même système : la suppression des doubles lettres inutiles, et l'emploi de l'*a* substitué à l'*e,* pour conformer l'écriture à la prononciation.

Robert Estienne. *Dictionnaire françois-latin, autrement dict, les mots françois, auec les manieres duser diceulx, tournez en latin, corrigé et augmenté.* Paris, de l'imprimerie de Robert Estienne, 1549, pet. in-fol. (La première édition est de 1539.) — *Traicté de la grammaire françoise.* L'oliuier de Robert Estienne (1557), in-8.

Henri Estienne. *Hypomneses de gallica lingua peregrinis eam discentibus necessariæ ; quædam vero ipsis Gallis multum profuturæ.* (Genevæ), 1582, in-8. — *Traité de la conformité du language françois auec le grec* (sans lieu ni date, mais Genève, 1565), in-8.—*Deux dialogues du nouveau langage frãcois italianizé, et autrement desguizé, principalement entre les courtisans de ce temps* (Genève, 1578), pet. in-8. — *Proiet du liure intitulé* DE LA PRECELLENCE DU LANGAGE FRANÇOIS. Paris, Mamert Patisson, 1579, in-8.

Les services que ces savants imprimeurs ont rendus à la langue sont immenses. Les presses de Robert multiplièrent à l'infini ces traités de grammaire, ces lexiques qui fixaient et vulgarisaient les principes de la langue. Pendant ses veilles laborieuses, il rédigeait sous toutes les formes les livres élémentaires, que ses ouvriers imprimaient tout aussitôt. Pour en rendre l'utilité plus générale, il publiait en latin et en français des grammaires et de petits écrits, dont il donnait des éditions séparées. Écrivant sous l'influence latine, et voulant vulgariser l'étude du français dans une population naguère demi-latine, on conçoit qu'il employa de préférence l'orthographe la plus généralement répandue parmi les savants. Toutefois la sienne est meilleure et plus logique que celle de la plupart des écrivains de son temps. On doit regretter qu'il n'ait pas, non plus que son fils, pris de Ramus la distinction du *v* d'avec l'*u,* du *j* d'avec l'*i* ; de Dolet l'accent sur *a* préposition ; de Tory l'apostrophe dans tous les cas et la cédille. Il n'est pas, en fait d'écriture et d'orthographe, de petits profits ni d'améliorations à négliger, en vue de l'utilité pratique qui en résulte, du moment que, profitables aux générations qui se succèdent, ces changements épargnent des peines inutiles à tant de millions de personnes.

Étymologiste comme Dolet, il a fait peu de chose pour la simplification, et n'a guère innové. Il écrit *roole, aage, aiseement*. Il propose un instant de distinguer le son du *g* doux par un autre caractère, et d'employer le I majuscule à cette fonction. C'est ainsi qu'il écrit *paIe (pagina), simIe (simia), vendemIe (vendemia)*, que nous écrivons aujourd'hui *page, singe, vendange*. Le signe *i* figurait alors indistinctement le son *j* ou le son *i*. En remplaçant par un *I* capital le *g* (ayant le son de *j*), R. Estienne assignait à cet *I* le son du *j* ; et il est probable que si cette lettre *j* eût alors été connue, son adoption eût prévalu, ce qui nous aurait évité l'obligation d'ajouter un *e* parasite à la suite du *g*, lorsque nous voulons lui donner le son du *j*, comme dans *vendangeons*. Il reprend ensuite, dans son Dictionnaire, la forme *page, singe, vendenge* et *vendengeons*. Cette grande lettre pour remplacer le *g*, placée d'une manière insolite au milieu des mots, avait, en effet, un aspect déplaisant qui dut lui en faire abandonner l'emploi.

Robert Estienne se montre par moments quelque peu esclave de la routine : « Nos anciens ont escript, dit-il dans sa Grammaire (page 7), « *vng* auec *g* en la fin, de peur qu'en escriuant *vn* ne sem- « blast estre le nombre VII (1) ; toutefois cela ne plaist a plusieurs. « Nous scauons que *g* en ce lieu ne sert de rien, sinon pour ceste « cause : si ailleurs ils l'admettent ou il y a moins de cause, qu'ils « l'admettent aussi en ce petit et court mot : s'il ne leur plaist, ie « ne veulx estre contentieux qu'ils escriuent *vn* et moy *vng*. Ils « ont qui les suyuent et ie m'arreste aux anciens scauans qui « en scauoient plus que nous. »

On voit par cette citation que Robert, *laudator temporis acti*, et chez qui l'usage de la langue grecque et latine se confondait avec celui du français, n'éprouvait pas plus que la plupart de ses contemporains le besoin de l'uniformité orthographique.

Quoique HENRI, son fils, par la disposition hellénique de son

(1) Cette explication n'est pas exacte : le *g* ajouté à l'*n* était, à une époque précédente, un signe de nasalité : *soing, besoing, coing*.

esprit (1) et sous l'influence de ses études, ait en général rapproché l'orthographe française de l'orthographe grecque, il reconnaît
la nécessité de la simplifier. Dans son *Traité de la conformité du
language françois avec le grec*, p. 159, il termine ainsi l'avis au
lecteur :

« J'ay aussi vn mot à dire touchant l'orthographe de ce liure :
« c'est que ie ne l'approuue pas du tout comme elle est : ains que
« ma deliberation estoit de faire tailler quelques poinçons expres
« pour les lettres superflues quant à la prononciation, et toutesfois
« characteristiques. Mais ayant eu le temps trop court pour ce
« faire, i'ay remis telle entreprise iusques à l'autre liure françois
« promis ci-dessus : lequel surpassera ma promesse... s'il plaist à
« Dieu me prester la vie encores quelques mois.. »

La multiplicité des travaux de Henri lui aura fait ajourner ce
projet, car toute trace de ce passage a disparu dans les réimpressions
de ce livre. Je le regrette, car je ne doute pas qu'il ne s'agisse ici de
modifier le *ch*, *ph*, *th*, *st* helléniques, qu'il eût ramenés à des formes simples comme χ, φ, θ, ς.

Ce docte imprimeur a compris, mieux qu'on ne l'a fait de son
temps, le mode de formation des mots que le français emprunte
aux langues anciennes. Il a bien vu que *blâmer* et *blasphémer* sont
un même mot (βλασφημεῖν), l'un sous sa forme française, l'autre
sous la forme grecque.

Bien qu'il ait fixé l'étymologie des mots suivants, il admet par
renvoi seulement l'orthographe rigoureusement étymologique
ainsi indiquée par lui dans la troisième colonne :

| | | |
|---|---|---|
| caresser . . . . . | de χαρίζεσθαι . . . . . . . . . . . . . . . . . | charesser |
| cédule . . . . . . | σχέδη . . . . . . . . . . . . . . . . . . . . | schédule |
| cerfeuil . . . . . | χαιρέφυλλον . . . . . . . . . . . . . . . | cherfueil |
| chicorée . . . . . | κιχώριον . . . . . . . . . . . . . . . . . | cichorée |
| esquinancie (2) . | συνάγκη . . . . . . . . . . . . . . . . . . | squinancie |
| dyssenterie. . . . | δυσεντερία . . . . . . . . . . . . . . . . | dysentérie (3) |
| migraine. . . . . | ἡμικρανία. . . . . . . . . . . . . . . . . | hémicranie |
| orthographe. . . | ὀρθογραφία . . . . . . . . . . . . . . . . | orthographie (4) |
| fiole . . . . . . . | φιάλη . . . . . . . . . . . . . . . . . . . | phiole |

(1) Son père lui fit apprendre le grec avant le latin.

(2) Il blâme avec raison cette fausse orthographe qui ajoute un *e* contre l'étymologie.

(3 et 4) C'est ainsi que ces mots devraient être écrits.

| seringue. . . . . | σύριγξ . . . . . . . . . . . . . . . . . . . . | syringue |
| rime. . . . . . . | ῥύθμος. . . . . . . . . . . . . . . . . . . | { rhythme / qu'il écrit rythme |
| autruche (1). . . | ὁ στρουθός . . . . . . . . . . . . . . . . . | ostruche |
| sciatique (2). . . | ἰσχιάς . . . . . . . . . . . . . . . . . . . | ischiatique |

Dans les mots dérivés du latin, il propose la suppression de certaines lettres muettes, abusivement employées de son temps sous couleur d'étymologie. Telles sont *l* dans *chevaulx*, *animaulx*, *aulcun*, *maulx*. « Notre *au*, dit-il, tient lieu du *al* primitif. Mais il faut conserver cet *l* dans *coulpe* (culpa), *poulpe* (aujourd'hui *pulpe*, de pulpa). » Comme Ronsard et autres, il écrit *aureilles*.

On voit par ces exemples quel esprit de sage critique et de fine observation philologique avait su déployer déjà le savant helléniste typographe qui nous a laissé dans ses *Dialogues du nouveau langage françois italianizé*, un document si curieux pour l'histoire du français.

JEAN PILLOT. *Gallicæ linguæ institutio, latino sermone conscripta, per Ioannem Pillotum, barrensem.* Parisiis, apud Iacobum Kerver, 1561, in-8.

L'ouvrage de Pillot, analysé avec soin par M. Livet dans son livre cité plus haut, n'est utile que pour la constatation de l'écriture et de l'orthographe à la fin du XVIᵉ siècle. L'abus des lettres majuscules était devenu tel que Pillot, voulant régler leur emploi, l'étend au point qu'il aurait mieux fait d'énumérer les mots qui devraient n'en pas prendre.

HONORAT RAMBAUD, maître d'eschole à Marseille. *La declaration des abus que l'on commet en escriuant, et le moyen de les euiter et representer nayuement les paroles : ce que iamais homme n'a faict.* Lyon, Iean de Tournes, 1578, in-8.

L'auteur de cet ouvrage, en créant, au grand étonnement de l'œil et sans grand profit pour la lecture, un alphabet de sa façon, où toutes les lettres sont changées, s'est efforcé de donner une

---

(1) Il écrit avec raison *ostruche*, ὁ στρουθός. Il écrit *troter*, *raptasser*, qu'il fait venir de ῥάπτειν ; utilisant le *z*, il écrit *gargarizer*, *ozeille*, *pezer*, *pindarizer*, *riz* ; il écrit *mistère* sans *y*, et *sifler*, que l'étymologie σιφλοῦν aurait dû lui faire écrire avec *ph*.

(2) Il blâme aussi cette orthographe qui supprime, à contre-sens, un *i*.

image d'une fidélité absolue de la prononciation. Voici comment il expose lui-même ses principes (p. 6) :

« Vous sçauez bien, lecteurs, que l'escriture est le double et « coppie de la parolle, et que le double doit estre du tout sem- « blable à l'original. Tellement que tout ce qui se treuue en l'ori- « ginal se doit trouuer en la coppie, et rien plus : autrement la « coppie est fausse. Par quoy faut conclurre que l'escriture doit « estre totalement semblable à la parole, et qu'en l'escriture se « doit trouuer tout ce que la bouche a prononcé, et rien plus : « autrement est fausse, et trompe les lecteurs et auditeurs, comme « disent fort bien Quintilien, Nebrisse, et plusieurs autres, les- « quels se faschent, et non sans cause, de ce que ne representons « pas les parolles comme les prononçons, et semble que le facions « par despit et tout expres, pour mettre en peine tous hommes, « femmes et enfans, presens et aduenir. Les susnommés nous ont « laissé par escrit plusieurs remonstrances qu'ils en ont faict, par « lesquelles leur sommes obligés, et mesmes à Nebrisse, lequel nous « donne esperance, disant, *Quod ratio persuaserit, aliquando fiet*. « C'est à dire que : Ce que raison approuuera, en quelque saison se « fera. Et pource que raison, dame et princesse des hommes, ap- « prouue et nous commande de representer les parolles tresnayue- « ment et tout ainsi que la bouche les prononce, luy voulant obeir, « comme humble et tresobéïssant seruiteur, me suis efforcé, selon « mon petit pouuoir, d'accomplir son commandement, comme « verrez presentement, pourueu qu'il vous plaise lire et bien « entendre mon dire. »

Il ajoute, p. 26 : « Escrire est faire un chemin, par et moyen- « nant lequel voulons conduire et guider nous mesmes, et les autres « aussi. Et puis qu'il est necessaire que tous hommes, femmes et « enfans, presents et advenir, y passent, il est très necessaire qu'il « soit bien aisé. Et lon a faict tout au rebours : tellement que peu « de gents y peuuent passer : *et quasi tous ceux qui y passent le font* « *par contrainte et à force de coups*. Et je n'en parle pas par ouïr « dire : car il y a trentehuict ans que je contrains les enfans à pas- « ser par ledit chemin ; durant lesquels ayant eu loisir de contem- « pler les tourmens qu'ils endurent, et endureront, si l'on ne re- « pare ledit chemin..... »

Dans l'extrait du privilége donné le 18 mai 1577 par le roi Henri III, on lit : « Notre cher et bien amé Honoré Rambaud... ayant, pour la commodité d'un chacun qui voudra apprendre de

luy et pour la sienne aussi, composé un alphabet de quelques
characteres qui pourront seruir grandement à soulager les personnes, mesmes les petits enfans, de lire et escrire. L'invention
duquel Alphabet il luy a esté ja permis de faire imprimer et mettre
en lumiere, tant à Tholouse qu'à Lyon... »

Ce qui dut contribuer surtout au peu de succès de l'écriture
phonétique de Rambaud, c'est que dans son ouvrage elle représente, du moins je suis fondé à le croire, la prononciation française au seizième siècle dans le midi de la France.

Charles Nodier, oubliant qu'un art très-important, la sténographie, est fondé sur le perfectionnement de l'écriture phonétique,
et qu'il a quelques chances de pénétrer dans l'éducation de la jeunesse, s'exprimait ainsi en 1840, à propos du livre de Honorat
Raimbaud :

« Le maître d'école de Marseille n'étoit pas un de ces révolutionnaires circonspects qui marchent à pas mesurés dans la réforme, et qui soumettent le désordre et la destruction à une apparence de loi. Radical en néographie, il débute modestement par
la suppression de l'alphabet, et lui en substitue un nouveau,
composé tout d'une pièce pour cet usage. Cette manière de procéder prouve du moins que Rambaud avoit la conscience de son
entreprise, et qu'il savoit apprécier à leur juste valeur les ridicules
tentatives de ses prédécesseurs et de ses émules. Aussi n'hésiterai-je
pas à le regarder comme l'homme de génie de la bande, et le seul
qui offre dans son fatras quelques vues ingénieuses et fortes. *La
question de savoir si l'alphabet usuel est bon ou mauvais n'étoit pas
difficile à résoudre ; le fait est qu'il est détestable dans la figure des
signes, dans leurs attributions et dans leur ordre, et qu'il en est de
même de tous les alphabets anciens et modernes.* Mais la difficulté
n'est pas là. La difficulté n'est pas même de créer un alphabet
meilleur que le nôtre, et besoin n'étoit pour cela des doctes labeurs
d'un maître d'école. Le moindre de ses écoliers y auroit suffi de
reste. Ce qu'il y a d'embarrassant, ce n'est pas de faire, tant bien
que mal, une espèce d'alphabet rationnel et philosophique, propre à faciliter l'enseignement de la lecture et à rendre peu sensibles
et même tout à fait nulles les équivoques et les ambiguïtés de
l'orthographe. C'est d'appliquer cet alphabet à une langue écrite,
sans altérer, sans détruire peut-être son esprit et son caractère.
C'est surtout de le faire accepter par le peuple auquel on le destine, comme la forme d'un chapeau ou la coupe d'un habit. Voilà

ce qui n'arriva jamais, et ce qui jamais n'arrivera. La religion en sait, je crois, la raison. Si la philosophie en sait une autre, qu'elle la dise. » ( *Description raisonnée d'une jolie collection de livres,* p. 83.)

Nodier, un peu injuste dans ses dédains irréfléchis, a oublié de dire que le digne maître d'école est le premier qui ait proposé et développé la nouvelle épellation : *be, ce, de, fe, ge, le, me,* etc.

CLAUDII SANCTO A VINCULO *de Pronuntiatione linguæ gallicæ libri* II, *ad illustrissimam simulque doctissimam Elizabetham, Anglorum Reginam.* Londini, 1580, in-12.

L'auteur de cette grammaire, Claude de Saint-Lien (*a Vinculo*), professeur de latin et de français à Londres, raconte qu'ayant été admis auprès d'Élisabeth, à Lewsham (cum tu nuper Lewshamiæ *rusticareris*), il l'entendit dans la conversation qu'il eut avec elle parler très-bien français. Il croit donc devoir lui dédier son Traité de l'orthographe, et prie la reine d'excuser sa hardiesse, en lui rappelant des souvenirs tirés de l'histoire ancienne.

Parmi les difficultés de l'orthographe, il cite surtout celle qui résulte de l'emploi du *s* au milieu des mots, difficulté que l'Académie fit cesser cent soixante ans après dans la troisième édition en supprimant les *s* parasites. Voici comment il s'exprime à ce sujet : « *Quam crucem hæc litera fixerit auditorum animis,* « *noverunt qui nostræ linguæ operam dederint.*» Tels sont, comme exemple : *désastre* et *folastre,* etc.

Il signale surtout le grand nombre de lettres inutiles qui surchargent les mots et qui ne se prononcent pas. Aussi, pour faciliter la lecture et la prononciation, il place sous toute lettre inutile un point qui signale cette superfluité. Il écrit donc ainsi :

« Ceulx qui m'entendent sçavent bien si je ments. »

Quant à remplacer par un *a* l'*e* dans *entendent,* et écrire *antandent,* il s'y oppose, attendu que le son de l'*e* suivi de l'*n* est (ou du moins était) intermédiaire entre *a* et *e.*

Il admet le *ç* et distingue les *j* des *i* et les *v* des *u,* et voudrait qu'on écrivît *diccion* et *imposicion,* et non *diction* et *imposition.*

Il désirerait que le *k* remplaçât le *qu* qu'il voudrait « voir exilé à jamais ». Ses dialogues, placés sur six colonnes, sont curieux et pour l'orthographe et aussi pour les locutions qui sont encore usitées en Normandie. En voici un exemple :

*Latine.* — *D.* Ut vales hoc mane? — *R.* Non ita quidem ut vellem.

*Antiqua orthographia.* — *D.* Comment vous portez-vous à ce matin? — *R.* Non pas si bien comme je voudrois.

*Neotericorum.* — *D.* Comman' vou' porte' vous à ce matin? — *R.* Non pa' si bien comme je voudroé.

*Authoris.* — *D.* Comment vous portez-vous à ce matin? — *R.* Non pas si bien comme je vouldroye.

*Modus loquendi.* — *D.* Comman vou porté vouz à ce matin? — *R.* Non pas si bien comme je voudroé.


## DIX-SEPTIÈME SIÈCLE.

Robert Poisson. *Alfabet nouveau de la vrée et pure ortografe fransoize et modéle sus iselui en forme de Dixionére. Dedié au roi de Franse et de Navarre Henri IIII, par Robert Poisson équier (auvile) de Valonnes en Normandie.* Prezenté au roi par l'auteur, se 25 jour d'Aut l'an de Grase 1609. A Paris chez Jérémie Perier, livrère és petis degrez du Palæs, 1609, avec privileje du Roi, in-12.

Parmi les pièces de vers en tête de cet ancien traité d'orthographe, où sont indiquées la plupart des modifications adoptées par l'auteur, on lit ce quatrain :

> Vantez tant que voudrez de Ronsard les égris.
> De Ramus, Péletier, Baif, Robert Etiene,
> Leur réformassion d'ortografe ansiene,
> Poisson en a l'onneur, le profit et le pris.
> *Apointons noise.*

Plusieurs des modifications qu'il indique ont été adoptées plus tard : telle est la suppression des *s*, des *d*, des *p*, etc. L'introduction qu'il propose du *ī* surmonté d'un accent pour indiquer la suppression du *s*, comme dans *basīon*, dut être sans objet, puisque cet *s* est maintenant supprimé. Le seul signe nouveau qu'il introduit est *ꭥ*, pour distinguer la prononciation du *ch* dans *cher,* qu'il écrit *ꭥer,* de *écho*, *ꭥose* de *chœur.*

Au-dessous de chaque lettre de l'alphabet, il indique dans un quatrain sa valeur et l'emploi qu'il en fait, justifié, à la suite de chacun d'eux, par une longue liste d'exemples. Voici quelques-uns de ces quatrains :

## Bé

Bé qi vaut le béta des Grez, et beth ébrieuze,
Je ne poze en tez mos qe sont les ensuivans,
*Devoir, féve, février,* car superstisieuze
I seroit comme à *lœure, livrere, ovians* (1).

## Cĥé

Ché, nouvelle inventée æt propre et nésésére
Pour fére *cĥer, cĥoisir, cĥarité, cĥiche, cĥois,*
Car *ch* a un son totalement contrére
Preuve : *écho, cheur,* et *chorde, écholier, échosois.*

## Dé

Dé jamés ne se doit prononser ni écrire
En ses mots : *avocat, ajourner,* ni *avis,*
*Avouer, avenu :* car leur son il empire,
Més *admettre, admirable,* avec lui bien écris.

## Fé

Fé vaut la *fi* des Grez, et bien ne se peut prendre
Pour les *ph,* ainsi comme font les Latins,
Et des nôtres seus là, qi deux se veulent rendre
Les vrez imitateurs, se faisant mal aprins.

Si bien etoient écris ainsi *philozophie,*
*Phosion, nimphe, phlegme,* et *phare,* et *phrijien,*
Aussi bien le seroient *phransois, philh'e, pholie,*
Qe jamés on ne vit écris par se moien.

## Jé

Jé nouvelle autre lettre, æt par moi inventée
Ainsi qe nésésére à écrire meins mos,
Auquz æt la lettre *i* par abus apliqëe,
Comme *ai.an :* et le *g* comme *agile* et *gigos.*

---

(1) Dans ces trois mots, en latin *labra, librarius* et *obviare,* l'auteur prononçait donc le *b* comme *v* (comme le β en grec). Nous ne prononçons plus *livraire,*
mais *libraire,* quoique nous écrivions et que nous prononcions *livre;* nous ne
prononçons plus *ovier,* mais *obvier.*

## Hé

Hé pour lettre æt̄ isi non aspirassion
& ou n'en æt̄ bezoin jamés je ne l'apliqe,
Jécri *'ommaje, 'onneur, 'omme,* en sete façon,
Non *homme,* non *honneur,* comme on fet à l'antiqe.

Après *l,* je la més pour bien écrire *filh'e,*
*Pilh'ord, perilh'eus :* qi n'auroient autrement
Qe le propre son q'a *vile, indosile, abile.*
D'autant que la double *ll* ni fet le beg'ement.

## Ka, Qé ou Cu

Ké æt̄ réprézenté desous triple figure
Q'on prenoit si devant pour trois lettres formal *(sic).*
Car elles n'ont q'un son, q'un ton, q'une mezure,
Leur pourtret seulement se rencontre in-égal.

Més pour ofenser moins la vieille uzaje mæme
Et ne poin égarer les lizeurs mal instruis,
Par sete *ké,* jécri *keur, kalendrier, karæme,*
Ainsi *contre, couleur :* ainsi *qiqonque* et *qis.*

## Lé ou el

Lé ou el, je n'i més jamés superflǜment
Cöme en ses mos suivans : *sieus (cieux), mieus, fourmile, vile,*
*Poudre, outre, moudre, veut, peut,* et pareillemēt
*Pélétier, apelant*; la double æt̄ inutile.

## Mé ou em

Mé ou em, nous trouvons ǣre mieus jéminëe
En ses mos : *Romme, somme, 'omme, pommier, sommier,*
Car la prolassion en æt̄ mieus ordonnëe,
Nous écrivons à tard *(sic)* : *'ome, some, pomier.*

Selon lui, l'*n* et le *p* ne doivent pas être doublés dans certains
mots, comme dans *aviéne, miéne, tiéne, 'oneur;* et dans *apointer,*
*apelant, aparant;* selon lui aussi on doit écrire *rétorique, réteur.*

### Sé ou es

Sé ou es ne si met jamés isi pour zedde
Comme en ses mots : *dézert, dezir, maizon, raizon,*
Tout de mæme la ké (le *c*) jamés ne lui fet edde,
Comme en seus-si : *Fransois, léson, ranson, fason.*

### Té

Té ne si voit jamais pour le son de *sé* fére,
Comme à *devotieus, gratieus, otieus,*
*Pronontiation, pétition :* me tére,
D'ortografe si fause, en se lieu je ne peus.

PIERRE LE GAYGNARD. *L'Apprenmolire françois, pour apprendre les ieunes enfans et les estrangers a lire en peu de temps les mots des escritures françoizes, avec la vraye ortographe françoize.* Paris, Jean Berjon, 1609, in-8.

L'auteur réforme à sa manière l'orthographe sans introduire de nouveaux signes. Son ouvrage, écrit de la façon la plus confuse et d'un style boursouflé et pédantesque, se refuse à toute analyse.

ÉTIENNE SIMON, docteur-médecin. *La vraye et ancienne orthographe françoise restauree. Tellement que desormais l'on aprandra parfetement à lire et à escrire et encor auec tant de facilité et breueté que ce sera en moins de mois que l'on ne faisoit d'années.* Paris, Jean Gesselin, 1609, in-4.

Simon est un réformateur hardi ; mais, voulant éviter de créer de nouveaux signes ou d'employer les accents déjà connus de son temps, il s'est jeté, pour figurer la prononciation, dans une voie plus mauvaise qu'aucun de ses devanciers ; il redouble les voyelles et les consonnes de la façon la plus fastidieuse, sans parvenir à distinguer la valeur phonique des syllabes.

Voici un exemple tiré des poésies de du Bartas :

Profane qi t'anqieers qeel important afeere
Peut l'esprit et lees meins de sse Dieu ssoliteere
Occupeer ssi long tans? Qeel ssoussi l'ecxerssa
Durant l'ecternite qi sse tout deuanssa?
Veu q'à ssi grand puissansse, à ssi grande ssajeesse,
Rien ne ssied point ssi mal, q'une morne parcesse,

Ssache, o blasfeemateur, q'avant sseet univeers
Dieu baatissoeet anfeer, pour punir les pcerueers
Dont le ssans orgeilheus an jugemant apeele
Pour ssanssureer sees fees la ssajeesse ectérneelle.

Malgré les vices évidents d'un tel système, il faut reconnaître une bonne inspiration dans la simplification du double signe *qu* en *q*, et dans la permutation du signe binaire *ge* en *j*

JEAN GODARD. *La Langue françoise de Iean Godard Parisien : ci-devant lieutenant General au Bailliage de Ribemont.* Lyon, Nicolas Jvllieron, 1620, in-8.

Jean Godard, à la fois érudit et d'un esprit enjoué, dédie à du Vair, garde des sceaux de France, un traité de la langue française plus particulièrement consacré à l'orthographe et qui contient des détails instructifs. Sans qu'on puisse le déclarer novateur, puisque alors l'orthographe ne reconnaissait aucun principe fixe, on jugera de celle qu'il adopte dans son livre et de l'esprit dans lequel il est écrit. Je me bornerai à reproduire le chap. VI, consacré à l'A, p. 64, et le ch. IX, p. 91, consacré à l'F françoise. Mais, comme entrée en matière, voici ce qu'il dit au chapitre de l'S :

« Ce ne m'êt pas vn petit contentemât que Pollio ait bien daigné faire en la langue latine deuant moi, ce que ie fais en la langue françoise aprés luy, ecriuant des traitez sur nos lettres, comme il fit sur les lettres latines. Mais ancore mon contantemant redouble quand ie viens à considerer que Messala, grand au barreau, grand à la guerre, homme de langue et de main, avocat et capitaine, se contanta bien de laisser par ecrit (1) vn liure de l'S latine sans toucher aux autres lettres. Car il samble par là que c'êt vne jantille et genereuse (2) antreprise, de traiter la plus grande part de nos lettres, puisque vn si grand personnage a creu qu'vne seule lettre peut seruir de carriere à un bel esprit, pour y faire sa course, et pour amporter la bague que les Muses donnent à leur cavalier, qui court le mieux dans leurs lices. Mais cette ioye êt suyuie de la tristesse que j'ay de ce que nous n'auons pas ces deux ouurages de ces deux grãs Romains. Ie n'aurois point de peur de m'egarer, ie ne crandrois ni vãt ni

(1) Dans beaucoup de mots, Godard a devancé son époque, où l'on conservait cette forme : *escript.*

(2) Puisqu'il écrit *jantille, jans, neglijance,* il aurait dù remplacer partout le *g* doux par *j.*

vague, si ie les voyois marcher deuant moi ou tenir derriere moi
le timon desus la poupe. N'estoit que nos Muses francoises che-
rissent leurs bonnes seurs, ie les accuserois volontiers de neglijance, et d'auoir permis au Tans par leur mausoin d'anlever de
leur cabinet deux ioyaux si precieux et deux pieces si belles.
Il ne nous reste de leur nom que la seule souuenance, et du desir de les voir que le regret de leur perte. »

« *L'*A *françois.* — Nous auons assez demeuré deuant le logis ;
il ĕt bien tans que nous antrions dans la maison, où nôtre langue
françoise nous attand de pié ferme. Voici l'vn de ses jans qu'elle
anuoye au deuant de nous. C'ĕt son A qui nous ouure la porte, et
qui vient pour nous receuoir. Car c'ĕt luy qui a la charge d'ac-
cueillir les amis et les etrangers qui veulent venir visiter sa mai-
tresse. Saluons-le : mais plutôt ecoutons comme il nous salue
luy même d'vne voix claire, argentine, eclatante. C'ĕt le capitaine
de tous les caracteres de la langue Françoise, et certes meritoire-
mât. D'autant qu'il tient cette charge plus par merite que par
faueur, passant en grace de beauté et en vigueur de force naturelle tous les autres caracteres, qui sont assez honnorez de
suyure son etandard. Car autant que les voyelles passent les
consonnes, l'A passe autant les voyelles : à cause que sa pronontiation ĕt plus mâle, plus franche, plus haute, et plus aigue, que
celle de toutes les autres voyelles. Il veut son passage libre et
que la bouche luy fasse place à leures ouuertes, quand il luy plait
de sortir. Il ĕt fort, il ĕt valeureux, il ĕt bruyant. C'ĕt luy qui
fait nos chamades, nos chariuaris, nos tintamarres. Comme prince
et capitaine il a de la majesté sur les siens, et de l'espouuante sur
les autres. Anciennement, à cause de cela, quand il faisoit sa de-
meurance en Grèce, il etoit fort cheri et fort honnoré des Lace-
demoniens, les plus guerriers de tous les Grecz. Car il batoit leurs
annemis par l'oreille de la seule pronontiation de leur nom, qu'il
armoit et randoit epouuantable, par la pointe de son seul son.
C'étoit sur cet estoc que brilloit l'émeri des Antalcidas, des Brasi-
das, des Isadas. Mais ce sont plutôt effetz de valeur que d'affection
de carnage. Car au reste il ĕt plein d'vne grande courtoisie et d'vne
grande bonté. On ne doute point que ce ne fût luy qui sauuoit les
criminelz à Rome plus souuant que les vestales. Aussi ces pauures
criminelz cherissoient et benissoient autant cette lettre-là, qu'ilz
redoutoient et detestoient le C, lettre de condamnation, de malheur

et de malle heure. La langue françoise, reconnoissant son merite
ancore mieux que la gréque et la latine, l'amploye en beaucoup de
charges. Car outre ce qu'elle l'a fait la première de ses lettres, elle
l'a fait ancore article, verbe, et preposition. Premieremant, di-ie,
il êt article, voire article si general, qu'il a lieu au singulier et
au pluriel, et autant au genre feminin qu'au masculin. Car nous
disons, *il êt à Pierre, il êt à Perrette. J'en ai parlé à quelques-*
*vns; j'en ai parlé à quelques-vnes.* Mais il ne sert pas seulemant
en cette façon-là d'article à nôtre langue, pour ses noms, pronoms et participes; il sert ancore d'article à l'infinitif de nos verbes, et prand lors le lieu et la signification de l'article *de* : comme
en ces examples, *ie commence à lire, ie commance à comprandre,*
c'êt à dire, *ie commance de lire, ie commance de comprandre.* Ainsi
nous disons, *Nicolas tâche à paruenir,* c'êt à dire, *de paruenir.*
Il êt preposition et tient en nôtre langue la place de la preposition latine, *ad,* en plusieurs façons de parler comme aux suyuan-
tes : *Le roi a enuoyé des ambassadeurs à l'ampereur.* Rex misit
legatos ad imperatorem. Ad quem finem : *à quelle fin. Je retourne*
*à mon propos :* ad propositum redeo. Aucune fois il tient le lieu
de la preposition latine, *in,* comme ici, Manet in nostris ædibus :
*il demeure à nôtre maison.* Je ne veux pas nier qu'on ne puisse pas
bien dire aussi : *il demeure en nostre maison.* Mais neammoins la
première façon de parler me samble plus nayue et plus douce,
comme il se pourra peut-être montrer en vn autre androit. Mais
outre cela il se prand aussi quelquefois pour cette dictiõ françoise *pour.* Car quand nous disons, *à dire vrai, à prandre l'af-*
*faire de bon biais;* c'êt à dire, *pour dire vrai, pour prandre l'af-*
*faire de bon biais.* Nous le mettons ancore bien souuant au lieu
de la preposition *auec,* comme quand nous disons : *c'êt un fruit*
*qu'il faut cueillir à la main, on le court à toute force;* c'êt à dire,
*cueillir auec la main; on le court auec toute force.* Sa derniere signification, c'êt qu'il êt verbe comme j'ai dit. Car il signifie cette
troisiéme personne, *habet,* comme en cet example : *Pierre a le*
*liure que vous cherchez.* Mais au reste il suit la première personne
au singulier, et la troisième personne au pluriel du preterit inde-
fini de nos verbes, que nous pouuons appeler aoriste, à la façon
des Grecz, empruntant ce terme-là d'eux. Je parle des verbes
qui font leur infinitif en *er;* car il faut dire, *j'aimé, tu aimas, il*
*aima, nous aimâmes, vous aimâtes, ilz aimerent,* et non pas,
*j'aima, ilz aimarét.* Neammoins qui voudra pourra bien aussi, ce

me samble, ecrire, *j'aimai*. Quant à ces autres voix, *nous aimis-
sions, vous aimissiez*, qui sont du même verbe, c'êt ainsi qu'il
faut dire, à mon auis, plutôt que, *aimassions, aimassiés*, qui au
hasard pourroient être tolerables. Toutefois ne les condannât pas,
ie ne veux pas aussi les absoudre. »

« *L'*F *françoise.* CHAP. IX. — Voici la pauure déualisec, qui se
plaind, et qui a iuste cause de se plaindre, du tort qu'on luy fait,
de lui ôter ce qui luy appartient. Mais ce qui la fâche ancore dauantage, c'êt que ce tort-là, qu'on luy fait, viêt d'un autre tort
precedant, qu'elle souffre auec impatiance, pource que il touche
à sa reputation. Et tout ce mal luy viêt, à cause qu'on lui impute
la faute d'autruy, ayât été condamnee sans être ouye. Mais le
bon droit de sa cause luy conseille d'être appellante de la sen-
tance, que l'vsage a randue contre elle, et de releuer son appel
au siege de la Raison, où sans doute les griefs que luy fait l'v-
sage luy doiuent être reparez. C'êt un tort manifeste qu'on luy
fait de la priuer de ses droitz, et de luy ôter ce qui luy appartient, sous couleur qu'on luy veut faire accroire qu'elle n'êt pas
capable d'en iouyr, la chassant de chez elle, et mettant des etrangers en sa maison. Car à toute heure l'vsage la chasse de sa place,
et met un P et vne H en son lieu, par toutes les dictions gréques,
desquelles nous nous seruons. C'êt un abus en nôtre langue, qui
proviêt de l'example et de l'imitation des Latins, qui en ce voyage-
là nous seruent de mauuais guides, et nous détournent du grand
chemin. Quelque artifice que la langue latine puisse auoir iamais
eu par l'industrie de ses orateurs et bien disans, si êt-ce pourtant
que la nôtre en cet androit la passe beaucoup par sa douceur naturelle. Car les Romains n'ont iamais eu, comme nous auons, aucune lettre qui ait peu exprimer seule la nayueté et la douceur
du Φ des Grecz. Cette difficulté là les a long tans tenus en peine
de chercher le moyen d'y paruenir. Mais ilz n'en sont iamais venus à bout. Car ce seroit bien se tromper, de croire que l'F latine
ait le son du Φ. Si cela eût été les Romains n'eussent pas manqué
d'amployer et de mettre en besogne leur F, laquelle êt de son naturel si rude et si âpre, qu'il n'y a point de lettre qui le puisse
être dauantage. Quintilian s'en plaind bien fort : d'autant que ce
n'êt pas vne voix, mais plutôt vn sifflemant qu'on pousse et met
dehors à trauers les dantz, que les Romains tenoient serrées en
faisant ce soufflemant ou ce sifflemant, comme des serpans ou des

oyes. Voila pourquoi, a mon auis, Ciceron dit que c'êt vne lettre fort deplaisante. Cette F romaine, dont le son êt si desagreable et si sifflant, êtant toute éloignée de la douce voix du Φ, et n'ayant rien de commun ni de samblable auec luy, n'a iamais osé se presanter pour le represanter. Les anciens Latins voyant cela, et qu'il n'y auoit aucune correspondance de l'vne à l'autre, ne peurent trouuer aucune lettre chez eux, plus approchante du Φ que leur P : occasion qu'ilz l'amployerent au commancemât au lieu du Φ, et disoient, *tropæum, triompus*. Mais il êt vrai que c'etoit cette lettre latine qui approchoit le plus du Φ : neammoins elle en êtoit toûiours si loing qu'elle ne pouuoit pas l'approcher. Cela fut cause que, l'oreille s'offansant d'une telle pronontiation, qui n'auoit aucune iuste proportion ni conuenance auec la gréque, les Romains furent contraintz d'ajoûter une H à leur P, pour represanter par ce moyen, le mieux qu'ilz pouuoient, la force et la pronontiation du Φ; ce que Ciceron fut luy-même forcé de faire, comme les autres, se laissant amporter à l'vsage, qui êtoit appuyé sur la douceur de la pronontiation et sur le iugemant de l'oreille. Nôtre vulgaire suyuât cette façon romaine s'êt fouruoyé, prenant vn long détour, au lieu du grand chemin plus court et plus assuré. *Car puisque nôtre F êt toute douce, qu'elle a le son du Φ des Grecz, et rien de l'âpreté de l'F latine, nous deuons nous en seruir aux mots grecz,* et non pas du P et de l'H, à l'example des Romains, duquel nous n'auons que faire. On ne doit iamais mandier d'autruy ce qu'on a dans la maison. C'êt manque de iugemant ou pure moquerie aux sains de chercher guerison et aux riches d'amprunter. Quant à moi, c'êt bien mon auis que l'F françoise soit reintegree dans tous les lieux et dans toutes les places gréques desquelles le P et l'H l'ont chassee par voye de fait, sous la faueur de l'vsage, qui, pour ce faire, leur a preté main forte. Ce sera chose plus gratieuse que nôtre ortografe soit françoise; il nous sera plus commode d'écrire vne lettre que deux; et sera plus raisonnable de randre à nôtre P ce qui luy appartient. Voila pourquoy nous la deuons remettre et rétablir en ses droitz, puisque la bienseance le requiert, la commodité le persuade et la raison l'ordône. Ie croi qu'ainsi le prononceroit l'equité, même par la bouche des peuples les plus etrangers. Car qui a l'eil capable de iuger du blanc et du noir, il a l'esprit capable de prandre cônoissâce et de iuger du tort qu'on fait à nôtre F, tant il êt manifeste et palpable. A plus forte rai-

son doit-elle obtenir sa reintegrande, par le iugemant de la
France, puisque la raison y êt, et puisque la France êt si obligee
à cette F-ci, qu'antre toutes les lettres qui luy ont donné un
nom si glorieux, c'êt sa principale marraine. Sa douce nayueté,
qu'elle pretc à l'F latine, lorsque nous prononçons le latin, en
adoucit beaucoup ce langage-là, qui n'a pas de luy-même vne
pronontiation si douce, pour le regard de cette lettre-ci, ni en
tout et par tout vne voix si douce que le nôtre, pour le regard
du general. C'êt bien vne mauuaise fortune à nôtre F, qu'elle
adoucit celle des Latins, et cependant son malheur vient de l'F
latine : tandis qu'on pratique en la nôtre iniustemant, ce qui êt
raisonnable en l'autre, et tandis que la nôtre luy tandant du bien
auec la main droite, l'autre luy rand du mal auec la main gauche.
Mais au moins la pauurette a cette consolation en son infortune,
que l'F latine, qui êt cause qu'à tous coùs elle êt mise hors de sa
maison, êt elle-même à toute heure bannie de son pays. Car son
apreté la rand si odieuse à ceux de sa langue même, aussi bien
qu'aux autres peuples, qu'ilz la chassent et bannissent à tout propos. Car les Romains les premiers, annuyez de sa dureté farouche,
l'ont chassée de plusieurs motz, comme de ceux-ci *fordeum* et
*fœdus* ; car au bout d'un tans ilz aimerent mieux dire, *hordæum* et
*hœdus*. Autant en ont fait les Espaguols et les Gascons, qui presque
en toutes les dictions qu'ilz tiennent des Latins ont chassé l'F dehors, et mis l'H en son lieu, comme fait aussi quelquefois la langue
françoise, même en ce mot *hors*, qui vient de *foris* ; étant iugé par
la voix commune de tous les peuples, que l'aspiration êt beaucoup
plus douce que l'F latine. Mais ayant fait elle seule toute la faute,
elle fait pourtant souffrir à la nôtre grand'part de sa punition. »

*De l'Orthographe françoyse*, à la fin de l'ouvrage intitulé : *Le Grand
Dictionnaire des rimes françoises selon l'ordre alphabetique.* Ge-
neve, Matthieu Berjon, 1623, pet. in-8.

L'auteur est un néographc modéré. « Ie sçay, dit-il, qu'il sem-
blera à beaucoup trop audacieuse entreprise de blasmer ce que
la plus part trouuent bon. » Il n'a pas l'intention de condamner
purement et simplement notre orthographe, mais de « l'étaler à
la vue » en en notant les défauts, de façon que chacun en soit
juge. Il ne doute pas que, si l'on se décidait à une réforme aussitôt
qu'on aurait reconnu le besoin que notre écriture en a, en peu

de temps nous écririons « plus proprement et plus brièvement». Ce serait au grand bénéfice de nos voisins, qui, apprenant notre langue artificiellement, la parleraient comme nous la parlons et non comme nous l'écrivons. En effet, bien que notre commerce leur fasse corriger beaucoup de mots, il leur en reste tant de vicieux qu'il semble souvent qu'ils parlent un autre langage, bien qu'ils aient appris ce que nous leur enseignons. Il ne faudrait pas dire qu'un tel inconvénient résulte d'une mauvaise prononciation locale, « car l'escriture est une image de la parole, comme la peinture des corps visibles. Or est-il que celuy qui a bonne veuë voyant un asne peint en un tableau seroit bien asne luy mesme s'il le prenoit pour un cheual : aussi ceux qui donnent aux lettres la mesme vertu que nous leur attribuons en nostre alphabeth (chose qui tient semblable rang pour l'intelligence de ce qui est escrit, que fait la veuë pour les portraits), s'ils lisoyent un mot pour l'autre, ils seroyent à bon droit reprehensibles : mais si nous mesmes leur escrivons ou par maniere de dire leur peignons un asne pour leur faire accroire apres que c'est un cheual, ie ne sçay comment nous pouuons excuser nostre tort. »

Du TERTRE. *Méthode universelle pour apprandre facilemant les langues, pour parler puremant et escrire nettemant en françois, recueillie par le S. Du Tertre. Deuxième édit.* Paris, Iean Iost, 1651, in-12.

Ouvrage sans valeur, sans intérêt, et qui dénote, de la part de son auteur, une complète ignorance des données de son sujet.

*Grammaire generale et raisonnée contenant les fondements de l'art de parler, expliquez d'une manière claire et naturelle* (par MM. de Port-Royal). Paris, Pierre Petit, 1660, in-12.

Il serait à désirer, selon les savants auteurs :

« 1° Que toute figure marquast quelque son, c'est à dire qu'on n'écriuist rien qui ne se prononçast ;

« 2° Que tout son fust marqué par vne figure : c'est à dire qu'on ne prononçast rien qui ne fust escrit ;

« 3° Que chaque figure ne marquast qu'vn son, ou simple ou double. Car ce n'est pas contre la perfection de l'écriture qu'il y ait des lettres doubles, puisqu'elles la facilitent en l'abrégeant;

« 4° Qu'vn mesme son ne fust pas marqué par de différentes figures. »

Voir plus loin l'analyse de l'édition de 1756, annotée par Duclos.

Antoine Bodeau de Somaize. *Le grand Dictionnaire des Prétieuses, historique, poétique, géographique, cosmographique, chronologique et armoirique, où l'on verra leur antiquité, costume, devise, etc.* Paris, Jean Ribou, 1661, 2 vol. pet. in-8.

M. Francis Wey, dans son ouvrage intitulé *Remarques sur la langue française*, a épuisé toutes les formules de l'indignation contre les « mutilations » que la « coterie » des Précieuses a fait éprouver à l'orthographe traditionnelle. Je ne saurais, sans de nombreuses et importantes restrictions, me ranger à son sentiment ; le temps, d'ailleurs, leur a donné raison sur bien des points. Voici un autre passage de son livre à ce sujet (page 38 et suiv.) :

« Ce n'est pas ici le lieu de débattre la valeur littéraire de cette coterie célèbre des Précieuses ; nous devons nous borner à constater leur influence énorme sur l'orthographe, à raconter ce qu'elles firent, et comment les choses se sont passées. L'aventure est narrée par Somaize (1). Les conséquences de l'incident qu'il rapporte ont été si extraordinaires, l'incident lui-même est si peu connu, que nous le reproduirons en entier.

« L'on ne sçauroit parler de l'ortographe des pretieuses sans
« rapporter son origine, et dire de quelle maniere elles l'invente-
« rent, qui ce fut et qui les poussa à le faire. C'estoit au commen-
« cement que les pretieuses, par le droit que la nouveauté a sur
« les Grecs (2), faisoient l'entretien de tous ceux d'Athènes (3), que
« l'on ne parloit que de la beauté de leur langage, que chacun en
« disoit son sentiment et qu'il faloit necessairement en dire du bien
« ou en dire du mal, ou ne point parler du tout, puisque l'on ne
« s'entretenoit plus d'autre chose dans toutes les compagnies. L'é-
« clat qu'elles faisoient en tous lieux les encourageoit toutes aux
« plus hardies entreprises, et celles dont je vais parler, voyant
« que chacune d'elles inventoient de jour en jour des mots nou-
« veaux et des phrases extraordinaires, voulurent aussi faire quel-
« que chose digne de les mettre en estime parmy leurs semblables,
« et enfin, s'estant trouvées ensemble avec Claristene (4), elles se
« mirent à dire qu'il faloit faire une nouvelle ortographe, afin que
« les femmes peussent écrire aussi asseurement et aussi corecte-

---

(1) M. Wey n'indique pas de quel ouvrage il tire la citation suivante, mais on la trouve au mot Ortographe du célèbre dictionnaire satirique devenu aujourd'hui si rare et si recherché des bibliophiles.

(2) Les Français. — (3) De Paris. — (4) M. Le Clerc.

« ment que les hommes. Roxalie (1), qui fut celle qui trouva cette
« invention, avoit à peine achevé de la proposer que Silenie (2)
« s'écria que la chose estoit faisable. Didamie (3) adjoûta que cela
« estoit mesme facile, et que, pour peu que Claristène leur voulût
« aider, elles en viendroient bien-tost à bout. Il estoit trop civil
« pour ne pas repondre à leur priere en galand homme ; ainsi la
« question ne fut plus que de voir comment on se prendroit à
« l'execution d'une si belle entreprise. Roxalie dit qu'il faloit faire
« en sorte que l'on pût écrire de mesme que l'on parloit, et, pour
« executer ce dessein, Didamie prit un livre, Claristene prit une
« plume, et Roxalie et Silenie se preparerent à decider ce qu'il
« faloit adjouster ou diminuer dans les mots pour en rendre l'u-
« sage plus facile et l'ortographe plus commode. Toutes ces cho-
« ses faites, voicy à peu pres ce qui fut decidé entre ces quatre
« personnes : *que l'on diminueroit tous les mots et que l'on en os-*
« *teroit toutes les lettres superflues.* Je vous donne icy une partie de
« ceux qu'elles corrigerent, et, vous mettant celuy qui se dit et
« s'écrit communement dessus celuy qu'elles ont corrigé, il vous
« sera aisé d'en voir la difference et de connoistre leur ortographe :

| | | | |
|---|---|---|---|
| teste | patenostre | esloigner | caresme |
| *téte* | *patenôtre* * | *éloigner* * | *caréme* |
| prosne | dis-je | seureté | despit |
| *prône* * (4) | *di-je* | *seûrté* | *dépit* * |
| autheur | pressentiment | resjouissances | catéchisme |
| *auteur* * | *présentiment* | *réjouissances* * | *catechîme* |
| hostel | esclairée | escloses | descouvre |
| *hôtel* * | *éclairée* * | *écloses* * | *découvre* * |
| raisonne | extraordinaire | chasteau | folastre |
| *résonne* ? | *extr'ordinaire* | *château* * | *folâtre* * |
| supresme | efficace | laschement | advis |
| *supréme* | *éficace* | *láchement* * | *avis* * |
| meschant | respondre | reconnoistre | naistre |
| *méchant* * | *répondre* * | *reconnétre* | *naître* * |
| troisiesme | extresme | maistre | s'esvertue |
| *troisiéme* | *extréme* | *maître* * | *s'évertue* * |
| deffunct | s'esleve | tasche | flustes |
| *défunt* * | *s'éleve* | *tâche* * | *flûtes* * |

(1) M^me Le Roy. — (2) M^lle Saint-Maurice. — (3) M^lle de la Durandière.

(4) Je marque d'un astérisque les mots dont l'usage et l'Académie ont complète-
ment ratifié la correction. Certaines simplifications, comme *entousiáme*, *caté-
chîme*, *frédeur*, constatent une prononciation exceptionnelle alors, et restreinte
peut-être au cercle des *Prétieuses*. Elle n'a pas prévalu.

| | | | |
|---|---|---|---|
| tousjours | gâtoit | enthousiasme | chaine * |
| toujours * | vouste | entousiáme * | mesconnoissante |
| goust | voûte * | huictiesme | méconnoissante |
| goût * | bastit | huictiéme * | paroistre |
| d'esclat | bâtit * | escuelle | parêtre * |
| d'éclat * | quester | écuelle * | eslargir |
| escrits | quéter * | jeusner | élargir * |
| écrits * | roideur | júner * | espoux |
| solemnité | rédeur * | l'esté | époux * |
| solennité * | nopces | l'été * | vostre |
| estale | nôces * | dosme | vôtre * |
| étale * | faicts | dôme * | mesme |
| establir | faits * | opiniastreté | méme |
| établir * | treize | opiniâtreté * | apostre |
| eschantillon | tréze * | qualité | apôtre * |
| échantillon * | esvaporez | calité * | estre |
| l'aisné | évaporez * | froideur | étre |
| l'aîné * | sixiesme | frédeur * | fleschir |
| effarez | sixième * | vieux | fléchir * |
| éfarez * | desbauchez | vieu * | mettre |
| plust | debauches * | effects | métre |
| plût * | taist | éfets * | tantost |
| s'esriger | taît * | desplust | tantôt * |
| s'ériger * | diadesme | déplût * | unziesme |
| nostre | diadéme * | brusle | unziéme |
| nôtre * | estoit | brûle * | menast |
| mareschal | étoit * | coustume | menât * |
| maréchal * | masles | coûtume * | indomptable |
| des-ja | mâles * | fantosmes | indontable |
| dé-ja * | adjouste | fantômes * | attend |
| estrange | adjoûte * | avecque | atten * |
| étrange * | lasches | avéque * | sçait |
| espanouir | lâches * | blesmir | sait * |
| épanouir * | esblouis | blémir * | aisles |
| aussi-tost | éblouis * | effroy | ailes |
| aussi-tôt * | veu | éfroy * | aspre |
| tesmoigner | vû * | ampesche | âpre * |
| témoigner * | chrestien | empéche * | vistres |
| esclaircissement | chrétien * | eage | vîtres |
| éclaircissement * | paroist | âge * | triomphans |
| brusle | parêt * | plaist | trionfans |
| brûle * | accommode | plaît * | advocat |
| doutast | acomode * | crespules | avocat * |
| doutât * | grands | crépules * | pied |
| connoist | grans * | coustoit | pié |
| conaît * | defferat | coûtoit * | reprend |
| souffert | déferat * | mesler | repren |
| soûfert * | thresors | méler * | sçavoir |
| gastoit | trésors * | chaisne | savoir * |

Il ressort du curieux document de Somaize que la prononciation tendait, vers la seconde moitié du dix-septième siècle, à
s'amollir par suite de l'influence de la cour et des cercles de la
haute société. L'Académie, dans sa cinquième édition seulement,
a commencé à inscrire *raideur*, conformément à la prononciation
des *Prétieuses*, qui prévaut aujourd'hui pour ce mot et non pas
pour *frédeur*.

Ainsi qu'on le voit, beaucoup des réformes opérées par les *Précieuses* ont été sanctionnées par l'Académie, et un plus grand
nombre encore l'eussent été, si l'on avait dès cette époque su faire
un emploi judicieux de l'accent grave et de l'accent circonflexe.
A ce titre, malgré le ridicule d'un langage prétentieux et quin-
tessencié, la coterie présidée par Voiture et Sarasin a rendu de
véritables services à la langue française.

Simon Moinet, principal correcteur pour le français dans l'imprimerie
des Elseviers, voulant faciliter aux étrangers la lecture des livres en
cette langue, eut en 1663 l'idée d'imprimer à ses frais un petit poëme :
*La Rome ridicule du sieur de Saint-Amant, travéstië à la nouvéle
ortografe, pure invantiön de Simon Moinét, Parisiën*. A Amstredan,
aus dêpans ê de l'inprimerië de Simon Moinêt, in-12.

Les lignes qui commencent sa dédicace à Guillaume III peuvent
donner une idée de sa méthode phonétique :

> *Ce que pérsone n'a ancore su, ni oui, ni vu,*
> L'ORTOGRAFE FRANÇOISE,
> ou la siänce de lire é d'ècrire françois.

« Monsègneur, si ce qui se dit êt véritable, qu'*à gran ségneur,
peu de paroles,* il sera aussi vrai de dire *à gran ségneur peu
d'écriture,* puisque l'êcriture reprèsante la parole, é toutes deus
sont l'image de la panséë. Mais je ne croi pas que pérsone, depuis que l'on parle françois, l'ait faite si courte que moi, qui
l'abrège an sorte que je le fai touchér à l'euil é au doit. »

Simon Moinet propose le *ll* mouillé des Espagnols dans les mots
*mail, bail,* le *t* à cédille pour le *t* adouci et sifflant : *suprémaţie.*
Malheureusement son écriture est hérissée d'accents, comme
c'est le cas de tous ceux qui veulent déterminer le son des voyelles
sans introduire de nouveaux caractères alphabétiques.

DE BLEIGNY, maître écriuain iuré de Paris. *L'Ortografe francoise ou l'unique metode contenant les regles qu'il est necessaire de sauoir pour écrire correctement.* Paris, Gilles André, 1667, in-12.

Bleigny n'arbore le drapeau de la réforme orthographique que dans son titre. Son petit livre est une grammaire pour les enfants, sans aucune velléité de critique ni d'amélioration de la mauvaise écriture de son temps.

LOUIS DE L'ESCLACHE. *Les véritables Règles de l'ortografe francéze, ou l'Art d'aprandre en peu de tams à écrire córectemant.* Paris, l'auteur, 1668, in-12.

Le travail de l'Esclache a fait beaucoup de bruit au moment de sa publication. J'en connais trois ou quatre réfutations sorties des presses parisiennes en l'espace de peu d'années. On ne s'aperçut pas de son temps qu'il s'était inspiré en grande partie des réformes proposées un siècle auparavant par Meigret, Peletier et Ramus. Bien qu'il n'ait introduit aucune lettre ni aucun signe nouveau dans l'écriture, il a prêté le flanc à la critique par la profusion d'accents dont il a surchargé ses lignes. Voici un échantillon de son orthographe :

« Les opinions des hommes sont trés-diferantes, touchant l'ortô-
« grafe francéze. Les uns pansent qu'éle doit être conforme à la
« parole ; et les autres âsûrent qu'éle doit marquer l'origine des
« mos que nous emploïons pour exprimer nos pansées. Ceus qui
« ne savent pas la langue latine et qui ont de l'esprit dizent que
« nous devons écrire comme nous parlons ; mais quelques savans
« soûtiénent que céte metôde, nous faizant perdre l'origine des
« paroles, nous ampécherét d'an conétre la propre significacion.
« Il samble que les premiers, qui n'ont pas âsés de force pour
« bien établir leur opinion, n'aient pas âsés d'autorité pour nous
« oblijer à la suivre. Comme les autres ne peuvent soûfrir que l'on
« face injure à la langue latine, ni à la grèque, ils s'atachent à
« leurs santimans avec beaucoup d'opiniâtreté. Je ne veus pas con-
« damner ces deus langues, puîqu'éles ont leur beauté, aûsi bien
« que leur ûzaje, mais je puis dire (sans m'élogner de la vérité)
« que ceus qui ont un atachemant particulier pour éles ne sont pas
« ordinairemant les plus éclairés dans la langue francéze. Ils sont
« semblables à ceus qui parlent continuélement de ce qui regarde

« les autres sans panser à leurs propres âfaires et il ârive sou-
« vant que dans le chois des chozes qui sont utiles pour le bien
« public, le jujement de ceus qui ont beaucoup de lumiére sans
« étude doit étre préféré à l'opinion de ceus qui ont une biblio-
« téque antiére dans leur tête. »

*Traité de l'orthographe; dans lequel on établit, par une méthode
claire et facile, fondée sur l'usage et sur la raison, les règles certaines d'écrire correctement. Et où l'on examine par occasion les
règles qu'a données M. de Lesclache.* Paris, Jacques Talon, 1669, in-12.

Ce petit traité, remarquable par son exécution typographique, ne
s'occupe pas de la régularisation de l'écriture française. L'auteur
s'élève même avec beaucoup de force contre le système d'é-
criture semi-phonétique proposé par Lesclache. Il constate simplement l'état de la question au moment où l'Académie française
allait s'en emparer.

LARTIGAUT. *Les progrés de la véritable ortografe, ou l'ortografe
francêze fondée sur ses principes, confirmée par démonstracions.
Ouvrage particuliër et nécésér à toute sorte de persones qui veulent* LIRE, PRONONCER *ou* ÉCRIRE *parfétement par régles.* Paris,
Laurent Ravenau et Jan d'Ouri, 1669, in-12.

Le petit ouvrage de Lartigaut offre un grand intérêt. Contempo-
rain de Corneille, de la Fontaine, de Molière, de Racine, il possède
à fond la langue élégante et correcte de son temps, et nous indique aussi exactement que possible la prononciation de la cour
de Louis XIV. L'accentuation forte qui y est figurée me confirme
dans l'idée que je m'étais formée de la prononciation du Théâtre-
Français au temps de Corneille et de Racine, et dont Larive avait
conservé la tradition (1).

Voici une page de l'*avis important* placé en tête du livre. Je sou-
ligne les différences de la lecture avec celle de nos jours :

« Cête matière est plus délicate (2) qu'èle ne parêt : il faut être

_____

(1) Je l'ai souvent entendu réciter des vers chez mon père, et je l'ai vu au
Théâtre-Français jouer le rôle de Philoctète dans l'*Œdipe* de Voltaire.

(2) Dans ces mots *délicate, èle, antièrement,* etc., l'auteur emploie l'*e* moyen
avec accent droit. Mon père et mon oncle en avaient reconnu l'utilité dans beaucoup de mots, tels que *collége, séve, entièrement,* etc., et plusieurs livres ont
été imprimés ainsi ; mais on dut en abandonner l'usage, par suite de la confusion
et de l'embarras qui en résultaient dans la distribution et la composition.

« antièrement détaché, et avoir un *dezir* sincer de recevoir ce qui
« peut persuader an *quéque* part qu'il se *treuve*. Car pour peu que
« l'on se plêze à contredire, on se rant incapable d'en juger; dau-
« tant qu'il y a pluzieurs chozes qui ne dépendent que de la déli-
« catêse de l'orélle, où l'opiniatreté et le *dezir* de s'opozer à tout
« peuvent *treuver* de coi flater un esprit de contradixion. Ne lire
« un livre que dans le dêsein d'y treuver à redire, ce n'et paz être
« tout à fêt sage ; et c'et fêre le critic à contretams : il faut être
« du moinz indiférant, et ne rien condaner sanz avoir sur le cham
« des rêzons contrères à ce que l'on reprant. Je condane moi-même
« les fautes que je puis avoir lêsé couler (ou l'inprimeur) contre
« les principes qu'il faut suivre : et je puis dire san vanité que je
« suis le seul qui n'établis rien qui leur *sêt* (1) opozé, et qui ne me con-
« tredis paz ; qui et asurément le plus grant point que l'on puise
« et que l'on doive garder, mês que persone n'a pu ancor observer
« sur ce sujêt : et voici come une persone, qui ne cherche sin-
« plemant que l'utilité danz toute choze peut rêzoner.
« Je conês que l'ortografe vulguêre et ambarasante pour la lec-
« ture, contrêre à la véritable prononciacion qu'èle doit exprimer
« et *prèque* inposible à savoir sanz la conêsance du grec et du
« latin ; ancor y-an a-t-il trez peu qui la sachent parfêtemant avec
« tout cela. Je ne doute paz que si l'on pouvêt *treuver* le moyen
« de randre l'écriture couforme à la parole avec une tèle modéra-
« cion qu'on pût suivre des principes asurés et des règles cons-
« tantes, sanz tomber dans aucune absurdité, et sanz rien changer
« inutilemant, il faudrêt sanz doute le prandre pour pluzieurs rê-
« zons : 1° afin de savoir l'ortografe avec plus de facilité, et avec
« plus de certitude; 2° afin de ne paz être obligé d'aprandre le grec
« et le latin pour seulemant ortografier ; 3° parce que c'et une
« choze indubitable que tout le monde an lira mieuz, et que l'on
« ne poura prononcer mal ; 4° pour randre la Langue francêze pluz
« univesèle par la facilité que tous les étrangers *treuveront* dans
« la lecture de nos livres, et plus recomandable par la douceur
« *prèque* divine de son élocance, qui se comuniquera par tout. »
Convenons-en, on ne saurait, dans la thèse de l'auteur, plus simplement ni mieux dire. La prononciation, telle qu'il est parvenu à
nous la figurer en n'introduisant qu'un seul signe nouveau (l'*e mé-*

---

(1) J'ai entendu, dans ma jeunesse, M. de Tracy prononcer il *crait* (*il croit,
credit*), et *endreit.*

*diọcre,* qu'il figure, comme je l'ai dit, par l'accent droit), est presque la nôtre, et nous donne occasion de constater sa fixité depuis le grand siècle. Il supprime la lettre *k,* comme étrangère au français, le *ç* cédille comme inutile en présence du *s* ramené à une seule valeur, celle qu'il a dans *salon, silence.*

Il fait en passant quelques remarques sur l'orthographe des mots où figure le χ grec. *Achaïe, saint Roch, Zacharie, chronique, archange.* Il propose de les écrire *Acaïe, saint Roc, Zavarie, cronique, arcange.*

A propos de la lettre *q* (ou plutôt des deux lettres *qu,* puisqu'on représente par ce signe binaire le son du *c* dur ou du *k*), il s'exprime ainsi : « Ecrivez par la même rézon : *quécun* aussi bien « qu'*aucun.* Pourêt-on bien doner rézon pourcoi l'on doit ècrire « *aucun, chacun* par un *c* et *quelquun* par un *qu ?* Je voudrês avoir « cette obligation à QUELQUUN. »

Pour lui, l'*œ,* déjà supprimé dans *œconomie,* est une lettre parasite : il écrit *eil* (prononcé aujourd'hui *euil*), *euvre, beuf, seur,* avec toute raison. Dans le français, le son et le signe *eu* représentent régulièrement l'*o* des mots latins, exemple : *dolor, douleur, flos, fleur*; la vicieuse prononciation du *c* rend quelquefois l'emploi de l'*œ* nécessaire, comme dans *cœur,* qui ne peut être écrit *ceur,* à moins, comme dans *cueillir,* de faire précéder *eu* d'un *u.*

Il critique l'emploi de l'*x* dans les mots *deuxième, sixain, dixième.* Il y met le *z,* d'accord en cela avec la prononciation.

Il chasse du dictionnaire cette «diftongue» *ao,* qui n'est pas «francêze», et au lieu de *paon, Laon, faon, taon,* il écrit *pan, Lan, fan* (1)*, tan.*

On jugera, par ces quelques citations, que l'auteur est un observateur délicat et en même temps un bon esprit, défenseur intrépide des prérogatives du français, qu'il voudrait voir vivre par lui-même sans s'affubler d'une enveloppe grecque et latine.

Le P. L. CHIFLET. *Nouvelle et parfaite grammaire françoise où se voit en bel ordre tout ce qui est de plus nécessaire, de plus curieux, de plus élégant en la pureté de l'orthographe et en la prononciation de cette langue.* Paris, 1680, in-12.

Bien que son ouvrage ait paru quatorze ans avant la première

(1) Ronsard l'écrit ainsi :

..... ravit le *fan* d'une biche legère.

(Edit. de 1623, t. I, col. 2.)

édition du Dictionnaire de l'Académie, ce grammairien paraît avoir
été consulté par elle. Les principes, au sujet de l'orthographe,
sont en partie les mêmes. Il dit néanmoins qu'il est beaucoup de
mots où le *ti* devrait plutôt s'écrire *ci*, comme il se prononce.

Il n'est cependant pas ennemi de tout progrès. « En matiere de
prononciation, dit-il, il n'est pas bon de courir avec trop de chaleur
après les nouveautez, d'autant qu'il arrive assez souvent qu'elles
passent comme un torrent.... J'ai vu le temps que presque toute
la France estoit pleine de *chouses* au lieu de *choses*, » et il raconte
une anecdote sur cette prononciation *chouse*.

CHARPENTIER, de l'Académie française. *De l'Excellence de la langue
     françoise*. Paris, Billaine, 1683, 2 vol. in-12.

Ce docte académicien, qui partage en matière d'orthographe
les idées de Regnier des Marais, formulées plus tard dans la première édition du *Dictionnaire de l'Académie*, est, comme Henri
Estienne, un défenseur de la *précellence* du langage français, non
plus sur l'italien, mais sur le latin lui-même.

Il établit que notre langue n'est nullement inférieure au latin
sous le rapport de l'euphonie et de l'harmonie imitative, qu'elle a
produit non moins de chefs-d'œuvre, et qu'elle est parvenue de
son temps à une perfection égale à celle du langage des Romains
au siècle d'Auguste.

Il cite un certain nombre de vocables français plus doux, plus
brefs que leurs correspondants en latin. S'il eût poussé plus loin
ses investigations, il fût sans doute arrivé à reconnaître la supériorité des mots du latin transformés par le peuple avant la Renaissance, sous le rapport de la rapidité et même de l'euphonie,
sur ceux forgés depuis par les savants sur le même type primitif.
Voici quelques points de comparaison :

| Primitif latin. | Mots du vieux français. | Mots de latin francisé. |
|---|---|---|
| *claudicare* | clocher, clochement | claudication |
| *capillus* | cheveux, chevelu | capillarité |
| *carcer* | chartre. | incarcération |
| *coctus* | cuit, cuisson. | coction |
| *dulcis*. | doux, adoucir. | édulcoré |
| *fructus* | fruit, fruitaison. | fructification |
| *fluctus* | flot, flottaison. | fluctuation |
| *hirundo* | aronde. | hirondelle |
| *macer* | maigre, maigreur | émaciation |

| Primitif latin. | Mots du vieux français. | Mots de latin francisé. |
|---|---|---|
| *maturus* | mûr, mûrir | maturation |
| *scandalum* | esclandre | scandale |
| *separare* | sevrer, sevrage | séparation |
| *species* | espèce | spécification |
| *siccitas* | sécheresse | siccité |
| *strictus* | étroit | strict |
| *cubare* | couver | incubation |

Si donc le français a son individualité, s'il est si riche de sa beauté propre, si ses vocables surpassent souvent pour la simplicité, la rapidité, l'euphonie, leurs correspondants latins, pourquoi s'attacher, comme on le voulait au temps de Charpentier, et comme il n'en reste que trop de vestiges, à défigurer notre orthographe dont on fait un pastiche de celle du latin et du grec, en y introduisant tant de consonnes doubles inutiles et même incompatibles avec le génie simple de notre ancienne langue?

(J. Hindret.) *L'Art de bien prononcer et de bien parler la langue françoise, dedié à Monseigneur le duc de Bourgogne, par le sieur J. H.* Paris, Vᵉ Cl. Thiboust, 1686, in-12.

Quoique ce petit traité de grammaire ne contienne aucune innovation orthographique (mot qu'il écrit *ortographique*), et qu'il ait pour but uniquement d'enseigner la prononciation reçue, il manifeste le désir du perfectionnement.

L'auteur s'y plaint de notre écriture, qu'il déclare défectueuse. « Ce n'est pas sans raison, dit-il, que les étrangers nous repro- « chent tous les jours le peu de soin que nous avons de bien pro- « noncer notre langue, comme une chose qui l'empêche d'être au- « jourd'hui la plus parfaite de toutes celles de l'Europe.

« On apprend, ajoute-t-il, avec beaucoup de soin aux enfants « les principes des langues mortes ou étrangères, et, pour ce qui « regarde leur langue naturelle, on l'abandonne au hazard de « l'usage. »

(Rodilard.) *Doutes sur l'ortographe franceze.* Paris, 1693, in-12.

L'auteur, qui se cache sous l'anagramme de *Trilodrad*, peut être classé parmi les novateurs, bien que la plupart des réformes qu'il demande aient été accomplies dans les éditions successives du Dictionnaire de l'Académie. On en jugera par ce début :

### Aus Maitres Imprimeurs.

« Messieurs, il y a longtèms que je suis dans plusieurs doutes sur l'ortographe desquels je souhaiterois pouvoir être éclairci... J'ai cru qu'il étoit plus à propos de m'adresser aus maitres imprimeurs... Car je puis dire qu'autant qu'il y a d'imprimeries en France, ou peu sèn faut, autant il y a de diférèntes ortographes.

« Ce sens seul est peu favorable au savoir des maitres imprimeurs qui (dit-il) ne savent pas l'ortographe et moins encore la ponctuation! et s'ils raisonent de l'imprimerie et de l'ortographe, ce n'est que comme les aveugles font des couleurs.

« C'est une chose honteuse à nous de voir que les étrangers nous aprenent à écrire nôtre langue naturele : car on ne peut pas disconvenir que les Holandez (ou du moins des Franccz qui se sont retirés en Holand) ne nous ayent apris a metre les *v* ronds et les *j* longs, puisque pour marque de cela on les apèle dans l'imprimerie des *v* et *j* à la Holandeze : ce sont èncore eux qui nous ont ènseigné a retrancher les letres superflûes de nôtre langue : enfin ils nous ènseignent ce que nous leur devrions ènseigner et à toute la terre , puisqu'on n'aprend l'ortographe que par le moyen des impressions et à quoi tout le monde se raporte, et non pas aus manuscrits; cela étant, pourquoi n'a-t-on pas soin de bien ortographér, et de ne rien faire paroître au public qui ne soit dans sa perfection ? Il faut que ce soit, non seulement les etrangers, mais tout le monde, jusques à un chétif ecrivain, qui à grand peine sait-il lire, nous ènseigne l'ortographe.... Il est vrai que j'ai été longtèms à me pouvoir persuader qu'il fut permis de retrancher aucune letre dans le franccz lorsqu'elle venoit du latin, que les *s;* mais pour les doubles *bb*, les doubles *cc*, les doubles *dd*, doubles *ff*, doubles *mm*, doubles *nn*, doubles *pp* et autres letres qui sont dans le latin, je ne pouvois me resoudre; mais aprez y avoir fait reflexion et consideré qu'on estranchoit partout les *s* inutiles à la prononciation, aussi bien que d'autres letres, quoiqu'elles vinssent du latin, j'ai cru qu'on pouvoit aussi ôter les letres doubles, et toutes celles qui sont parèllement superflûes et inutiles à la prononciation aussi bien qu'on fait le *s*. »

---

A la fin de l'exemplaire que j'ai consulté à la Bibliothèque de l'Institut, se trouve un opuscule intitulé : *Lettre sur l'ortografe à Monsieur de Ponchartrain Conseiller au Parlement.* J'ignore le nom de son auteur. Cette lettre (imprimée avec privilége du Roi de 1693) commence ainsi :

« Vous voulez, Monsieur, que j'ècrive quelque chose pour justifier mon ortografe, et pour rendre raison des nouveautés qu'on dit que je veux introduire. »

Ces modifications sont en général celles que l'Académie a successivement introduites, sauf quelques doubles letres qui restent encore aujourd'hui. Il supprime l'*h* à *théorie*, et écrit *filosofe*, « attendu, dit-il, qu'il a cru devoir laisser aux lettres françoises le son qu'elles ont naturellement, pensant que si les Latins ont écrit certains mots dérivés du grec, c'est qu'elles gardoient une aspiration differente et qu'ils prononsoient les premieres silabes de *philosophia* et de *character* autrement que celles de *figure* et de *caput*. Aparemment, s'ils les avoient prononcées de la même manière, ils les auroient exprimées aussi par les mêmes letres, etc... Pourquoi ne pas imiter les Italiens et les Espagnols, qui n'ont pas cru être obligés a garder l'ortografe latine dans les mots venus du grec? Si on en avoit toujours usé de cette sorte, Madame de.... n'auroit pas été si scandalisée contre Eliogabale. « O que ces empereurs Romains ètoient cruels! s'écria-t-elle un jour en bonne compagnie, ils faisoient prendre des paysans et leur faisoient aracher la langue pour s'en nourrir. » Elle venoit de voir un livre qui disoit que cet empereur mangeoit des pâtés de langues de phaisans, et s'imaginant qu'un *p* se prononçoit toujours *p* elle avoit lu des *langues de paysans* au lieu de *langues de faisans*. »

René Milleran. *Les deux gramaires fransaizes, l'ordinaire d'aprezant et la plus nouvelle qu'on puise faire sans alterer ni changer les mots, par le moyen d'une nouvelle ortografe si juste et si facile qu'on peut aprandre la bôté et la pureté de la prononciation en moins de tans qu'il ne fôt pour lire cet ouvrage, par la diférance des karacteres qui sont osi bien dans le cors des regles que dans leurs exanples, ce qui est d'otant plus particulier qu'elles sont tres faciles et incontestables, la prononciation étant la partie la plus esancielle de toutes les langues.* Marseille, Brebion, 1694, 2 parties en un vol. in-12.

Je n'ai pu me procurer ni même voir ce volume, que je ne trouve indiqué que dans le catalogue de Ch. Nodier de 1844. Ce spirituel académicien reproche à l'auteur d'avoir proposé la réforme de l'*oi*, préconisée un siècle plus tard par Voltaire. La manière dont Nodier a figuré le titre et que je reproduis ne donne qu'une idée trop imparfaite de la méthode de Milleran. Les lettres romaines sont celles qui ne se prononcent pas. Par cet exemple, on peut se figurer toutes celles qui peuvent ainsi être indiquées.

Césan-Pierre Richelet. *Dictionnaire françois contenant les mots et les choses, plusieurs nouvelles remarques sur la langue françoise, etc.* Genève, Jean Herman Wiederhold, 1680, 2 vol. in-4. — *La connoissance des genres françois tirée de l'usage et des meilleurs auteurs de la langue.* S. l. ni date (achevé d'imprimer le 10 mai 1695), in-12.

Richelet, dont le Dictionnaire a encouru à juste titre, dans ses premières éditions du moins, le blâme des honnêtes gens, s'était beaucoup plus occupé d'étymologies que la plupart des auteurs contemporains. Il fut un des premiers à développer la réforme proposée par Le Clerc et les Précieuses. Il écrivit *batême, reçu, dédain, déduire, jeûne, apôtre, tempête;* il essaya de faire passer *afaire, ataquer, dificulté.* Il introduit dans son second ouvrage, en dépit du grec, *himenée, licée, pirenée, pritanée, trofée, éléfan,* etc.

L'abbé Regnier des Marais, secrétaire perpétuel de l'Académie française. *Traité de la Grammaire françoise.* Paris, Jean-Baptiste Coignard, 1706, in-4 et in-8. — *Remarques sur l'article* cxxxvii *des Mémoires de Trévoux, touchant le Traité de la grammaire françoise de M. l'abbé Regnier.* Paris, J.-B. Coignard, 1706, in-4.

L'Académie qui, pour son Dictionnaire, lequel ne parut qu'en 1694, avait adopté la méthode du travail en commun, remit le soin de rédiger une Grammaire conforme à ses principes à son secrétaire l'abbé Regnier des Marais. Il publia son ouvrage en deux volumes in-12 dès 1676, et en donna une édition infiniment supérieure dans l'in-4 de 1706. De 1694 jusqu'à la seconde édition du Dictionnaire, qui ne parut qu'en 1718, l'Académie eut quelque temps de repos. Elle recueillit alors les doutes sur la langue et se donna la tâche de les résoudre. Cette société préparait ainsi des matériaux pour la Grammaire qu'elle méditait et que du reste les statuts de sa fondation l'obligeaient de rédiger. « Mais elle ne tarda pas à recon-
« naître qu'un ouvrage de système et de méthode ne pouvait être

« conduit que par une personne seule ; qu'au lieu de travailler en
« corps à une Grammaire, il fallait en donner le soin à un acadé-
« micien qui, communiquant son travail à la compagnie, profitât
« si bien des avis qu'il en recevrait, que, par ce moyen, son ou-
« vrage pût avoir dans le public l'autorité de tout le corps. » Regnier avait une parfaite connaissance de notre langue et de
quelques autres ; il s'était fait un nom par sa traduction de la *Pra-*
*tique de la perfection chrétienne* de Rodriguez. Son assiduité aux
conférences du Dictionnaire, dont il était chargé de rédiger les
résultats, l'avait mis en état d'en exposer les principes et de faire
une œuvre digne de l'illustre compagnie.

L'ouvrage cependant ne fut pas publié sous le nom de l'Académie. Il encourut plusieurs critiques, entre autres celle du P. Buffier. Le savant académicien se plaint que son adversaire ait dénaturé
quelquefois ses idées en l'analysant. L'abbé Regnier, on le conçoit, se prononce contre l'écriture phonétique, qui exposerait à
« cet attentat » d'écrire des *crétiens* comme des *Crétois* et *Jésu-*
*Cri* qu'on prononce ainsi, tandis qu'on doit prononcer le *Christ*.
Dans son livre, clairement écrit, avec une sobre élégance, les
explications sur les difficultés de la prononciation des lettres
ont employé près d'une centaine de pages. En examinant avec
l'attention qu'elle mérite l'œuvre du docte secrétaire perpétuel
de 1706, œuvre d'autant plus importante qu'elle doit nous refléter
les principes primitifs de l'Académie, on ne tarde pas à se con-
vaincre que le livre le plus utile à une nation éclairée comme la
France, c'est-à-dire une grammaire, était alors impossible. Pour
ce qui concerne l'orthographe des mots, Regnier constate, pour
la réduplication des consonnes dans le corps des mots, des règles
fondées la plupart sur la *quantité*.

« Le redoublement des lettres en plusieurs mots de la langue
se fait uniquement des consonnes, et peut se rapporter à deux
causes : l'*une prise du latin*, d'où ces mots là nous viennent ;
l'autre tirée du fonds même de notre langue..... Ce redoublement
n'est point toujours pris du latin : il se fait quelquefois contre
l'orthographe des mots latins d'où les mots françois dérivent. Il se
fait principalement des lettres *l*, *m*, *n*, *p* et *t*, après *a*, *e*, *o* ; mais
il suffira de parler icy de celui des lettres *l*, *m*, *n*, après *e* et *o*,
pour donner quelque idée de la cause de ce redoublement dans
les mots où la prononciation toute seule n'en avertit pas..... Il y
a deux choses à considérer dans ce redoublement : le lieu où il se

fait et l'effet qu'il produit. Le lieu où il se fait, c'est d'ordinaire immédiatement après la voyelle sur laquelle est le *siége de l'accent*. Mais comme notre langue n'a proprement d'accent que sur la dernière syllabe, dans les mots dont la terminaison est masculine, et sur la penultiéme dans ceux dont la terminaison est feminine, et que les dernières syllabes ne sont pas susceptibles du redoublement des consonnes, ce redoublement, à le regler par le siege de l'accent, n'appartient proprement qu'aux penultiémes syllabes des mots qui ont une terminaison feminine.

« Ainsi *chapelle, chandelle, fidelle, folle, colle, molle, femme, homme, somme, bonne, donne, consonne* et *patronne*, qui ont l'accent sur la penultième, s'escrivent par deux *l*, deux *m* et deux *n*; que si cet accent passe de la penultiéme sur la derniere, alors en quelques mots derivez des précédents, comme dans *chapelain, chandelier, fidélité, feminin, homicide, bonace, donateur, consonance, patronage*, il ne se fait plus de redoublement de consonne et l'usage est en cela entierement fondé sur la raison et sur la regle. Mais en d'autres mots de même et de pareille dérivation, comme *fidellement, nouvellement, follement, donner, sonner, tonner*, le redoublement, qui ne devroit se faire qu'après la voyelle du siege de l'accent, se fait devant : et *l'usage en cela, comme en beaucoup d'autres choses, s'est mis au-dessus des regles*, qu'il observe pourtant d'ordinaire dans la conjugaison des verbes. Car on escrit *ils prennent, ils tiennent, ils viennent*, par deux *n*, parce que le siege de l'accent est sur l'*e* de la penultiéme syllabe; et on escrit par une *n* seule, *nous prenons, nous tenons, nous venons, vous prenez, vous tenez, vous venez*, parce que l'accent qui estoit sur la penultiéme est passé sur la derniere.

« Quant à l'effet que ce redoublement de consonnes produit, il est different, suivant les voyelles après lesquelles il se fait : aprés l'*e*, comme dans *chandelle, fidelle* (1), *fidellement*, il donne à cet *e* la prononciation d'un *e ouvert* et il donne celle d'un *e fermé* à *prennent, tiennent, viennent*, etc. (2).

« A l'égard de l'*e*, cet effet est tout different; car, au contraire, le redoublement de la consonne aprés un *o* sert à le presser de

_____

(1) On a mis depuis l'accent grave, au lieu de la consonne double, à beaucoup de ces mots en *elle*, *il épèle*, *fidèle*, *il gèle*. Mais on n'a pas simplifié la difficulté, car il nous en reste autant en *elle* : *il appelle, belle, chandelle*, etc.

(2) Il semble résulter de ce passage que le docte secrétaire perpétuel prononçait *ils prénent, ils tiénent, ils viénent.*

telle sorte, que comme alors il a moins d'estenduë et de liberté
que quand il n'est suivi que d'une consonne, il reçoit une prononciation plus breve et plus serrée. Ainsi au lieu que dans *mole,*
*role, donne, throne* (1), où l'*o* n'est suivi que d'une seule consonne
et se trouve, pour ainsi dire, plus au large, l'*o* est long et extré-
mement ouvert, il est bref dans *molle, folle, homme, somme, bonne*
et *donne,* où les deux consonnes qui suivent le pressent et le res-
serrent. Mais tout ce qu'on vient de marquer icy est sujet à tant
d'exceptions, que pour donner des regles plus seures, il faut necessairement passer aux exemples particuliers du redoublement
de chaque consonne.

 « *La regle generale que l'Académie françoise a suivie dans l'or-*
*thographe de son Dictionnaire, est de garder les consonnes dou-*
*bles dans les mots françois, lors qu'elles sont doubles dans les mots*
*latins d'où ils viennent;* et cette regle peut suffire pour la plus
part des mots de la langue, à l'égard des personnes qui entendent
le latin; mais comme on escrit icy pour tout le monde, il faut
essayer de donner là-dessus ou des préceptes, ou des exemples,
qui puissent être entendus de tout le monde. »

 Suivent 27 pages très-compactes de préceptes et d'exceptions
pour le redoublement ou le non-redoublement de chacune des
lettres de l'alphabet.

 Malgré le désir qu'on éprouve de saisir quelques lueurs de
principes au milieu de cet amalgame de règles contradictoires, il
est impossible d'en rien conclure, sinon l'impuissance des grammairiens d'alors à débrouiller le chaos orthographique. Qu'est-ce,
en effet, que de constater, d'un côté, que la prosodie française
est complétement différente de la prosodie latine, et d'exiger, de
l'autre, que l'on redouble la consonne en français là où les Latins
l'ont doublée? Comment expliquer, en outre, cette bizarrerie dans
le rôle de la consonne redoublée, de rendre la syllabe qui précède *longue* dans *chandelle* et brève dans *molle?* Bossuet, avec
son esprit lucide et pratique, avait bien raison de demander que
l'Académie s'expliquât en tête du Dictionnaire sur les règles de la
prosodie française : toutes ces inconséquences eussent alors for-

_____

(1) On met aujourd'hui l'accent circonflexe sur ces mots où il suffit à exprimer
l'allongement de la syllabe. Pourquoi écrire, contrairement au latin, les mots
*homme, bonne, donne* par une double consonne ? L'absence de l'accent circonflexe
ne suffirait-elle pas pour indiquer que l'*o* est bref ?

cément disparu, comme l'ont fait la plupart d'entre elles, grâce
à l'introduction des accents et à la suppression d'une partie des
lettres doubles inutiles, opérées par l'Académie lors de la
réforme de 1740. Mais en parcourant les listes données par Regnier, page 111 particulièrement, on voit qu'il nous reste encore
un nombre assez grand de mots où la double consonne qui ne se
prononce pas s'est maintenue pour figurer cette copie servile du
latin, répudiée par l'Académie elle-même, et à laquelle tout le
monde paraît avoir renoncé (1).

Après s'être convaincu de l'inanité des principes orthographiques de Regnier, on s'explique difficilement la sévérité qu'il montre contre les novateurs tant du siècle précédent que de son temps.
La fin de non-recevoir qu'il oppose à toute réforme, si elle eût
été prise au sérieux, nous condamnerait encore à l'écriture vicieuse de 1694.

« Que si, dit Regnier, dans la société civile, il n'est pas permis
aux particuliers de rien changer dans l'*escriture* (2) de leur nom,
sans des lettres du prince, il doit encore moins leur *estre* permis
d'al*t*erer, de leur propre aut*h*orité, la plus*p*art des mots d'une
langue et la plus*p*art des noms de bap*t*esme et des noms des peuples, des provinces, des familles, des societe*z* publiques et des
choses de la Religion.

« Cependant ceux qui en usent de la sorte n'ont pas seulement
tort, en ce qu'ils s'attrib*ü*ent une jurisdiction qui ne leur appartient pas ; ils ont tort encore d'ailleurs, en ce qu'ils abusent du
principe sur lequel ils se fondent, que les lettres étant instituées
pour représenter les sons, l'*escriture* doit se conformer à la prononciation.

« Cette *r*egle *g*enerale a ses exceptions, comme toutes les autres
*r*egles ; et vouloir *r*eformer tout ce qui en est excepté, c'est
comme si un Grammairien, se fondant sur les principes *g*eneraux
de la Grammaire, voul*o*it y reduire toutes les conjugaisons des
verbes irreguliers d'une langue et toutes les façons de parler
qu'un long et constant usage a délivrées de la *servitude de la
syntaxe*.

(1) Nous avons encore *collerette, mollesse, assommant, inaccommodable,
consommation, pommade, bannière, carrosse, garrotter*, etc., comme au temps
de Regnier.

(2) Les lettres *italiques* indiquent les changements ultérieurement apportés à
l'orthographe de Regnier.

« De toutes les langues dont on a connoissance, il n'y en a aucune dont toutes les lettres se prononcent tousjours d'une mesme sorte et où le son des voyelles et des consonnes ne varie souvent, selon les differents mots qu'elles forment, parce qu'il est impossible que les differentes combinaisons des lettres n'apportent de la difference dans le son propre de chaque caractere.

« .... Ce qu'on ne peut trop dire et trop *repeter* à ceux qui, sur des principes specieux, mais mal entendus, veulent de leur aut*h*orité privée *reformer* l'orthographe *françoise*, c'est que l'usage n'a pas moins de droit et de jurisdiction sur la prononciation des mots que sur les mots *mesmes*; et que comme la prononciation de plusieurs mots vient à varier de temps en temps, selon le caprice de l'usage, il faudroit aussi de temps en temps varier l'orthographe des *mesmes* mots, pour en representer la prononciation courante. Ainsi la *reforme* qu'on feroit aujourd'hu*y* pour *adj*uster l'orthographe à la prononciation ne tarderoit gue*res* peut *est*re à avoir besoin d'une autre *reforme*, de *mesme* que celle que *Sylvius*, *Meigret*, *Pelletier* et *Ramus* vouloient introduire. »

Ce dernier paragraphe est parfaitement juste, et les lettres italiques que j'ai placées aux endroits du texte de Regnier que l'Académie a dû corriger par la suite, montrent qu'il est du droit et du devoir des enfants d'améliorer l'héritage de leurs pères.

« Où en seroit-on dans chaque langue, continue Regnier, s'il en falloit reformer les elements sur la difficulté que les enfants auroient à bien retenir la valeur et, comme parlent les Grammairiens, la puissance de chaque caractere et les variations qu'un long usage y a introduites?..... C'est aux enfants à apprendre à lire comme leurs pères et leurs grands-pères ont appris.

« Quant aux estrangers, pourquoy veut-on que la langue françoise fasse à leur égard ce que nulle langue ne fait ni ne doit faire à l'égard de ceux à qui elle est étrangere?... Comme c'est à ceux qui sont estrangers dans un pays à se conformer aux loix et aux coustumes du pays, c'est aussi à ceux qui veulent apprendre une langue qui leur est estrangere à s'assujettir à ses regles et à ses irregularitez. Pourquoy donc changerions-nous en cela nos usages pour les estrangers, qui ne changent les leurs pour personne? et pourquoy ne feront-ils pas à l'égard de nostre langue ce qu'ils font à l'égard des autres et ce que nous essayons tous les jours de faire à l'égard de celles qui nous sont estrangeres ? »

En proclamant cette maxime du *chacun pour soi*, l'abbé Regnier semble faire bon marché de la popularité européenne de nos chefs-d'œuvre littéraires, qui devaient être un jour représentés sur toutes les scènes et traduits dans toutes les langues.

De Grimarest. *Éclaircissemens sur les principes de la langue françoise*. Paris, 1712, in-12.

« Je tiens, dit-il, à l'égard de l'orthographe, entre les anciens et « les modernes. » Aussi les modifications qu'il propose sont-elles modérées. Il répond ainsi à ceux qui voudraient conserver les *s* étymologiques : « Tous les mots où l'on peut supprimer l'*s* viennent-ils du latin ? Et d'ailleurs, ou l'on sait le latin ou on ne le sait pas. S'ils le savent, sera-ce cette lettre supprimée qui les empêchera de reconnaître que *répondre* vient de *respondere*, *hôte* de *hospes* ? Si le lecteur ignore la langue latine, que lui importe ?.... » Il se plaint avec toute raison de ceux qui, de son temps, mettaient des *y* partout.

Le désordre de l'orthographe offrait jusqu'au commencement du dix-huitième siècle de graves inconvénients pour la détermination si importante des noms propres. Ainsi, malgré de patientes investigations, nous ignorons encore la véritable prononciation du nom de famille d'un des plus célèbres imprimeurs de Lyon, écrit tantôt *Rouille*, *Rouillé*, *Roville*. Grimarest cite un écrivain, Touville, inscrivant son nom sur trois écriteaux aux faces de sa maison, tous trois orthographiés différemment : *Touuille*, *Toville*, *Tovville*.

Le P. Gilles Vaudelin, augustin. *Nouvelle Manière d'écrire comme on parle en France*. Paris, Jean Cot et Jean-Baptiste Lamesle, 1713, in-8.

Le bon père augustin, frappé de l'utilité de rendre la langue française accessible aux classes qui n'ont pas de loisirs, a cru résoudre le problème en créant un alphabet phonétique, composé de 13 voyelles et de 16 consonnes. Un trait, nommé aujourd'hui *diacritique*, distingue les valeurs différentes d'une même lettre. Il a ainsi un système de représentation nouveau et plus logique pour les sons *a, an, ai, é, in, i, e, o, on, eu, un, ou, u*. Les consonnes *c, g, h, j, n, l, r, z, s, d, t, v, f, p, b, m*, n'ont subi aucune modification quant à la forme, sauf que *h* a changé de valeur et représente *ch*. S'il n'est pas arrivé à la classification *organique* des

consonnes, qui est une des conquêtes de la philologie moderne,
on voit qu'il y tend. Son écriture occupe notablement moins d'espace que la nôtre, et elle figure mieux les sons.

Mais son système a le même défaut que ceux de ses devanciers, c'est-à-dire d'être impraticable, particulièrement à ceux
mêmes auxquels il le destine, les femmes, les enfants, les pauvres.
Cette addition de traits diacritiques, usitée avec succès à l'époque
où un peuple s'approprie l'alphabet d'un autre peuple sans oser le
compléter, est trop scientifique pour être comprise des personnes
illettrées et retarde l'essor de l'écriture des personnes instruites,
écriture qui doit toujours pouvoir être cursive pour satisfaire aux
besoins qui lui ont donné naissance.

L'abbé G. (Girard, de l'Académie française en 1744). *L'Ortografe française sàns équivoques et dàns ses principes naturels : ou l'art d'écrire
notre langue selon lés lois de la raison et de l'usage, d'une manière
aisée pour lés dames, comode pour lés étrangérs, instructive pour
les provinciaux et nécessaire pour exprimer et distinguer toutes
les diférances de la prononciacion.* Paris, Pierre Giffart, 1716, in-12.

L'abbé Girard est un réformateur modéré et un esprit raisonnable. Malheureusement il n'a pas vu que son système d'accentuation ajoute aux difficultés et aux lenteurs de l'écriture au lieu
de les écarter.

Le Père Buffier, de la Compagnie de Jésus. *Grammaire françoise sur
un plan nouveau, avec un traité sur la prononciation des* E, *etc.*
Paris, 1723, in-8. (La première édition est de 1709.)

Buffier, un de ces jésuites à la raison hardie et profonde, dont cet
ordre célèbre a fourni tant d'exemples, après avoir constaté qu'une
orthographe réformée est suivie par la moitié au moins des auteurs,
cite une centaine de livres notables où elle est observée. Lui-même
embrasse la réforme, non pas avec enthousiasme, mais avec la con-
viction calme qu'elle est « le parti le plus commode, et conséquem-
« ment le plus sage. » « On peut, ajoute-t-il, et l'on doit dire que
certaines langues ont une ortographe beaucoup plus embarassée
et plus dificile que d'autres langues. En éfet, si une langue avoit
précisément autant de caractères divers dans l'écriture que de
sons diférens dans la prononciation, en sorte que chaque caractère
particulier désignât toujours le même son particulier, ce seroit

l'ortographe la plus commode, et, ce semble, la plus naturèle qu'on puisse imaginer. Ainsi, plus une langue s'éloigne de cette pratique, plus son ortographe est incomode et bizare. » « Le françois, dit-il, a une ortographe des plus bizares et des plus malaisées... une même figure de lètre désigne quelquefois cinq ou six sons divers, et un même son est désigné de sept ou huit manières diférentes (1)... Il ne s'agit pas de mettre de l'étymologie dans un portrait, mais de le rendre le plus facile qu'il est possible. » Il s'oppose, du reste, aux réformateurs trop absolus, « attendu, dit-il, « que si l'ortographe n'étoit pas conforme à l'usage, on ne connoî- « troit rien aux figures ou caractéres de létres qui seroient nou- « veaux. C'est ce qui est arrivé à ceux qui ont voulu introduire « une ortographe toute nouvèle; les autres n'y ont rien conçu, « n'en ayant pas l'usage. Ainsi, quand même cette ortographe se- « roit au fond plus parfaite que l'ortographe établie, il seroit ridi- « cule de s'en servir préférablement à la dernière, puisque c'est « comme si l'on vouloit parler à un homme une langue qu'il « n'entend pas, sous prétexte qu'elle est plus parfaite que celle « qu'il entend. »

Il propose, pour apprendre à lire plus promptement et plus exactement, de prêter aux consonnes françaises d'autres noms que ceux qui leur sont donnés par l'usage et qui soient plus conformes aux sons qu'elles expriment dans leur liaison avec les voyelles. Ainsi, au lieu de dire *éfe*, *éme*, *ixe*, etc., on ferait mieux de les appeler simplement *fe*, *me*, *xe*, dont l'*e* serait muet, etc.

Il analyse les diverses modifications que prend le son *e*. Il voudrait que *l* ou *ll* mouillé fût figuré par un signe particulier, le λ. Il remplace les signes binaires *eu*, *ou*, *ch*, *gn*, par ꞷ, ŏ, χ, ñ.

L'*y* lui paraît une forme introduite par les copistes pour figurer *ij* ou le double *i*. L'*y*, dit-il, n'est presque plus d'usage en notre langue que dans les trois ou quatre occasions suivantes : *yeux*, *yvoire*, *yvre* (2).

Voici dans quelle mesure il se montre novateur : il écrit *ortographe*, *atacher*, *létre* (de *litera*), *suposé*, *indiférent*, *dificulté*, *nétement*, *ofrir*, *oposé*, *voyéle*, *néte*, *comode*, *naturéle*, *promètre*, *sience*, *soufrir*, *nouvèle*, *anciéne*, *etimologie*, *afirme*, *consone*, *nazal*, *bizare*; il écrit même *silabe*.

(1) Voir plus loin l'analyse de l'ouvrage de M. Raoux, à la date de 1865.
(2) On l'a maintenu seulement dans *yeux*.

L. PIERRE DE LONGUE. *Principes de l'ortographe françoise, ou ré-flexions utiles à toutes les personnes qui aiment à écrire correcte-ment.* Paris, 1725, in-12.

Dans ce traité très-estimable où sont discutés les principes de l'orthographe française, l'auteur donne l'exemple des améliora-tions qu'on y peut apporter. La manière dont son texte est écrit peut en faire juger dès le début.

« Les homes ne peuvent se contenter dans leurs recherches. Ils voudroient trouver la perfection dans tous les arts, la vérité dans toutes les siences, le souverain bien partout, dans les vertus, dans les vices même; cette agitation continuelle de l'ame ne prouve-t-elle pas l'immortalité ?

« L'ortographe est donc l'art d'écrire correctement et confor-mément aux lois que l'usage établit. Suivant cette définition gé-nérale, cette sience s'étendroit plus loin qu'on ne le croit. Elle comprendroit la LOGIQUE, la RÉTORIQUE, toutes les connoissances qui contribuënt à nous faire bien parler, et conséquemment à nous faire bien écrire. »

Il écrit *silabe, persone, tiran, rebeles, raisonement, stile, pou-roient, Egiptien, hieroglifes, atentifs, amphase, voyèle, ocasion, atention, soufert, dificulté, batu, consone, bibliotèque, acoutumer, suputer, chifre, honète,* etc.

Ch. IRÉNÉE CASTEL, abbé de SAINT-PIERRE, membre de l'Académie fran-çaise. *Projet pour perfectionner l'ortografe des langues d'Europe.* Paris, Briasson, 1730, in-8.

Dans son ardent amour de l'humanité, dans son zèle pour le rap-prochement intellectuel des peuples de notre continent, le bon abbé de Saint-Pierre conçut, près d'un siècle avant Volney, le plan d'une écriture et d'une orthographe applicables à divers peuples de l'Europe. Il ne lui fut pas donné comme à son successeur de trouver le moyen d'approprier l'alphabet latin aux langues de l'Asie dites sémitiques. L'étude comparée des idiomes était à peine ébauchée au commencement du siècle passé. L'ouvrage d'Irénée Castel, faible dans la conception des moyens de représentation phonétique, n'en renferme pas moins des vues ingénieuses et des aperçus qui révèlent la sagacité de l'observateur. Il m'est impos-sible de figurer ici son orthographe, parce que, pour déshabituer l'œil de son lecteur des formes traditionnelles, il écrit alterna-

10

tivement les mots par les différentes lettres qui peuvent en figurer le son. Ce procédé, qu'il considère comme un acheminement à la réforme, est chez lui un système.

« Quel est le but de l'art de l'ortografe, se demande-t-il, de « cet art si beau et si précieux, avec lequel nous pouvons faire en-« tendre nos sons articulés, c'est-à-dire nos paroles, et par consé-« quent nos pensées à ceux qui vivent ou qui vivront et à qui nous « ne pouvons parler? Quelle est la fin de cet art avec le secours du-« quel nos yeux nous servent d'oreilles et notre main nous sert de « langue, de voix, d'articulation, en un mot de prononciation? « Quel est le but de cet art qu'un de nos poëtes nous peint si élé-« gamment en deux vers :

> C'est de Tyr (1) que nous vient cet art ingénieux
> De peindre la parole et de parler aux yeux.

« *Le but de cet art, c'est certainement d'exprimer exactement et* « *sans laisser aucun doute, par un petit nombre de figures simples,* « *faciles à former et à distinguer, tous les mots dont les hommes* « *se servent en parlant.* »

Partant de cette juste définition, l'auteur remarque avec beau-coup de raison qu'il y a un grand inconvénient à conserver dans les langues des lettres qui ne se prononcent pas : si l'enfant, par exemple, s'est accoutumé à prononcer *abbé* comme s'il n'y avait qu'un seul *b*, arrivé à l'étude du latin, il prononcera, en vertu de la logique naturelle de l'esprit, *abas*, au lieu de *abbas*, en ita-lien *abate* au lieu de *abbate*; en même temps, en français, s'il s'est habitué à lire *effet* comme s'il y avait *éfet*, il lira *effrayé*, comme s'il y avait *éfrayé*.

Il recherche les causes des dissidences orthographiques : «Si « dans notre ortographe les François avoient suivi peu à peu et « exactement les changemens qui arrivoient peu à peu dans la pro-« nonciation de quelques mots, notre ortografe d'aujourd'hui se-« roit bien moins imparfaite; mais, sans y faire de réflexion, nous « avons continué à écrire les mêmes mots de la même manière « que nos aïeux, sans songer qu'ils les prononçoient d'une manière « très différente de celle dont nous les prononçons. »

(1) La science moderne a démontré, contrairement au témoignage de la plupart des historiens de l'antiquité, et à l'aide de monuments irrécusables, que l'alpha-bet n'avait pas été inventé par les Phéniciens, et que ceux-ci l'avaient reçu de Babylone ou de Ninive. (*Voir* Noël des Vergers, *l'Étrurie et les Étrusques*, t. III, Appendice sur l'histoire de l'écriture.)

Il a connu, dit-il, des vieillards qui prononçaient je *courois* comme une *couroye*. La prononciation a changé, ne serait-il pas raisonnable de changer également l'écriture? Mais on ne peut le faire que par degrés. L'auteur développe cette dernière nécessité avec beaucoup de force et de raison.

Il résume ainsi les cinq sources de la corruption présente et de la corruption future de l'orthographe et les cinq inconvénients auxquels il se propose de remédier :

« 1° Négligence à suivre dans l'orthografe les changemens qui « arrivent dans la prononciation;

« 2° Négligence à inventer autant de figures qu'il y a de sons et « d'articulations connues;

« 3° Négligence à donner quelques marques aux lettres quand « on les employait à quelque autre fonction qu'à leur fonction « ordinaire;

« 4° Négligence à marquer dans chaque mot les lettres qui ne « s'y prononcent plus;

« 5° Négligence à marquer les voyelles longues. »

Malheureusement, l'abbé de Saint-Pierre, n'ayant pas réfléchi aux nécessités de l'écriture courante et de la typographie, a eu recours pour fixer la valeur des lettres, et comme moyen transitoire, à un système de petits traits placés au-dessus ou au-dessous de la ligne et dont la complication devait rendre sa réforme impraticable.

La Bibliotèque *des enfans, ou les premiers elemens des lettres, contenant le sistême du Bureau tipografique, etc., à l'usage de M*ᵍʳ *le Dauphin et des augustes enfans de France.* Paris, Pierre Simon, 1733, 4 vol. in-4. Avec cette épigraphe :

On surmonte rarement les préjugés de la naissance et de l'éducation.
Saint-Évremond.

Dans cet important ouvrage, la pratique est unie à la théorie, puisqu'il est entièrement imprimé dans le système d'écriture très-simplifié mis au jour par le Bureau typographique. L'alphabet n'y est en rien altéré. On voit que le succès obtenu dans l'enseignement de la jeunesse fut remarquable, car il est consigné dans les actes déposés au greffe de la juridiction de M. le chantre de l'Église de Paris, où on lit :

« Nous, après avoir entendu l'auteur et vu les enfants travailler « audit bureau, aïant examiné le tout avec exactitude, avons jugé « ledit système trés ingénieus, fort propre à avancer la jeunesse

« sans la dégouter et très capable d'oter les epines qui se trou-
« vent, surtout en aprenant aux enfans les premiers elemens.
« C'est pourquoi nous estimons et croyons que monsieur le chan-
« tre peut permettre la pratique de ce sistème et l'exercice du
« bureau tipographique dans les écoles de sa juridiction et
« exhorter les maistres à le pratiquer,. etc. »

On peut juger de ce système d'orthographe dès le début du livre,
que je crois rédigé par Dumas, fondateur du Bureau typographique :

« Bien dès gens s'imaginent que de comancer deus ou trois
« ans plus tot ou plus tard, cela ne sauroit guere influer ni en bien
« ni en mal dans le reste de la vie, ét qu'enfin l'education tardive
« peut mener également à la perfection. C'est là un préjugé que l'i-
« gnorance ét la coutume paroissent n'avoir déjà que trop autorizé ;
« car le dégout de la plupart des écoliers ne vient peut être pas
« moins d'une education tardive que d'un défaut de disposition
« aus lètres. Je pense donc qu'il seroit utile que l'enfant pût lire
« presque aussitot qu'il sait parlér : cela lui doneroit plus de fa-
« cilité dans tous ses exercices. La diférence d'un enfant qui lit à
« trois ans ét de celui qui à peine lit à sèt doit être contée pour
« beaucoup dans la suite des études. Il y a tant de choses à apren-
« dre qu'on ne sauroit comancer trop tôt. » L'auteur cite à ce
propos l'exemple du Tasse : il apprenait la grammaire à trois
ans, et avec un tel succès que son père l'envoya au collége des jésuites à quatre ans.

L'auteur donne des exemples de la multiplicité des manières
dont l'enfant est contraint de figurer un même son :

| *Son* AN. | | *Son* IN. | |
|---|---|---|---|
| *an,* | (*annus*) | *en,* | rien |
| *anc,* | franc | *ens,* | biens |
| *and,* | quand | *ent,* | il vient |
| *ang,* | rang | *ein,* | sein |
| *ham,* | Ham | *eing,* | seing |
| *han,* | hanter | *eint,* | feint |
| *ans,* | dans | *aim,* | faim |
| *ant,* | tant | *ain,* | vain |
| *ants,* | enfants | *ainc,* | il vainc |
| *aen,* | Caen | *aint,* | saint |
| *aon,* | Laon | *ains,* | bains |
| *ean,* | Jean | *im,* | guimpe |
| *em,* | empire | *in,* | vin |
| *emp,* | exemple | *inct,* | instinct |
| *emps,* | temps | *ingt,* | vingt |

| *Son* AN. | | *Son* IN. | |
|---|---|---|---|
| *empt,* | exempt | *ingts,* | quatre-vingts |
| *en,* | ennui | *inq,* | cinq |
| *end,* | il rend | *ins,* | tu vins |
| *ens,* | sens | *int,* | il prévint |
| *ent.* | dent | *ym,* | lymphe |
| *han,* | Rohan | *yn,* | lynx |
| *hen,* | Henri | *eim,* | Reims |
| | | *ain,* | craindre |

Ce précieux ouvrage contient le germe de nombreuses améliorations des méthodes d'enseignement de la langue.

*Le Précepteur, c'est-à-dire huit traités, savoir une grammaire fran-
cèse, une ortografe francèse*, etc. 1750, in-4.

L'auteur de ce livre destiné à l'instruction de la jeunesse se prononce pour l'orthographe conforme à la prononciation, et il conseille de s'avancer progressivement dans cette voie par des réformes partielles.

« Autrefois, dit-il (p. 33), la prononciation des mots et l'ortografe
étoient conformes; la prononciation a changé, elle est devenuë
plus douce et plus polie : l'ortografe est presque demeurée dans
le même état; il faut donc l'ajuster à la prononciation peu à peu,
autant qu'il sera possible. »

Et plus loin (p. 55) :

« On perfectionne tous les jours les sciences et les ars, pourquoi
s'obstine-t-on à ne vouloir pas perfectionner l'ortografe francèse,
qui est si nécessaire, si utile et si en usage : tout le monde reçoit
avidement toutes les modes nouvelles de s'abiller, de se meubler,
de bâtir, d'agir, quoique mauvaises et embarassantes, pourquoi
refuse-t-on de recevoir une nouvelle manière d'écrire plus raiso-
nable et plus avantageuse que la vieille? »

Dans les *Règles particulières de l'ortografe francèse*, il s'attache
au système proposé par Richelet, qu'il appelle *le chef des réformateurs de l'ortografe*, qui *consulte plutôt la prononciation que
l'élimologie*.

A ce propos, il dit :

« Quant une coutume est mauvaise, pernicieuse, il faut la quitter, quoique cela soit difficile, parce que cette coutume est un
abus; c'est là une maxime reçue de tous les omes. »

Il supprime les lettres doubles qu'on ne prononce pas ; p. ex. : *acabler, épé, aler, arèt ;*

Les consonnes finales muettes ; p. ex. : *blan, canar ;*

Il omet l'*e* devant l'*a ;* p. ex. : *bau, Jan,* et *o* devant *eu ;* p. ex. : *euf, euvre.*

Il retranche l'*r* final de tous les noms terminés en *er* et *ier,* sauf les verbes et les mots dont l'*r* final se lie au mot suivant commençant par une voyelle ; p. ex. : *charbonié, premier ome.*

Il supprime le *s* devant le *c* ; p. ex. : *acendant ;* il abandonne aussi le *h* étymologique et le trait d'union.

*Grammaire générale et raisonnée, contenant les fondemens de l'art de parler, expliqués d'une manière claire et naturelle ; les raisons de ce qui est commun à toutes les langues, et des principales différences qui s'y rencontrent ; et plusieurs remarques nouvelles sur la langue françoise. Nouvelle édition.* Paris, Prault fils, 1756, pet. in-8.

Ce traité, connu sous le nom de *Grammaire de Port-Royal,* et dont il est déjà parlé page 123, est enrichi dans cette édition des excellentes remarques de Duclos, secrétaire perpétuel de l'Académie française.

Ce livre si remarquable, et dont le temps n'a pas encore altéré la valeur, contient dans son texte quelques idées de réforme justes bien qu'un peu timides. Après avoir constaté l'utilité, dans certains cas, d'une orthographe fondée sur l'étymologie, MM. de Port-Royal ajoutent : « Voilà ce qu'on peut apporter pour excuser « la diversité qui se trouve entre la prononciation et l'écriture ; « mais cela n'empêche pas qu'il n'y en ait plusieurs qui se sont « faites sans raison et par la seule corruption qui s'est glissée « dans les langues. Car c'est un abus d'avoir donné, par exemple, « au *c* la prononciation de l'*s* avant l'*e* et l'*i* ; d'avoir prononcé au- « trement le *g* devant ces deux mêmes voyelles que devant les au- « tres ; d'avoir adouci l'*s* entre deux voyelles ; d'avoir donné aussi « au *t* le son de l'*s* avant l'*i* suivi d'une autre voyelle, comme « *gratia, actio, action....*

« Tout ce que l'on pourroit faire de plus raisonnable seroit de « retrancher les lettres qui ne servent de rien ni à la prononcia- « tion, ni au sens, ni à l'analogie des langues, comme on a déjà « commencé de faire ; et conservant celles qui sont utiles, y mettre « des petites marques qui fissent voir qu'elles ne se prononcent

« point, ou qui fissent connoître les diverses prononciations d'une
« même lettre. Un point au-dedans ou au-dessous de la lettre pour-
« roit servir pour le premier usage, comme *temps*. Le *c* a déjà sa
« cédille, dont on pourroit se servir devant l'*e* et devant l'*i*, aussi
« bien que devant les autres voyelles. Le *g* dont la queue ne seroit
« pas toute formée pourroit marquer le son qu'il a devant l'*e* et
« devant l'*i*. Ce qui ne soit dit que pour exemple. »

Duclos, aussi bon grammairien que Du Marsais, et philosophe
comme lui, mais encore plus hardi, a inauguré sa réforme orthographique dans ses remarques jointes en petit caractère à
cette même grammaire. Voici le passage où il explique lui-même
ses idées :

« Je crois devoir à cète ocasion rendre conte au lecteur de la
« diférence qu'il a pu remarquer entre l'ortografe du texte et cèle
« des remarques. J'ai suivi l'usage dans le texte, parce que je n'ai
« pas le droit d'y rien changer; mais dans les remarques j'ai un peu
« anticipé la réforme vers laquèle l'usage même tend de jour en
« jour. Je me suis borné au retranchement des lètres doubles
« qui ne se prononcent point. J'ai substitué des *f* et des *t* simples
« aus *ph* et aus *th* : l'usage le fera sans doute un jour par-tout
« comme il a déjà fait dans *fantaisie, fantóme, frénésie, tróne, tré-*
« *sor* et dans quantité d'autres mots.

« Si je fais quelques autres légers changemens, c'est toujours
« pour raprocher les lètres de leur destination et de leur valeur.

« Je n'ai pas cru devoir toucher aux fausses combinaisons de
« voyèles, tèles que les *ai, ei, oi*, etc., pour ne pas trop éfarou-
« cher les ieus. Je n'ai donc pas écrit *conétre* au lieu de *conoître,*
« *francès* au lieu de *françois, jamès* au lieu de *jamais, frèn* au
« lieu de *frein, pène* au lieu de *peine*, ce qui seroit pourtant plus
« naturel. Je n'ai rien changé à la manière d'écrire les nasales,
« quelque déraisonable que notre ortografe soit sur cet article.
« En éfet, les nasales n'ayant point de caractères simples qui en
« soient les signes, on a u recours à la combinaison d'une voyèle
« avec *m* ou *n*; mais on auroit au moins du employer pour chaque
« nasale la voyèle avec laquèle èle a le plus de raport; se servir,
« par exemple, de l'*an* pour l'*a* nasal, de l'*en* pour l'*e* nasal... L'*e*
« nasal est presque toujours écrit par *i, ai, ei* : *fin, pain, frein*, etc.,
« au lieu d'y employer un *e*. Je ne manquerois pas de bonnes rai-
« sons pour autoriser les changemens que j'ai faits et que je ferois
« encore, mais le préjugé n'admet pas la raison. »

Douchet, avocat au Parlement et ancien professeur royal de langue latine. *Principes généraux de l'orthographe françoise avec des remarques sur la prononciation.* Paris, P.-F. Didot, 1762, in-8.

Douchet est un écrivain de mérite. Après la mort de Du Marsais, il fut chargé, de concert avec Beauzée, de la continuation des articles de la partie grammaticale de l'Encyclopédie.

Ses remarques, nouvelles à l'époque où il les écrivait, sont pour la plupart acquises aujourd'hui à la grammaire. Tel est son chapitre sur les caractères prosodiques. J'en extrairai cependant un passage dans lequel il propose une solution à l'imperfection de notre orthographe dans le redoublement des consonnes.

« L'*e* muet n'indique, dit-il, qu'une certaine quantité de nos voyelles longues (ex. j'*emploierai*); l'accent circonflexe ne fait connoître que celles qui étoient autrefois suivies d'un *s*, ou que l'on redoubloit pour en marquer la longueur (*tempête*, au lieu de *tempeste*, *rôle* au lieu de *roole*); il en reste encore un grand nombre, ou qui sont sans marque distinctive (*vase*, *bise*, *rose*, *ruse*), ou qui sont suivies d'une consonne redoublée, qui est la marque des voyelles brèves, autre vice encore plus considérable, comme dans les mots *tasse*, *manne*, *flamme*, *fosse*, *professe*, etc. C'est une autre espèce d'imperfection dans notre orthographe. Il seroit aisé de parer à ces inconvénients : ce seroit, ou de marquer ces voyelles longues par un trait horizontal, ou d'étendre encore ici l'usage de l'accent circonflexe. Par ce moyen, toutes les équivoques seroient levées, toutes les voyelles longues seroient fixées et déterminées, et la quantité, cette partie si importante de la prosodie, seroit indiquée d'une manière simple, précise et régulière : on pourroit même alors la trouver et l'apprendre par l'écriture.

« Un autre avantage qui en résulteroit encore, c'est que la réduplication des consonnes, ce système si vague, si forcé, si rempli d'exceptions, que l'on prétend que nos pères ont imaginé pour indiquer les voyelles brèves (1), deviendroit absolument inutile, parce que toutes les voyelles longues étant décidées, on n'auroit plus besoin d'un autre signe pour désigner les brèves : elles seroient suffisamment distinguées par la raison qu'elles n'auroient point la marque des longues. A l'égard des communes, c'est-à-dire des voyelles qui sont longues ou brèves à volonté, ou elles n'auroient point de signe distinctif, ou on leur appliqueroit la marque

---

(1) Voir plus haut l'analyse de la Grammaire de Regnier Des Marais, p, 136.

usitée en grec et en latin. On pourroit ainsi supprimer la consonne que l'on n'a introduite que pour avertir que la voyelle précédente est brève. On ne la laisseroit subsister que dans les mots où elle est nécessaire, quand il faut la redoubler dans la prononciation, comme dans *inné, erreur, illustre, immense,* etc. »

Douchet propose, après Port-Royal et d'autres grammairiens, l'emploi du *t* cédille dans les substantifs *portions, rations,* etc., comme signe de distinction d'avec les verbes *portions, rations.*

Dans le chapitre III, *des Caractères étymologiques,* l'auteur s'occupe des variations du *ph,* du *ch* et de l'esprit rude (*h*) en français. « Ces variations sont une nouvelle source de difficultés pour notre orthographe. De ces doubles caractères, le *ch* est celui qui cause le plus d'embarras dans notre langue : non-seulement il varie dans l'écriture, il varie encore dans la prononciation. On le prononce à la françoise dans *chérubin, chirurgien, Archimède,* et il a la valeur du *k* dans *orchestre, chiromancie, Archélaüs.* De là ces incertitudes sur la prononciation de certains mots, tels que *Chersonese, Acheron,* où les uns prononcent le *ch* comme dans *chérubin* et les autres comme dans *orchestre.* On pourroit encore aisément obvier à ces difficultés. On laisseroit subsister le *c* dans tous les mots où l'usage l'a introduit à la place du *ch,* comme dans *carte, corde, colere,* etc., on supprimeroit le *ch* dans les autres mots où il s'articule comme le *k,* et on le remplaceroit par cette figure. Ainsi l'on écriroit *orkestre, Arkélaüs, kiromancie, kirographaire.* »

(L'abbé CHERRIER.) *Équivoques et bizareries de l'orthographe françoise, avec les moiens d'y remédier.* Paris, Gueffier fils, 1766, in-12.

L'auteur, après avoir exposé les raisons qui militent en faveur d'une réforme et les causes qui ont fait échouer les tentatives antérieures à la sienne, établit ainsi les changements qu'il croit devoir opérer :

« Plusieurs ont estimé qu'il falloit entendre ces marques propo-
« sées dans la Grammaire de P. R. de celles qui sont déja usitées
« sur certaines lettres, en sorte qu'il ne s'agiroit que de les adapter
« à d'autres : et c'est le sentiment que j'ai cru devoir suivre. C'est
« pourquoi je propose, par exemple, d'après un habile académicien
« (le P. Girard), de mettre une cédille ou petit *c* renversé sous le *t*
« ramoli, come on en a mis une avec succès sous le *c* pour le ra-

« doucir. J'ai emprunté des bons grammairiens toutes les idées
« qu'ils ont fournies dans ce gout. Je les ai etendues ou j'y ai
« ajouté les miènes, et quoique ces petites marques soient pure-
« ment arbitraires dans leur origine, j'ai observé qu'une fois eta-
« blies, elles doivent ordinairement, et autant qu'il est possible,
« avoir un même effet partout où on les applique. Par exemple,
« l'*accent grave* sert à distinguer les *è* ouverts : aussi l'ai-je mis sur
« la voïièle composée ou fausse diphtongue *ai* quand elle se pro-
« nonce en ouvrant fort la bouche. Au contraire, l'*accent aigu* sert
« à faire conoître les *é* fermés ; aussi l'ai-je emploiié sur cette
« voïièle-composée *ai*, lorsqu'elle se prononce en fermant un peu
« la bouche. Le *point* accompagne toujours l'*i* et je l'ai placé sur
« les *i* et sous les *l* qui sonent presque come des *i*. J'ai eté plus
« embarassé pour l'*x*, parce qu'il n'est pas facile de rendre ses
« marques surajoutées analogues à toutes les différentes articula-
« tions de cette consone : c'est pourquoi j'ai pris le parti de la bor-
« ner à son ancien usage, savoir de ne l'emploiier que quand elle
« s'articule come *cs* ou *gz*, en y mettant néanmoins encore quel-
« que différence. »

Il met un point au-dessous de l'*h* aspiré : un *ḥéros*, un point au
*ch* qu'il appelle gras : un *archiduc*, l'*s* radoucie est marquée par
une cédille : *batiṣer*, l'*l* mouillée par un point : *fiḷḷe*. Il supprime la
consonne finale muette à *baril*, *chenil*, *coutil*, *fusil*, *outil*, *persil*,
*saoul*, *sourcil*.

*Manière d'étudier les langues.* Paris, Saillant, 1768, in-12.

L'auteur de cet ouvrage est un esprit sage, et les méthodes qu'il
indique se rapprochent de celles de Locke.

Quant à l'orthographe, il s'exprime ainsi :

« Nous avons des regles générales pour l'orthographe; mais la
plupart sont si obscures, si compliquées, et modifiées par tant
d'exceptions, qu'il est difficile aux jeunes gens de les retenir.
D'ailleurs, il ne suffit pas, pour l'orthographe usuelle dont nous
parlons, de pouvoir en examiner les regles, mais bien de trouver
la manière d'écrire les mots correctement : la rapidité de l'écriture
ne donne pas le loisir de faire cet examen. Il faut qu'avec le mot la
manière de l'écrire se présente sur-le-champ à l'esprit, sans aucune
réflexion.

« On emploie communément une méthode meilleure ; on fait copier des livres imprimés, et l'attention qu'on donne, en copiant, à chacune des lettres dont le mot est composé le grave plus profondément à l'esprit.....

« Les mots, tels qu'on les a lus, restent gravés dans la mémoire ; lorsque dans la suite on les emploie en écrivant, on les copie sur cette image. »

L'exposition de ce système prouverait que les difficultés de l'orthographe sont telles qu'il faut apprendre à connaître les mots par leur configuration, comme pour la LANGUE CHINOISE.

*De l'orthographe, ou des moyens simples et raisonnés de diminuer les imperfections de notre orthographe, de la rendre beaucoup plus aisée, etc., pour servir de supplément aus diférentes éditions de la Grammaire française de M. de Wailly.* Paris, Barbou, 1771, in-12.

Dans cet écrit fort sage, l'auteur constate la nécessité d'améliorer successivement l'orthographe et de la simplifier. Il se refuse à l'introduction de lettres nouvelles, comme l'ont fait des réformateurs trop hardis, qu'il traite de *ridicules.* Mais nous ne tirons pas, selon lui, de nos accents tout l'usage que nous pourrions en obtenir. Il désire surtout le retranchement de toute lettre double sans valeur phonique. « Les personnes, dit-il, qui voient ces lè-« tres sans valeur sont arêtées dans leur lecture, parce que dans « certains mots on les prononce, tandis que dans d'autres sem-« blables, èles n'ont aucun son. Cète bisarerie de notre orthogra-« phe est cause qu'il n'y a peut-être pas deux ouvrages qui soient « par-tout orthographiés de même. Cette variété fait perdre beau-« coup de tems aux compositeurs dans les imprimeries, aux gens « de lètres qui font imprimer leurs ouvrages ; en un mot, à tous « ceux qui veulent orthographier et prononcer correctement la « langue française.

« Cette orthographe que nous apelons nouvèle était, selon une « judicieuse remarque de l'auteur, celle de nos plus anciens écri-« vains, de presque tous les auteurs des xie et xiie siècles. »

DU MARSAIS. *Des Tropes ou des diférens sens dans lesquels on peut prendre un même mot dans une même langue.* Troisième édition. Paris, Prault, 1775, in-12. (La première édition est de 1730.)

« La prononciation, c'est un *usage ;* l'écriture, c'est un *art.* Tout art a sa fin et ses principes, et nous sommes en droit de représenter, à propos de l'écriture, qu'on ne suit pas les principes de l'art, qu'on n'en remplit pas la fin, et qu'on ne prend pas les moyens propres pour arriver à cette fin.

« Il est évident que notre alphabet est défectueux, en ce qu'il n'a pas autant de caractères que nous avons de sons dans notre prononciation. Ainsi, ce que nos pères firent autrefois, quand ils voulurent établir l'art d'écrire, nous sommes en droit de le faire aujourd'hui pour perfectionner ce même art, et nous pouvons inventer un alphabet qui rectifie tout ce que l'ancien a de défectueux.

« L'écriture n'a été inventée que pour indiquer la prononciation ; elle ne doit que peindre la parole, qui est son original ; elle ne doit pas en doubler les traits, ni lui en donner qu'elle n'a pas, ni s'obstiner à la peindre à présent telle qu'elle était il y a plusieurs siècles. »

D'Alembert énonce ainsi son opinion sur l'ouvrage de Du Marsais : « Tout mérite d'être lu dans le *Traité des tropes*, jusqu'à « *l'errata* ; il contient des réflexions sur notre orthographe, sur « ses bizarreries, ses inconséquences et ses variations. On voit « dans ces réflexions un écrivain judicieux, également éloigné de « respecter superstitieusement l'usage et de le heurter en tout « par une réforme impraticable. » (*Éloge de Du Marsais*, dans le t. VII de l'*Encyclopédie.*)

Voici cet errata dont parle d'Alembert (1) :

« Je ne crois pas qu'il y ait de fautes typographiques dans cet ouvrage par l'atention des imprimeurs, ou, s'il y en a, elles ne sont pas bien considérables. Cependant, come il n'y a point encore en France de manière uniforme d'orthographier, je ne doute pas que chacun, selon ses préjugés, ne trouve ici un grand nombre de fautes.

« Mais, 1° mon cher lecteur, avez-vous jamais médité sur l'orthographe? Si vous n'avez point fait de réflexions sérieuses sur cette partie de la Grammaire, si vous n'avez qu'une orthographe de hazard et d'habitude, permettez-moi de vous prier de ne point vous arêter à la manière dont ce livre est orthographié, vous vous y acoutumerez insensiblement.

---

(1) Je crois que l'errata dont parle d'Alembert ne se trouve que dans cette édition que je possède. On a eu grand tort de le supprimer dans les éditions postérieures.

« 2º Ètes-vous partisan de ce qu'on apèle anciène orthographe? Prenez donc la peine de mettre des lettres doubles qui ne se prononcent point, dans tous les mots que vous trouverez écrits sans ces doubles lettres. Ainsi, quoique selon vos principes il faille avoir égard à l'étymologie en écrivant, et que tous nos anciens auteurs, tels que Villehardouin, plus proches des sources que nous, écrivissent home de *homo*, persone de *persona*, honeur de *honor*, doner de *donare,* naturéle de *naturalis,* etc., cependant ajoutez un *m* à *homo* et doublez les autres consones, malgré l'étymologie et la prononciation, et donez le nom de novateurs à ceux qui suivent l'anciène pratique.

« Ils vous diront peut-être que les lettres sont des signes, que tout signe doit signifier quelque chose, qu'ainsi une lettre double qui ne marque ni l'étymologie ni la prononciation d'un mot est un signe qui ne signifie rien, n'importe : ajoutez-les toujours, satisfaites vos yeux, je ne veux rien qui vous blesse, et pourvu que vous vous doniez la peine d'entrer dans le sens de mes paroles, vous pouvez faire tout ce qu'il vous plaira des signes qui servent à l'exprimer.

« Vous me direz peut-être que je me suis écarté de l'usage présent : mais je vous suplie d'observer :

1. Que je n'ai aucune manière d'écrire qui me soit particulière et qui ne soit autorisée par l'exemple de plusieurs auteurs de réputation.

« 2. Le P. Bufier prétend même que le grand nombre des auteurs suit aujourd'hui la nouvèle orthographe, c'est-à-dire qu'on ne suit plus exactement l'anciène. *J'ai trouvé la nouvelle orthographe,* dit-il (Grammaire française, p. 388), *dans plus des deux tiers des livres qui s'impriment depuis dix ans.* Le P. Bufier nome les auteurs de ces livres. Le P. Sanadon ajoute que depuis la suputation du P. Bufier le nombre des partisans de la nouvèle orthographe *s'est beaucoup augmenté et s'augmente encore tous les jours* (*Poësies d'Horace,* préface, p. XVII). Ainsi, mon cher lecteur, je conviens que je m'éloigne de votre usage; mais, selon le P. Bufier et le P. Sanadon, je me conforme à l'usage le plus suivi.

« 3. Ètes-vous partisan de la nouvèle orthographe? vous trouverez ici à réformer.

« Le parti de l'anciène orthographe et celui de la nouvelle se subdivisent en bien des branches : de quelque côté que vous soyez, retranchez ou ajoutez toutes les lettres qu'il vous plaira, et ne me condânez qu'après que vous aurez vu mes raisons dans mon *Traité de l'ortographe* (sic). »

BEAUZÉE, de l'Académie française. Articles ORTHOGRAPHE et surtout NÉOGRAPHISME dans l'*Encyclopédie méthodique* de Panckoucke, Grammaire et littérature, t. II, Paris, 1789, in-4.

Beauzée, après avoir donné, dans l'article ORTHOGRAPHE, le résumé de l'argumentation en faveur de l'écriture étymologique qu'il devait si fortement ébranler lui-même, a défendu avec une grande supériorité de raison et d'éloquence la nécessité d'une réforme modérée, en avouant en toute bonne foi sa récente conversion au principe de la néographie.

Voici un extrait de ce qu'il avait dit en faveur de l'étymologie :

« Si l'orthographe est moins sujette que la voix à subir des changements de forme, elle devient par là même dépositaire et témoin de l'ancienne prononciation des mots; elle facilite ainsi la connaissance des étymologies.

« Ainsi, dit le président de Brosses, lors même qu'on ne retrouve
« plus rien dans le son, on retrouve tout dans la figure avec un
« peu d'examen..... Exemple. Si je dis que le mot françois *sceau*
« vient du latin *sigillum*, l'identité de signification me porte d'a-
« bord à croire que je dis vrai ; l'oreille, au contraire, me doit faire
« juger que je dis faux, n'y ayant aucune ressemblance entre le
« son *so* que nous prononçons et le latin *sigillum*. Entre ces deux
« juges qui sont d'opinion contraire, je sais que le premier est le
« meilleur que je puisse avoir en pareille matière, pourvu qu'il
« soit appuyé d'ailleurs ; car il ne prouveroit rien seul. Consultons
« donc la figure, et, sachant que l'ancienne terminaison françoise
« en *el* a été récemment changée en *eau* dans plusieurs termes, que
« l'on disoit *scel* au lieu de *sceau* et que cette terminaison ancienne
« s'est même conservée dans les composés du mot que j'examine,
« puisque l'on dit *contrescel* et non pas *contresceau*, je retrouve
« alors dans le latin et le françois la même suite de consonnes ou
« d'articulations : *sgl* en latin, *scl* en françois, prouvent que les
« mêmes organes ont agi dans le même ordre en formant les deux
« mots : par où je vois que j'ai eu raison de déférer à l'identité
« du sens, plus tôt qu'à la contrariété des sons. »

« Ce raisonnement étymologique me paroît d'autant mieux fondé, reprend Beauzée, et d'autant plus propre à devenir universel, que l'on doit regarder les articulations comme la partie essencielle des langues, et les consonnes comme la partie essencielle de leur orthographe. »

Après avoir ainsi exposé les motifs en faveur de l'écriture étymologique, le savant académicien prend la défense du néographisme auquel il s'était montré d'abord opposé :

« On peut aisément abuser, dit-on, du principe que les lettres étant instituées pour représenter les éléments de la voix, l'écriture doit se conformer à la prononciation.

« Oui, sans doute, on peut en abuser ; car de quoi n'abuse-t-on pas ? N'a-t-on pas abusé à l'excès de cette déférence même que l'on prétend due à l'usage sans restriction ? et cet abus énorme n'est-il pas la source de toutes les bizarreries qui rendent notre orthographe et l'art même de lire notre langue si difficiles, que les deux tiers de la nation ignorent l'un et l'autre ? On peut donc abuser, j'en conviens, du principe que Quintilien lui-même approuvoit, et qu'il a énoncé d'une manière si précise (*Inst. orat.*, liv. I, vij) : *Ego sic scribendum quidque judico quomodo sonat ; hic enim usus est litterarum, ut custodiant voces et velut depositum reddant legentibus;* mais il est possible aussi d'en user avec sagesse, avec discrétion et surtout avec avantage ; il est possible d'adopter, d'après les caractères autorisés légitimement par l'usage, un système d'orthographe plus simple, mieux lié, plus conséquent..... J'oserai donc ici, sur l'autorité du sage Quintilien, proposer l'esquisse d'un système d'orthographe, dans lequel je crois avoir réuni toutes les qualités exigibles, sans y laisser les défauts qui déshonorent notre orthographe actuelle. »

Voici l'analyse de ce système :

1° Beauzée supprime la consonne redoublée dans l'écriture quand elle ne se fait pas sentir dans la prononciation : il écrit *abé, acord, adoné, afaire, agresseur, tranquile, home, persone. suplice, noûriture, atentif.*

2° Il marque, dans les terminaisons des mots, l'*e* d'un signe différent quand la lettre qui suit se prononce par *è* ; quand l'*n* qui suit est nasal par *é* ; et d'un accent circonflexe pour en faire un *a* nasal, laissant l'*e* nu s'il est muet. Exemples : *Jérusalèm, abdomèn, Pémbroc, Agén,* il *conviént,* il *pressént, émpire, éncore,* ils *aimoient* ils *convient,* ils *pressent.*

3° Il distingue ainsi par l'accentuation les mots suivants :

| Sans accent grave. | Avec accent grave. |
|---|---|
| plomb | radoub |
| les échécs | un échèc |
| nid | David |
| sang | joùg |
| fusil | fìl |
| cul | recùl |
| nom | Jérusalèm |
| ancién | abdomèn |
| drap | càp |
| aimer | amèr |
| se fier | fièr (adj.) |
| vertus | Brutùs, |
| réparés | Cérès |
| il subit | subìt (adj.) |
| complot | la dòt |
| Jésus-Christ | le Chrìst |

Si le mot était, comme *abcés*, *procés*, terminé par *è* et *s* qui ne se prononce pas, il remplace l'*è* par l'*é*. Ex. : *congrés*, *décés*.

4° Il propose pour le même motif d'écrire *àmmonite, Èmmanuèl, ìmmobile, ànnuìté, triènnal, ìnné, àmnistie, sòmnambule, àllusion, ìllégal, còllateur.*

5° On pourrait écrire, à la manière espagnole, *émall* au lieu de *émail*, *vermèll* au lieu de *vermeil*, *périll* au lieu de *péril*, *seull* au lieu de *seuil*, *fenoull* au lieu de *fenouil*, etc.

Si l'on ne prononce qu'un *l* et qu'il ne soit pas mouillé, on n'en écrira qu'un : *tranquile, mortèle, rebèle*, une *vile, vilage*, etc.

6° Les monosyllabes *ces, des, les, mes, ses, tes* porteraient l'accent aigu pour qu'on pût les distinguer de la dernière syllabe des mots *actrices, mondes, mâles, victimes, chaises, dévotes*.

On écrirait de même : *bléd, cléf, pluriél, piéd*.

7° Il propose l'accent grave dans les cas suivants : *Ècbatane, pèctoral, hèptagone, cèrveau, èscroc, èspace*, etc. Et de même : *cèle, musète, anciène*, qu'ils *viènent*.

8° L'accent circonflexe qui sert à allonger la syllabe dans *prêtre, extrême*, ne doit pas être reproduit dans les composés, *prétrise, extrémité* (1).

9° On devrait écrire *àgnat, àgnation, àgnatique, ìgné, ìgnicole, ìgnition, cògnat, cògnation, stàgnation, stàgnant*.

_____

(1) Ce principe devrait être observé dans tous les cas.

10° Il propose aussi d'employer l'accent grave dans les mots suivants : *lingùal, le Gùide,* le duc de *Gùise, aigùiser, aigùille, aigùe, contigùe, éqùateur, liqùéfaction, éqùestre, quinqùagésime* pour distinguer le son de *gu* et *qu* de celui qu'il a dans *anguille, liquéfier.* Il propose aussi *argüér, ambiguïté, contiguïté.*

L'auteur donne ensuite des préceptes pour l'emploi du tréma; la plupart n'ont pas prévalu.

« 14° Les deux caractères *ch* se prononcent quelquefois en sifflant comme dans *méchant,* et quelquefois à la manière du *k* comme dans *archange.* Il étoit aussi aisé de lever l'équivoque qu'il est surprenant qu'on n'y ait point pensé : la cédille étant faite pour marquer le sifflement, il n'y avoit qu'à écrire *çh* pour marquer le sifflement, et *ch* pour le son guttural : *méçhant, monarçhie, arçhevéque, marçhons, çherçheur,* en sifflant ; *archange, archiépiscopat, archonte, chœur,* avec le son dur (1).

« Grâce à cette légère correction, on pourrait conserver l'analogie entre *monarçhie* et *monarche.* »

15° En vertu du même principe Beauzée propose le *h* avec cédille quand cette lettre est aspirée. « Cela ne feroit pas un grand embarras dans l'écriture, et les imprimeurs seroient sans doute assez honnêtes pour faire fondre des *h* cédillées en faveur de l'amélioration de notre orthographe : plus on facilitera l'art de lire, plus aussi on multipliera les lecteurs et par conséquent les acheteurs de livres. »

16° « J'en dirois autant des *t* cédilles pour le cas où cette lettre représente un sifflement. N'est-il pas ridicule d'écrire avec les mêmes lettres, nous *portions* et nos *portions,* nous *dictions* et les *dictions,* et une infinité d'autres ? Cette simple cédille, en faisant disparoître l'équivoque dans la lecture, laisseroit subsister les traces de l'étymologie et seroit bien préférable au changement qu'on a proposé du *t* en *c* ou en *s.*

17° « L'analogie, si propre à fixer les langues, à les éclairer, à en faciliter l'intelligence et l'étude, conseille encore quelques autres changemens très-utiles dans notre orthographe, parce qu'ils sont

(1) Le nombre des mots dérivés du grec écrits encore par *ch* prononcé comme *k*, étant très-minime, puisque la plupart ont déjà perdu le *h*, la combinaison ingénieuse de Beauzée devient inutile du moment que l'on accepterait ce que j'ai proposé. (Voyez ci-dessus, p. 15.)

fondés en raison, que l'usage contraire est une source féconde
d'inconséquences et d'embarras, et qu'il ne peut résulter de ces
corrections aucun inconvénient réel.

« Le premier changement seroit de retrancher des mots radicaux la consonne finale muette, si elle ne se retrouve dans aucun des dérivés : pourquoi, en effet, ne pas écrire *rampar* sans
*t* et *nœu* sans *d*, puisqu'on ne forme du premier que *remparer*
et du second *nouer, dénouer, dénoûment, renouer, renoueur, re-*
*noûment,* où ne paroissent point les consonnes finales des radicaux (1) ?

« Le second, de changer cette consonne ou dans le radical ou
dans les dérivés, si elle n'est pas la même de part et d'autre, et
que la prononciation reçue ne s'oppose point à ce changement.
L'usage, par exemple, a autorisé *absous, dissous, résous* au masculin, et *absoute, dissoute, résoute* au féminin : inconséquence
choquante, mais dont la correction ne dépend pas d'un choix libre ;
le *t* se prononce au féminin et la lettre *s* est muette au masculin.
Écrivons donc *absout, dissout, résout*. Au lieu d'écrire *faix, faux,*
*heureux, roux,* écrivons avec l's : *fais, faus, heureus, rous,* à cause
des dérivés *affaissement, affaisser, fausse, faussement, fausseté,*
*fausser, heureuse, heureusement, rousse, rousseur, roussir.* Une
analogie plus générale demande même que l'on change *x* partout
où cette lettre ne se prononce pas comme *cs* ou *gz* et qu'on écrive
*Aussère* (ville), *Brussèles* (ville), *soissante, sizième, sizain, dizième,*
comme on écrit déjà *dizain* et *dizaine.* Il faut écrire aussi les *lois,*
de la *pois,* la *vois,* des *pous,* les *fous, ceus,* les *vœus,* etc., et ne
laisser à la fin des mots que les *x* qui s'y prononcent comme dans
*borax* et *Styx.*

« Il est d'usage d'écrire *dépôt, entrepôt, impôt, supôt,* avec un *t*
inutile et un accent que réclame, dit-on, une *s* supprimée : eh ! sup-
primons, au contraire, ce *t* inutile et rétablissons l's réclamée
d'ailleurs avec justice par les dérivés *déposant,* etc., *entrepo-*
*seur,* etc., *imposant,* etc., *suposition, supositoire,* etc., et nous
écrirons *dépos, entrepos, impos, supos,* comme nous avons déjà
par la même analogie *dispos, propos,* et *repos...* Il est d'usage
d'écrire *nez* avec un *z* et les dérivés avec s, *nasal, nasalité,*
*nasard, nasarde, nasarder, naseau, nasillard, nasiller* : il faut

---

(1) L'Académie a adopté depuis les mots *nodus* et *nodosité.* Ce dernier ne figure
qu'à la cinquième édition.

choisir et mettre *z* dans les dérivés comme dans le radical, ou *s* dans le radical comme dans les dérivés. Ce dernier parti est le plus sûr.

«... Nous avons *courtisan, courtisane, courtiser, courtois*, etc., qui viennent de *cour*. Reprenons l'usage de nos pères, qui écrivoient *court* du latin *cors, cortis* (basse-court), d'où viennent le *corte* des Espagnols, le *corteggio* des Italiens et notre mot *cortége*. En restituant ce caractère d'étymologie, objet si précieux pour les amateurs, nous rétablirons les droits raisonnables et bien plus utiles de l'analogie.

« Un quatrième principe d'analogie est de ne jamais supprimer la consonne finale du radical dans les dérivés quoiqu'elle y soit muette, à moins que sa position dans le dérivé n'induise à la prononcer; c'est ainsi qu'on écrit sans *p* les mots *corsage, corselet, corset, corsé*, quoiqu'ils viennent de *corps*, parce que le *p* embarrasseroit la prononciation et la rendroit douteuse. Je crois que par analogie on doit de même écrire sans *p* les mots *batéme, batiser*, Jean *Batiste, batistère*, parce qu'on seroit tenté d'y prononcer le *p*, comme il faut le prononcer et conséquemment l'écrire dans *baptismal*. »

Beauzée, poursuivant le cours de ses délicates observations, énonce ensuite quelques règles qui se recommandent à l'attention des partisans de la néographie phonétique : « Il faut, dit-il, écrire le son *o* par *au* dans les mots dont les analogues ont *a* ou *al* en même place, et par *eau* dans ceux dont les analogues ont *e* ou *el* dans la syllabe correspondante, comme :

| | | |
|---|---|---|
| ch*au*d, ch*au*fer | à cause de | ch*a*leur |
| f*au*s, f*au*ssaire | — | f*a*lsifier |
| h*au*t, h*au*sser | — | ex*a*lter |
| m*au*dire | — | m*a*lédiction |
| n*au*frage | — | n*a*vire |
| ps*au*me, ps*au*tier | — | ps*a*lmiste |
| agn*eau* | — | agn*e*lér |
| b*eau*té | — | b*e*l |
| chap*eau* | — | chap*e*lér |
| grum*eau* | — | grum*e*lér |
| mant*eau* | — | m*a*nte |
| roul*eau* | — | roul*é*r. |

« Si l'on entend dans quelques mots un *o* simple ou la voyelle composée *ou*, l'analogie exige que dans tous les mots de la même famille où au lieu de *o* ou de *ou* on entendra *eu*, on écrive *œu*; ainsi écrivons-nous :

| | | |
|---|---|---|
| bœuf | à cause de | bouviér |
| cœur | — | cordial |
| chœur | — | choriste |
| mœurs | — | moral |
| nœu | — | nouér |
| œuf | — | ovaire et oval |
| œuvre | — | ouvriér |
| sœur | — | sororal |
| vœu | — | vouér ou votér |

« D'après ce principe, combiné avec la manière dont je propose d'écrire *l* mouillée, il faut écrire *œll* au lieu de *œil*. Puisqu'il est reçu d'écrire *vœu* à cause de *vouer*, pourquoi n'écriroit-on pas *avœu*, tant par analogie avec *vœu* qu'à cause d'*avouer* ? Nous écrivons *cueillir* et nous y prononçons *eu* qui n'y est point écrit : les mots *colècte, colèctif, colèction*, qui sont de la même famille, nous indiquent *œ* et nous avertissent d'écrire *cœullir, acœullir, recœullir*, de là *acœull, recœull*, même *cercœull*, et par l'analogie des sons *orgœull* où l'on prononce *œu,* puis *orgoélleus*, parce qu'on n'y prononce que *é*. »

18° L'auteur demande que l'on écrive :

| | | | | |
|---|---|---|---|---|
| *à fin* | au lieu de | *afin* | } à cause de | *à cette fin, à cause* |
| *en fin* | — | *enfin* | | |
| *au près* | — | *auprès* | — | *de près, de loin* |
| *aussi tôt* | — | *aussitôt* | } — | { *plus tôt, bien tôt, aussi tard,* |
| *bien tôt* | — | *bientôt* | | { *bien tard* |
| *en suite* | — | *ensuite* | — | *par suite, à la suite* |
| *autre fois* | — | *autrefois* | | |
| *quelque fois* | — | *quelquefois* | } — | *une fois, plusieurs fois* |
| *toute fois* | — | *toutefois* | | |
| *par ce que* | — | *parce que* | -- | *par la raison que* |
| *lors que* | — | *lorsque* | — | *tandis que,* etc. |
| *pour quoi* | — | *pourquoi* | — | *pour qui* |

19° Il réunit, au contraire, les mots suivants : un *acompte*, des *acomptes*, des *apropos*, des *apeuprès*.

En terminant, Beauzée défend ainsi son système du reproche d'attenter à l'étymologie et à la prosodie :

« Pour ce qui concerne les droits de l'étymologie, je le demande, est-il raisonnable que nous allions chercher dans une lan-

gue étrangère et morte, qui est ignorée des dix-neuf vingtièmes de
la nation, les raisons de notre orthographe, que toute notre nation
doit savoir? N'est-ce pas condamner gratuitement à l'ignorance
d'une chose essentielle tous ceux qui n'auront pas fait les frais
superflus d'étudier le latin et le grec? N'est-ce pas mettre des en-
traves ridicules à la perfection d'une langue qui, après tout, doit
nous être plus précieuse que toute autre? L'orthographe est pour
toute la nation ; la connoissance des étymologies n'est que pour un
petit nombre d'hommes, qui même n'en tirent pas grand avantage, ni pour eux-mêmes ni pour l'utilité publique : faut-il donc
sacrifier l'avantage de vingt millions d'âmes aux vûes pédantes-
ques de deux cents personnages, qui n'en sont ni plus savants ni
plus utiles? L'injustice et le ridicule de cette prétention ont été
sentis par l'Académie della Crusca, pour la langue italienne, et
par l'Académie royale de Madrid, pour la langue castillane : l'orthographe de ces deux langues est réduite à peindre juste la prononciation, sans égard pour des étymologies qui la défigureroient;
et les savants d'Italie et d'Espagne n'en seront pas moins bons
étymologistes. Mais chez nous même, d'où vient qu'il n'a pas plu
à l'usage de redoubler la consonne dans quelques mots, où toutefois la raison servile d'imitation à cause de l'étymologie militoit
autant que dans les autres mots où l'on a consacré ce redoublement? C'est que quelquefois la raison l'a emporté sur l'aveugle et
imbécile routine et que l'on a quelquefois obéi au principe invariable qui veut que l'écriture soit l'image fidèle de la parole.

« Ce qu'on allègue en faveur des droits de la prosodie est-il
mieux fondé? Il faut, dit-on, redoubler la consonne pour marquer la brièveté de la voyelle précédente. Ce prétendu principe
est absolument faux, de l'aveu même de l'usage : car 1° nous trouvons la consonne redoublée après des voyelles longues : *flâmme,
mânne, abbêsse,* que je *fîsse, grôsse,* que je *pûsse,* que je *poûsse,
païssez,* etc.; 2° on trouve de même des voyelles brèves avant une
consonne simple : *dămier, interprĕter, docĭlité, dévŏte, fortŭné,
boŭle, jeŭnesse, retraĭte,* etc. Quand ce principe seroit admis sans
exception dans la pratique, peut-être faudroit-il encore y renoncer, parce qu'il seroit au moins inutile : ne suffiroit-il pas de marquer de l'accent circonflexe les voyelles longues et d'écrire les
brèves sans accent? N'avons-nous pas déjà *tâche* et *tache, mâtin* et
*matin, châsse* et *chasse, bête* et *bète* (racine), *gîte* et il *agite,* le
*nôtre* et *notre* avis, etc.? A ces deux vices, déjà considérables, de

fausseté et d'inutilité, ajoutons que ce principe est encore opposé
à l'effet naturel du redoublement de la consonne, qui est d'allon
ger la voyelle précédente. »

Beauzée a, comme on le voit, étudié dans ses détails et avec
beaucoup d'érudition et de sagacité le mécanisme de l'orthographe étymologique. Quelques-unes de ses modifications pourraient
être acceptées ; d'autres, celles qui entraînent l'augmentation du
nombre des accents, sont ingénieuses, mais tout à fait impratica-
bles. Pour se disculper du reproche qu'on lui a fait de cette complication, Beauzée cite un passage de l'*Enchiridion* d'Épictète, où,
dans le texte grec, se trouvent 41 accents pour 37 mots, tandis
que la traduction littérale, orthographiée selon son système, ne
montre que 23 accents sur 55 mots. Voici cette traduction :

« Cés gênts veulent aussi être philosophes. Home, aye d'abord
« apris ce que c'est que la çhose que tu veus être ; aye étudié tés
« forces et le fardeau ; aye vu si tu peus l'avoir porté ; aye consi-
« déré tés bras et tés cuisses, aye éprouvé tés reins, si tu veus être
« qùinqùèrcion ou luteur. »

Dans la langue grecque, tous les mots ayant une accentuation
tonique très-fortement accusée, ces marques devenaient bien plus
nécessaires qu'elles ne le sont dans la nôtre, pour fixer la diction.
L'accentuation grecque (l'aigu, le grave, le circonflexe) qui a servi
de modèle à la nôtre, ne fut introduite qu'au deuxième siècle
avant J.-C., et c'est à Alexandrie qu'elle fut d'abord mise en usage
par son inventeur, Aristophane de Byzance, pour fixer la prononciation et la préserver de l'atteinte de tant de populations
étrangères qui parlaient le grec. On ne trouve, d'ailleurs, aucun
texte manuscrit, sauf des grammaires, accentué au complet avant
le xie siècle de notre ère.

## DIX-NEUVIÈME SIÈCLE.

DE WAILLY. *Principes de la langue françoise.* Paris, 1804, in-12.

« Les savants, dit-il, observent que les Latins, de qui nous avons
le *ph*, le prononçoient autrement que la lettre *f*. Ils gardoient sans
doute dans la prononciation du *ph* l'aspiration du φ des Grecs.
Aussi les Latins n'ont-ils pas employé le *ph* dans les mots où ils
ont adouci le φ des Grecs. Ils ont écrit avec un *f fabula, fama,
fari, focus, folium, fur, frater, frigus, filius, flamma, frons*, etc.,
quoique ces mots vinssent de mots grecs où il y a un φ. »

Maintenant que cette aspiration marquée par *ph* a disparu, du moins dans notre langue, il est inutile de maintenir le signe ordinaire qui servait à la représenter.

URBAIN DOMERGUE, de l'Institut. *La prononciation françoise, où l'auteur a prosodié, avec des caractères dont il est l'inventeur, sa traduction en vers des dix églogues de Virgile et quelques autres morceaux de sa composition; augmentée d'un tableau des désinences françoises, pour faciliter l'étude des genres. Manuel indispensable pour les étrangers, amateurs de cette langue, infiniment utile aux François eux-mêmes.* Seconde édition. Paris, librairie économique, 1806, in-8.

« Si notre alphabet étoit bien fait, dit Domergue, p. 177, si chaque son étoit exprimé par un signe qui lui convînt toujours, qui ne convînt qu'à lui, la connoissance de l'alphabet seroit la clé de la prononciation. Mais notre langue parlée a 40 éléments (voir plus loin, p. 206), et nous n'avons que 24 lettres. Encore, ces lettres trompent-elles sans cesse l'œil par des sons contraires aux signes, l'oreille par des signes contraires aux sons. Tâchons de mettre d'accord les deux sens particulièrement consacrés à la parole, la vue et l'ouïe. Que dans l'alphabet que je destine à réfléchir la prononciation, comme une glace fidèle réfléchit les objets, ces deux principes soient invariablement suivis : 1° autant de signes simples que de sons simples; 2° application constamment exclusive du signe au son. »

#### TABLEAU DES VOYELLES DE DOMERGUE.

a, comme dans *ami, baril* . . . . . . . . . . . *a* aigu.

ɑ, comme dans *câble, raser.* . . . . . . . . . *a* grave.

ɑ̃, comme dans *banc, temps.* . . . . . . . . . *a* nasal.

o, comme dans *domino, loto.* . . . . . . . . . *o* aigu.

ɔ, comme dans *grossir, rosier.* . . . . . . . . *o* grave.

o̶, comme dans *bonté, ombre* . . . . . . . . . *o* nasal.

e, comme dans *thé, café.* . . . . . . . . . . *e* aigu bref.

ɛ, comme dans *lésion, fée* . . . . . . . . . . *e* aigu long.

ɛ, comme dans *succès, caisse* . . . . . . . . . *e* grave.

e , comme dans *modèle, foible*. . . . . . . . . . . *e* moyen.

e̊ , comme dans *lien, vin*. . . . . . . . . . . . . *e* nasal.

ı , comme dans *colibri, biribi* . . . . . . . . . . *i* bref.

ı̄ , comme dans *cerise, gîte*. . . . . . . . . . . *i* long.

u , comme dans *vertu, tube*. : . . . . . . . . *u* bref.

u̇ , comme dans *ruse, flûte*. . . . . . . . . . . *u* long.

ɔ , comme dans *joujou, bijou*. . . . . . . . . . *ou* bref.

ɔ , comme dans *pelouse, croûte*. . . . . . . . *ou* long.

c , comme dans *bonne, jeton*. . . . . . . . . . *eu* faible.

c̣ , comme dans *feu, peuplier*. . . . . . . . . . *eu* bref.

c̄ , comme dans *creuse, beurre*. . . . . . . . . *eu* long.

c , comme dans *un, à jeûn*. . . . . . . . . . *eu* nasal.


CONSONNES :

                                               Prononcez :

m, comme dans *maman* . . . . . . . . . . . . *me.*

b, comme dans *battre*. . . . . . . . . . . . . *be.*

p, comme dans *papa* . . . . . . . . . . . . . *pe.*

v, comme dans *vivacité* . . . . . . . . . . . *ve.*

f, comme dans *force* . . . . . . . . . . . . *fe.*

d, comme dans *devoir*. . . . . . . . . . . . . *de.*

t, comme dans *tutoyer*, et jamais comme dans *portion*. . *te.*

n, comme dans *Nanine*, et jamais comme dans *bon*. . . *ne.*

l, comme dans *lunatique*. . . . . . . . . . . . *le.*

ḷ, comme dans *famille* . . . . . . . . . . . *le* mouillé.

ꞃ), comme dans *ignorant*, et jamais comme dans *gnome*. . *gn* mouillé.

z, comme dans *azur* . . . . . . . . . . . . . *ze.*

s, comme dans *salut*, et jamais comme dans *ruse*. . . . *se.*

r, comme dans *rire*. . . . . . . . . . . . . . *re.*

j, comme dans *jujube*. . . . . . . . . . . . . *je.*

ʃ, comme dans *chercher*. . . . . . . . . . . . *ch* doux.

g, comme dans *guérir*, et jamais comme dans *pigeon*. . *ghe.*

q, comme dans *camisole, colère*. . . . . . . . . *que.*

q̇, comme dans *cœur, requête*. . . . . . . . . . *q* adouci.

ᶜ, comme dans les *héros*. . . . . . . . . . . . aspiration.

On voit que, dans l'écriture inventée par Domergue, le caractère *c* a changé de fonction et représente *eu* faible que l'auteur croit entendre dans notre *e* muet ou *e* féminin, *bonne, jeton*. L'*y* a également disparu, et avec lui toute trace de l'origine grecque d'une partie des mots de la langue. Pas d'*œ*; pas d'accents. Dans les consonnes le *c* est remplacé dans ses fonctions par *q* dans *camisole*, par *ᴄ* dans *cœur*, par *s* dans *ceux-ci*; *f* figure les sons *f* et *ph*; *h* est éliminée là où il n'y a pas aspiration; et dans *héros*, etc., elle est figurée par l'esprit rude des Grecs; *k*, lettre inutile en présence des deux *coppa* (*q* et *ᴄ*), disparaît également; deux signes nouveaux, l'un pour le *gn* mouillé, *montagne*, l'autre pour *ll* mouillé, économisent chacun une lettre; *t* n'a plus qu'une fonction, *x* a disparu ainsi que le *w*.

Domergue reconnaît vingt et une voix ou voyelles distinctes qu'il représente par vingt et un signes; dix-neuf articulations qu'il exprime par dix-neuf consonnes, dont chacune, comme chaque voyelle, a un emploi fixe et incommunicable.

Si le système de cet académicien était logique et bien conçu sous plusieurs rapports, en pratique il était inexécutable. Son écriture, hérissée de signes nouveaux et peu distincts les uns des autres, blesse toutes les habitudes de l'œil, supprime les accords du singulier et du pluriel dans les substantifs et dans les verbes, et, violant ainsi les lois premières de la grammaire, nous ramènerait à une sorte de barbarie.

C.-F. **VOLNEY**. *L'Alfabet européen appliqué aux langues asiatiques, ouvrage élémentaire, utile à tout voyageur en Asie* (tome VIII des Œuvres complètes). Paris, Bossange frères, 1821, in-8.

Quoique cet ouvrage, aussi bien que celui de M. Féline, concerne plus particulièrement la réforme dite *phonographique*, j'ai cru devoir les mentionner, puisqu'ils ont indirectement rapport à l'orthographe, et sont le résultat de longs efforts et de consciencieuses études. La tentative de dresser un alphabet unique et commun aux langues de l'Europe et de l'Asie est une idée aussi grande que généreuse. Volney lui-même a fondé un prix annuel de 1,200 francs pour la réalisation de cette entreprise à laquelle il a consacré tant de voyages et de si longues études.

Le savant académicien a puisé dans la comparaison des idiomes, nécessaire à la préparation de son œuvre, des moyens de perfectionner le mécanisme de notre orthographe. Doué d'un grand

talent d'observation et d'une sagacité égale à sa persévérance, il
doit à l'analyse minutieuse qu'il a faite des sons propres aux
diverses langues qu'il a comparées une connaissance profonde
des vices de notre écriture.

L'étude à laquelle Volney s'est livré au sujet des voyelles européennes et particulièrement des voyelles françaises (p. 25 à 61)
est un travail d'une solidité parfaite, et qui depuis cinquante ans
n'a guère été dépassé. Voici comment il résume les idées de ses
prédécesseurs sur la détermination du nombre de nos voyelles :

« Avant Beauzée, l'abbé Dangeau (en 1695) avait compté aussi
« treize voyelles, mais il y comprenait aussi les quatre nasales :
« par conséquent il les bornait à neuf. Ce fut déjà une grande
« hardiesse à lui de les proposer au corps académique, qui, selon
« l'habitude des corporations et la pesanteur des masses, se tenait
« stationnaire dans le vieil usage de ne reconnaître que les cinq
« voyelles figurées par A, E, I, O, U. L'abbé Dangeau eut le mé-
« rite d'établir si clairement ce qui constitue la *voyelle* que la ma-
« jorité des académiciens ne put se refuser à reconnaître pour telles
« les prétendues diphtongues OU, EU, qui réellement ne sont pas
« diphtongues, mais *digrammes*, c'est-à-dire doubles lettres (1).
« Du reste, Dangeau ne distingua pas bien les deux A, les deux O,
« ni les deux EU.

« Après Dangeau (en 1706), l'abbé Regnier des Marais, chargé
« par l'Académie d'établir une grammaire officielle comme le Dic-
« tionnaire, n'osa que faiblement suivre la route ouverte par Dan-
« geau : en établissant d'abord six voyelles il commit la faute de
« présenter *y* et *i* comme différens, lorsque de fait leur son est le
« même (2) ; et dans l'exposé confus, embarrassé qu'il fit de toute
« sa doctrine, il décela l'hésitation et le peu de profondeur de la
« doctrine alors dominante. A ce sujet, je ne puis m'empêcher de
« remarquer que les innovations ne sont jamais le fruit des lumières
« ou de la sagesse des corporations, mais au contraire celui de la
« hardiesse des individus, qui, libres dans leur marche, donnent

_____

(1) L'auteur explique très-bien, dans plusieurs endroits, le mécanisme de la
formation de ces *digrammes*, qui s'est produite en Europe comme en Asie.
Ayant à figurer des sons nouveaux avec un alphabet restreint, on a réuni, plutôt
que d'introduire un signe nouveau, les signes des sons qui isolément paraissent se
faire entendre dans la nouvelle voyelle.

(2) Volney a raison en ce qui concerne l'*y* étymologique; mais l'*y* français,
dans *pays, moyen*, est une véritable voyelle diphthongue.

« l'essor à leur imagination et vont à la découverte en tirailleurs :
« leurs rapports au corps de l'armée donnent matière à délibéra-
« tion : elle serait prompte dans le militaire, elle est plus longue
« chez les gens de robe. Toute innovation court risque d'y causer
« un schisme, d'y être une hérésie, et ce n'est qu'avec le temps,
« qu'entraînée par une minorité croissante, la majorité entre et
« défile dans le sentier de la vérité. »

Voici le tableau des voyelles de Volney en ce qui regarde le
français :

| 1. | a | clair ou bref, petit *à*. | *Ex.* : Paris, patte, mal ; |
|---|---|---|---|
| 2. | a | profond ou long, grand *â*. | âme, âge, pâte, mâle ; |
| 3. | o | clair ou bref, petit *o*. | odorat, hotte, molle, sol ; |
| 4. | o | profond ou long, grand *ô*. | hôte, haute, môle, saule, pôle ; |
| 5. | où | bref, petit *ou*. | chou, sou, trou ; |
| 6. | où | profond, grand *où*. | voûte, croûte, roue, boue ; |
| 7. | eù | clair, guttural. | cœur, peur, bonheur ; |
| 8. | eux | profond, creux. | eux, deux, ceux ; |
| 9. | { e | muet, féminin. | borne, ronde, grande ; |
|    | { ... | *e* gothique. | que je me repente ; |
| 10. | ê | ouvert. | fête, faîte, mer, fer ; |
| 11. | ée | *e* (sans nom), æ, *ē*. | née, nez ; |
| 12. | é | masculin. | né, répété ; |
| 13. | i | bref, petit *i*. | midi, imité, ici ; |
| 14. | i | long, grand *î*. | île (en mer), la bile ; |
| 15. | u | français. | hutte, chute, nud ; |
| 16. | an | | pan (de mur) ; |
| 17. | on | | son (de voix) ; |
| 18. | in | | brin, pain, pin, peint ; |
| 19. | un | | un, chacun. |

(Nasales : 16-19)

La réalisation du projet auquel le savant académicien a tant travaillé, et pour lequel il a fondé un prix perpétuel, serait un puis-
sant auxiliaire pour la diffusion des lumières et de la civilisation
en Europe. Voici comment M. Féline s'exprimait à ce sujet dans
l'introduction de son *Dictionnaire phonétique* :

« La création d'un tel alphabet intéresse au plus haut degré la
politique intérieure de tous les grands États. Les sujets de la
France parlent allemand, italien, breton, basque, arabe, et nombre de patois qui diffèrent beaucoup du français. Ceux de l'empire
britannique parlent gallois, irlandais, écossais et font usage d'une
multitude d'idiomes dans de nombreuses colonies. La Russie, disent les géographes, compte plus de cent langues différentes,

dont vingt-sept principales; l'Autriche en compte également
une quantité considérable dans ses divers États, animés chacun
d'une nationalité jalouse. Les États-Unis sont peuplés en partie
d'émigrants venus de toutes les contrées du monde. Il n'est pas
jusqu'à la Suisse où règnent trois idiomes bien distincts. Certes, si
la confusion des langues a arrêté l'édification de la tour de Babel,
l'administration de chacun de ces États doit souffrir de la difficulté
qu'éprouve l'autorité à se faire comprendre de tous les sujets soumis à sa loi. Toutes ces nations doivent donc appliquer leurs efforts
à se faciliter réciproquement l'étude de ces nombreux idiomes,
surtout de celui qui est adopté par le gouvernement dans chaque
pays. Elles atteindraient assurément ce but en apportant à l'alphabet toutes les simplifications dont il est susceptible et en le
rendant commun à toutes les langues. »

Nous décrirons tout à l'heure, à l'article consacré à l'ouvrage
de M. Raoux, les moyens récemment proposés pour parvenir à
ce but, et qui font l'objet d'un art que ses adeptes appellent _pho-
nographie._

_Solvique et phonique, c'est-à-dire : le mécanisme de la parole dévoilé
et écriture universelle au moyen de quarante-huit phonins ou lettres,
qui, à l'aide de quelques signes, accens et marques, désignent tous
les sons de la parole avec leurs qualités prosodiques ; précédées
d'une esquisse de l'histoire de l'écriture, et suivies d'une méthode
de noter la déclamation, moyennant douze chiffres duodécimaux,
qui se trouvent également appliqués à l'arithmétique, ainsi qu'à
un système de poids et mesures. On y a joint divers morceaux imprimés en phonins, une gravure représentant la phonique écrite,
et un tableau synoptique des phonins et de leur mécanisme._ Par
Ch.-L. B. D. M. G. Paris, Firmin Didot, octobre 1829, in-12.

C'est une réforme complète de l'écriture, établie sur une étude
minutieuse du fonctionnement des organes de la parole. L'auteur
a inventé de nouveaux signes qui diffèrent totalement des lettres
de l'alphabet.

MARLE. Dans le _Journal de la langue française, didactique et litté-
raire_, années 1827-1829, 4 vol. in-8. (_Orthographe. Plan de réforme._)
— _Appel aux Français._

« Domergue, dit-il, renverse tout pour tout reconstruire sur de

« nouvèles bazes. Du Marsais se borne à retrancher les doubles
« consonnes. »

L'auteur déclare adopter une marche qui réunisse les avantages
des deux méthodes.

« Il ne faut, dit-il, renvoyer personne à l'école ; il faut que celui
« qui savait lire avant la réforme sache lire après la réforme à
« quelque degré qu'elle soit arrivée ; il faut, en un mot, que les
« changements propozés ou à propozer soient toujours tellement
« combinés, que les persones qui vèront pour la première fois
« l'écriture qui en est le fruit puissent la lire sans héziter et sans
« avoir bezoin d'explication préalable.... » « Homes de lètres favo-
« rables à la réforme, professeurs qui voulez la propager, gardez-
« vous de frànchir les limites tracées par ce principe, ce serait
« tout compromettre, ce serait grossir les 'rangs de nos adver-
« saires d'une foule de persones qui n'adoptent l'utile qu'autant
« qu'il est agréable, qu'autant qu'il n'exige de leur part aucun
« travail nouveau, aucune étude nouvèle. »

Marle retranche : *a* dans *Saône, saouler, poulain ; — e* dans
*asseoir, surseoir, beaucoup,* etc. ; — *i* dans *coignassier, poignard,*
*oignon; — o* dans *bœuf, désœuvrement, nœud,* etc.; — un *b* dans
*abbaye, rabbin, sabbat; — c* dans *acquérir, obscénité, scélérat ; —*
un *f* dans *affront, chauffer,* etc.; — *g* dans *doigtier, Magdelaine,*
*vingtaine, aggraver, agglomération,* etc.; — *h* dans *adhérer, cathé-*
*drale, exhorter; — l* dans *allégorique, alliance, bulletin ; — m* dans
*automne, condamner, nommer; — n* dans *cannibale, connivence,*
*donner ; —* un *p* dans *appartement, apprendre ; —* un *r* dans *ar-*
*rière, carrosse, courrier; —* un *t* dans *attachement, flatterie, gratter.*
— Il remplace le *s* qui se prononce comme le *z* par cette dernière
lettre : nous *reprézentons, poizon.* Il fait disparaître l'*y* étymologique, et écrit *sinonime.* Il écrit *filosofe, ortografe.* Il voudrait un
signe pour marquer le *gn* et quelques autres modifications légères.

Dans un remarquable passage relatif à l'*abolition des accents lo-*
*caux et des patois,* à laquelle seules une grammaire et une orthographe très-simplifiées pourront conduire, M. Marle s'exprime ainsi :

« Pourquoi telle personne prononce-t-elle mois d'*aoûte* au lieu
« de mois d'*où?* C'est parce que cet *a* et ce *t* sont écrits ; parce
« que l'œil les voit, parce que le bon sens, d'accord avec la vérité
« historique, répète sans cesse que les lettres n'ont été inventées
« que pour être prononcées.

« Écrivez *ou*, tout le monde prononcera *ou*.

« Écrivez *ardament, solanel, taba, sculture,* etc., et il deviendra « impossible de prononcer *ardemment, solennel, tabak, sculpe-* « *ture*, etc.

« Écrivez ainsi tous les livres nouveaux, toutes les feuilles pu- « bliques, tous les almanachs populaires, et les sons purs de l'at- « ticisme français, révélés à tous les yeux, seront rendus par « toutes les bouches, et retentiront enfin les mêmes sur les rives « de la Garonne, de la Seine et du Rhin. »

« La langue française, dit encore M. Marle, a vingt-deux sons et treize articulations; pour représenter ce petit nombre de sons et d'articulations, on fait usage de CINQ CENT QUARANTE SIGNES (ils sont rangés dans un tableau), c'est-à-dire que nous employons *cinq cents* caractères de plus que n'en exigent le besoin de la langue, la raison, le bon sens; c'est-à-dire que nous consumons dans l'étude DOUZE FOIS PLUS DE TEMPS qu'il n'en faut.

« L'enfant qui doit retenir cinq cent quarante signes différents avant de savoir lire et orthographier n'en aura plus que quarante à apprendre pour arriver à la même connaissance. Ainsi, au lieu d'employer douze mois, je suppose, il ne lui en faudra qu'un seul pour apprendre à lire. »

A l'appui de ce qu'avance M. Marle, il cite ce passage de Béranger, dans son épître à son patron, M. Lainé, imprimeur à Péronne : « Ce fut dans son imprimerie que je fus mis en apprentissage : *n'ayant pu parvenir à m'enseigner l'orthographe*, il me fit prendre goût à la poésie, me donna des leçons de versification, et corrigea mes premiers essais. »

Et M. Marle ajoute : « Si Béranger n'est pas parvenu à apprendre l'orthographe actuelle, comment trente millions de Français qui n'ont pas son génie y parviendraient-ils? Aussi nous soutenons que personne ne la sait, et nous proposons un pari de trois cents francs à quiconque prétendra écrire sans faute, sous notre dictée, vingt lignes de mots usuels. Ces trois cents francs sont déposés chez M. Bertinot, notaire, rue de Richelieu, n° 28.

« *Signé* MARLE, rédacteur en chef du *Journal de la langue française*, rue de Richelieu, n° 21. »

Ce pari a-t-il été tenu? Je l'ignore. Il semble cependant que plus d'un a dû être tenté de concourir; ce qu'il y a de sûr, c'est que M. Marle ne fut pas ruiné par le nombre des concurrents.

Par ce qui précède, on voit que le système orthographique de M. Marle n'excédait pas les bornes indiquées par plusieurs grammairiens, tels que Beauzée et autres; mais, dans l'*Appel aux Français*, petit volume publié en 1829 chez Corréard, M. Marle, dépassant ces limites déjà si larges, se permit de traduire dans une orthographe bien autrement téméraire quelques-unes des lettres que lui avaient écrites plusieurs académiciens. Ces lettres, où la bienveillance semblait un encouragement, ainsi travesties, suscitèrent une tempête funeste à M. Marle, et le ridicule qui s'attacha à leur transcription fit tomber dans un complet discrédit ses tentatives, qui d'abord avaient été favorablement accueillies.

Voici comment est transcrite dans l'*Appel aux Français* la lettre de M. Andrieux, citée p. 87 :

« Mosieu,

« Il è d'un bon èspri de déziré la réforme de l'ortografe francèze aqtuelle, de vouloir la randre qonforme, ôtan que possible, à la prononsiasion ; il è d'un bon grammairiin é même d'un bon sitoiin de s'oqupé de sète réforme ; mez il è difisile d'i réusir. Voltaire, après soisante é diz an de travô, èt à pène parvenu à nou fère éqrire *français* come *paix*, é non pâ qome *françois* é *poix ;* on trouve anqor dè jan qui répuñet a se chanjeman si rèzonable é si simple : lè routine son tenase, le suqsè vouz an sera plu glorieu si vou l'obtené ; vou vou propozé de marché lanteman, é avèq precôsion, dan sete qarière asé danjereuze : s'è le moiin d'arivèr ô but ; puissié-vou l'atindre.

« ANDRIEUX, manbre de l'Aqadémie fransèze. »

Cette audace, aussi blessante pour les convenances que pour les habitudes consacrées, nuisit aux progrès raisonnables que l'Académie paraissait disposée à admettre, et les effets s'en firent sentir longtemps.

Dans le *Journal des Débats* parut l'article suivant :

« Un nouveau grammairien, M. Marle, prétend réformer l'orthographe, et il donne un échantillon de ses principes et de sa réforme dans un petit écrit intitulé : *Apel o Fransé, Réforme ortografiqe*.

« *Ne jugé q'aprèz avoir lu*.

« Prix : 60 santimes.

« Il ne doute point du *sugsè* ; il prétend qu'il a déjà pour lui un *profèseur de rètoriqe*, un *qolonel*, le *directeur de la Revu Ansiclo-pédiqe*. Il s'est battu contre ses adversaires dans la *Qotidiène*, le *Qourié fransè*, et se battra contre *qiqonqe* n'adoptera pas sa ré-forme. Il a formé une société *ortografiqe* qui a son *prézidan*, etc.

« M. Marle s'était attiré une lettre raisonnable et polie de M. An-drieux, secrétaire perpétuel de l'Académie française. Il a fait im-primer cette lettre en l'affublant de sa nouvelle orthographe. Les vers de Racine paraîtraient ridicules ainsi imprimés ; la prose de M. Andrieux ne pouvait résister à une pareille épreuve, et c'est contre ce travestissement qu'on lui a fait subir qu'il réclame dans les pièces suivantes qu'il nous a adressées :

### « AU RÉDACTEUR.

  « Monsieur,

« Je n'ose plus écrire à M. Marle : cela ne m'est arrivé qu'une fois, après bien des sollicitations de sa part, et je n'ai pas sujet de me féliciter de ma complaisance ; je n'y serai plus pris.

« Vous avez peut-être entendu dire qu'il s'occupe d'une pré-tendue *réforme orthographique* ; qu'il cherche à répandre une es-pèce de *cacographie* bizarre, qu'il propose pour modèle.

« Son zèle de réformateur l'a emporté au point de publier une lettre travestie, de manière à faire croire que j'adopte, moi, sa méthode, si c'en est une, et que j'en ferai journellement usage pour mon compte.

« Je dois donc déclarer nettement que M. Marle, en faisant im-primer sans ma participation la lettre que j'avais eu l'honneur de lui écrire, a substitué à mon orthographe, qui est celle de tout le monde, une manière d'écrire qui lui est particulière, en sorte qu'il n'a point publié ma lettre telle que je la lui avais adressée, mais qu'il l'a défigurée et rendue méconnaissable. Il me semble qu'il a eu en cela le double tort d'induire le public en erreur et de mésuser de ma signature.

« A présent, monsieur le rédacteur, accordez-moi un peu de place pour quelques mots que j'adresserai à M. Marle lui-même, par votre intermédiaire.

### « A M. MARLE :

« Vous n'avez pas voulu, Monsieur, comprendre le sens de ma lettre. Je vous y disais qu'une réforme de l'orthographe était *difficile ;* que vous vous proposiez de *marcher lentement et avec précaution dans cette carrière assez dangereuse;* que c'était là le *moyen d'arriver au but;* ces avis, à ce qu'il me semble, étaient clairs et raisonnables. Non-seulement vous ne les avez pas suivis ; à cet égard vous étiez bien le maître ; mais vous avez voulu faire croire que je ne les suivais pas moi-même, et vous avez essayé de me mettre en contradiction avec mon propre sentiment.

« Vous savez aussi bien que moi que toutes ces idées de réforme de l'orthographe ne sont pas nouvelles, il s'en faut de beaucoup ; on s'en occupait dès avant Bacon, puisque ce grand homme, dans son livre : *De augmentis scientiarum*, lib. VI, cap. I, dit expressément qu'elles sont du genre des subtilités inutiles, *ex genere subtilitatum inutilium*.

« Il est vrai aussi que de très-bons esprits, MM. de Port-Royal, Du Marsais, Duclos, ont désiré que la manière d'écrire se rapprochât de la manière de prononcer.

«Mais, ce qui est pour vous d'un fâcheux présage, des hommes d'un grand mérite, d'habiles grammairiens, Gédoyn, Girard, Adanson, Domergue, et autres, ont échoué complétement dans des essais semblables aux vôtres.

> Il en est des habits ainsi que du langage ;
> Toujours au plus grand nombre il faut s'accommoder ,
> Et jamais on ne doit se faire regarder.

« Reprenez donc, Monsieur, le déguisement dont il vous a plu de m'affubler ; il ne me va pas du tout ; c'est un habit de fantaisie dont vous êtes libre de vous revêtir. J'ai peine à croire que vous en fassiez venir la mode.

« J'ai l'honneur d'être, Monsieur, votre très-humble et très-obéissant serviteur,                   « ANDRIEUX.

« Ce 18 avril 1829. »

Mais ensuite, en 1839, M. Marle, ne se bornant pas à ce système inadmissible, voulut introduire une écriture purement phonétique, qu'il nomme *diagraphie* (1). Au moyen de 36 signes figurés par des lignes droites ou courbes, faibles ou renforcées, il parvient à reproduire les sons prononcés ; en sorte qu'en moins d'une journée, on connaît ce système et on peut l'appliquer à l'écriture et à la lecture. Ce fait est constaté par un grand nom-

---

(1) *Grammaire théorique, pratique et didactique, ou texte primitif de la grammaire diagraphique.* Paris, Dupont, 1839, in-8. — *Manuel de la diagraphie. Découverte qui simplifie l'étude de la langue.* Paris, Dupont, 1839, in-8.

bre de rapports d'inspecteurs de l'Académie, d'inspecteurs de l'instruction primaire et de commissions nommées à cet effet. Voici l'extrait de leurs décisions :

« Trois jours suffisent pour connaître et exercer la *diagraphie*. Elle est un guide incessant de la bonne prononciation. — Elle met l'élève dans la même situation que si un maître lui dictait un bon livre. — Elle économise le temps consacré aux idées. — Elle réunit, sans en avoir les inconvénients, tous les avantages de la *cacographie* et des autres genres de devoirs d'orthographe. — Elle fait réfléchir les enfants; elle exerce leur jugement et féconde leur intelligence. »

Lors de leur apparition, les doctrines néographiques de M. Marle eurent beaucoup de retentissement. Il reçut trente-trois mille lettres d'adhésion formelle; une quarantaine de brochures *pour* ou *contre* furent publiées, et des sociétés de propagation se formèrent dans plusieurs villes. Enhardi par ce succès, il *franchit les limites* qu'il avait posées lui-même (voir p. 173). Son audace le perdit et rendit même l'Académie plus méticuleuse dans les concessions qu'elle fit dans la cinquième édition de son Dictionnaire en 1835.

Quant à cette espèce d'écriture que M. Marle nomme *diagraphie*, on peut affirmer que, nécessitant des pesées de la plume et autant de levées de la main qu'il y a de lettres, elle ne saurait s'appliquer à l'écriture courante, ni même à la sténographie.

S. Faure. *Essai sur la composition d'un nouvel alphabet pour servir à représenter les sons de la voix humaine avec plus de fidélité que par tous les alphabets connus.* Paris, Firmin Didot, 1831, in-8.

Frappé des inconvénients de notre écriture orthographique, il témoigne ainsi ses vœux pour sa réforme :

« Perfectionner l'alphabet serait une entreprise digne du dix-neuvième siècle et du règne d'un roi populaire et national. La réforme des poids et mesures s'est opérée dans les temps les plus affreux de la révolution. Le système métrique, après avoir lutté contre les plus grands obstacles, est reconnu aujourd'hui comme très-avantageux.

« ..... Une écriture exacte présenterait encore plus d'avantages dans ses résultats que le système métrique; mais, comme nous n'avons pas la présomption de croire qu'elle puisse un jour renverser l'écriture en usage, qu'il nous soit permis du moins d'espérer qu'une nouvelle écriture perfectionnée pourra, comme la sténographie, mais dans un but différent, marcher à côté de l'écriture d'usage et servir efficacement : 1° à rendre les principes de

lecture avec les caractères et l'orthographe usités bien plus accessibles à l'enfance; 2° à noter dans un dictionnaire la vraie prononciation des mots beaucoup plus exactement qu'on ne l'a fait
jusqu'ici; 3° à nous être d'un merveilleux secours pour la composition d'un alphabet universel, etc. »

Je n'essayerai pas de donner une idée de la méthode de M. Faure. Il faudrait étudier, apprendre et comparer les divers systèmes
phonographiques représentés au moyen de signes figurés par des
lignes plus ou moins contournées, pour apprécier le mérite de
chacun d'eux.

« Quoique nos caractères, dit M. Faure, soient bizarres et très-
différents de ceux de l'écriture ordinaire, ils sont si simples, si
distincts, et dérivent si naturellement les uns des autres, que nous
sommes persuadé qu'une personne qui ne saurait pas lire parviendrait à apprendre, au moyen de ces nouveaux caractères, en dix
fois moins de temps que par l'écriture et l'orthographe en usage, qui
font, ainsi que l'a dit d'Olivet, de la lecture l'art le plus difficile. »

Chaque amélioration apportée par l'Académie à notre orthographe
rend de moins en moins probable l'admission de ces systèmes absolus.

Joseph de Malvin Cazal. *Prononciation de la langue française au
    dix-neuvième siècle, tant dans le langage soutenu que dans la con-
    versation, d'après les règles de la prosodie, celles du Dictionnaire
    de l'Académie, les lois grammaticales et celles de l'usage et du
    goût.* Paris, Impr. royale, 1847, in-8.

L'auteur de ce gros volume a obtenu le prix Volney. Il reconnaît et étudie deux sortes de prononciations distinctes : la prononciation oratoire, raffinée, délicate et savante, et la prononciation
courante, celle de la conversation. Une semblable doctrine ne me
semble pas de nature à diminuer la complication de nos grammaires et de notre orthographe. En tout cas, elle ne simplifiera
pas la tâche de la néographie phonétique, qui aura à se prononcer
entre les deux prononciations qu'elle devra figurer.

Ces savantes études sur la prononciation, si minutieuses, si con-
troversables, si arides même, pourrai-je ajouter, ne seront jamais à
la portée de tous ceux qui ont besoin d'apprendre à lire et à parler.
Maintenant que nous sommes en possession des travaux de M. Féline, de M. Casal, de M. Colin, etc., notre prononciation devrait
être suffisamment fixée pour être consignée dans un Dictionnaire
spécial dont l'utilité est évidente.

ADRIEN FÉLINE. *Dictionnaire de la prononciation de la langue française, indiquée au moyen de caractères phonétiques, précédé d'un Mémoire sur la réforme de l'alphabet.* Paris, Firmin Didot, 1851, in-8. — *Méthode pour apprendre à lire par le système phonétique.* Paris, Firmin Didot, 1864, in-8.

M. Féline, dont nous déplorons la perte récente, a été l'un des plus persévérants et des plus courageux apôtres du système phonétique. Il a consacré une part considérable de sa fortune à la vulgarisation de sa doctrine, et n'a pas vécu assez pour la voir fructifier sur le sol de notre colonie algérienne.

M. Féline, dont les idées procèdent en partie de celles de Volney, est un réformateur plus intrépide que M. Marle, dans le système de l'*Appel aux Français* de 1829. Son alphabet, qu'il a cru à tort complet, suffit dans sa simplicité à l'enseignement de la lecture aux habitants pauvres et complétement illettrés de nos campagnes, ainsi qu'aux Arabes. Voici cet alphabet avec lequel il espérait représenter tous les sons du français :

| VOYELLES. | | CONSONNES. | |
|---|---|---|---|
| Signes. | Valeurs. | Signes. | Valeurs. |
| a | a | p | p |
| â | â | b | b |
| a̲ | an, en | m | m |
| e | é | t | t |
| ê | è, ê, ai, et | d | d |
| ɛ | e | n | n |
| ɛ̲ | eu | k | k, q, c |
| i | i, y | g | g, gu |
| i̲ | in | ḡ | gu |
| o | o | l | l |
| ô | ô, au | l̲ | ill |
| o̲ | on | y | y |
| u | u | f | f, ph |
| û | ou | v | v |
| u̲ | un | w | w |
| | | s | s, c, t |
| | | z | z, s |
| | | h | ch |
| | | j | j, g |
| | | r | r |

On voit au premier coup d'œil la grande supériorité de cet al-

phabet sur celui de Domergue. Son auteur supprime le *c*, dont le
son est ambigu, le *q*, qu'on est habitué à voir escorté de l'*u*, l'*x* et
l'*y* devant les consonnes. Par contre, il a huit lettres nouvelles, $\varepsilon$
(*e* muet), $\hat{e}$ (*eu*), $\underline{a}$ (*an*), $\underline{i}$ (*in*), $\underline{o}$ (*on*), $\underline{u}$ (*un*), $\underline{g}$ (*gn*), $\underline{l}$ (*l* mouillé).
S'il eût mieux approfondi l'ouvrage de Volney et qu'il eût étudié
l'alphabet polonais, il eût reconnu que, pour les voyelles nasales, la
cédille est un signe plus commode que le trait inférieur, puisque
dans l'écriture elle n'exige pas une levée de la main. Ce n'est point
non plus le *g* qu'il fallait *tilder*, mais le *n*, comme le font les
Espagnols. L'adoption de la lettre *k* à la place de *c* donne à son
*ekritur $\underline{u}$ kú d'$\varepsilon\underline{l}$ sóvaj* (un coup d'œil sauvage) qu'il eût pu facilement éviter, et qui a prêté le flanc aux plaisanteries du journa-
lisme, plus enclin à rechercher le côté plaisant que le côté utile
de toute chose nouvelle.

Quoi qu'il en soit de ces imperfections de détail du système,
faciles d'ailleurs à corriger, beaucoup d'instituteurs primaires
sont convaincus que son adoption dans les salles d'asile et les
écoles de village serait un grand bienfait. Un adolescent appren-
drait à lire et à écrire en trois mois au lieu de trois ans. Il serait
toujours à même de passer plus tard à l'écriture savante et difficile des lettrés, pour laquelle l'auteur a d'ailleurs préparé des
exercices gradués.

Le Dictionnaire de la prononciation de M. Féline était destiné
à répondre à une objection souvent faite aux réformateurs phonographes : « Vous prétendez écrire suivant la prononciation; mais
quelle prononciation? Il y a la prononciation gasconne, la prononciation marseillaise, la prononciation normande, la prononciation
parisienne. Dans votre système, n'y aura-t-il pas autant d'orthographes diverses qu'il y a d'accents étrangers dans l'idiome
national? »

Il est manifeste, répondent les réformateurs, qu'il doit y avoir
une prononciation modèle, un dictionnaire de la vraie prononciation, qui rappelle à l'ordre les prononciations vicieuses, lesquelles
engendrent des orthographes également vicieuses. Cette prononciation modèle ramènerait peu à peu les *accents* et les *patois* à un
type normal et unique.

Le Dictionnaire de M. Féline, précieux déjà pour les étrangers,
pourrait, à l'aide de quelques corrections, rendre de très-grands
services. On devrait s'inspirer, pour le perfectionner, du beau travail de Volney sur les voyelles européennes ; car M. Féline, dans

l'intérêt de la multitude, sans doute, a négligé certaines nuances
de prononciation qui constituent la délicatesse de notre langue.
Il me paraît avoir confondu des valeurs distinctes de l'*e* dit muet
(voir plus haut, p. 171), et mal représenter la diphthongue *oi* par
les signes *úa* (*ouà*). Pour les consonnes, M. Féline aurait dû distinguer le *w* anglais, véritable voyelle, du *w* allemand, qui doit
être représenté par notre *v* simple.

Le Mémoire (1) qui précède son Dictionnaire, et qui relate les
travaux d'une commission de savants formée pour déterminer la
valeur et le signe de tous nos sons, est un travail plein d'intérêt.
Dans cet écrit, M. Féline développe les avantages de la simplification de notre orthographe et aussi de notre alphabet.

« Pourquoi, dit-il, ne pas perfectionner l'alphabet, l'instrument
le plus usité du travail, comme on perfectionne les autres? Pourquoi ne le soumettrait-on pas à ce rationalisme auquel la civilisation moderne doit ses succès? Il existe sans doute une différence : c'est que chaque fabricant, chaque ouvrier, est libre de
modifier comme il l'entend une machine ou un outil, et qu'il n'en
est pas de même de l'alphabet; mais pourquoi le gouvernement,
les académies, les administrations, refuseraient-ils de perfectionner l'instrument de travail de toute la nation, ainsi que le ferait le
dernier des ouvriers, ainsi que le ferait tout fabricant, ainsi que
l'a fait la Convention pour les poids et mesures?

« Le gouvernement, qui fait plus d'efforts que jamais pour étendre l'instruction du peuple; les philanthropes de toutes les opinions qui le secondent; ceux qui veulent son bien-être, son amélioration matérielle et morale, tous doivent désirer une réforme
qui peut seule généraliser l'instruction primaire. Jamais on n'aura
fait autant de bien à si peu de frais.

« Les économistes qui savent que le temps est la richesse de
l'homme; les administrateurs qui veulent l'uniformité du langage,
les hommes politiques qui veulent rapprocher les nations, enfin,
tous les amis de l'humanité, tous les hommes de progrès, doivent
appuyer cette réforme.

« Plusieurs exemples doivent nous servir de guide et nous en-
courager. N'a-t-on pas, dans un siècle de barbarie, remplacé les
chiffres romains par la numération arabe, l'une des plus simples

(1) Publié à part sous ce titre : *Mémoire sur la réforme de l'alphabet, à
l'exemple de celle des poids et mesures*, Paris, F. Didot, 1848, in-8.

inventions de l'esprit humain, puisqu'elle ne consiste qu'en deux points : avoir un signe pour chaque nombre jusqu'à neuf et décupler la valeur du chiffre en le reculant d'un rang ? Cette idée n'en est pas moins sublime ; car, sur des milliards d'individus qui avaient passé sur la terre, un seul l'a conçue ; car elle a eu les conséquences les plus heureuses pour la civilisation.

« De ce qu'une innovation a été mal présentée, de ce qu'elle l'a été dans un but purement scientifique, s'ensuit-il que toute innovation de ce genre soit impossible à réaliser ? »

Charles La Loy. *Balance orthographique et grammaticale de la langue française : ou cours de philologie grammaticale , ouvrage au moyen duquel disparaissent toutes les incertitudes, sources de difficultés, relatives à nos règles grammaticales et à nos formes orthographiques. Deuxième édition. On ne trouve que dans cet ouvrage :*

« 1° Des règles d'accentuation qui dispensent d'avoir recours au Dictionnaire ; — 2° La liste complète des homonymes français ; — 3° La liste, si utile dans l'enseignement, des dérivations inexactes ; — 4° Des principes d'orthographe étymologique ; — 5° Des principes de francisation des mots ; — 6° Des principes de néologie ; — 7° Des règles sur la formation des noms et adverbes en *ment ;* — 8° Des principes sur l'orthographe et la prononciation des noms propres et des noms de baptême, avec la signification des plus connus ; — 9° L'indication du pluriel des adjectifs en *al ;* — 10° L'indication du pluriel de tous les noms composés et des noms pris des langues étrangères ou des langues anciennes, partie orthographique restée douteuse jusqu'à ce jour ; — 11° Des règles sur l'orthographe des mots réduplicatifs ; — 12° Un moyen de reconnaître désormais l'*h* aspiré de l'*h* muet, et le *ch* dur du *ch* français ; — 13° De nouveaux signes de ponctuation qui n'exigent aucune nouvelle étude ; — 14° Des règles sur l'emploi des doubles consonnes, partie si importante de notre orthographe, etc., etc. » — *Paris, Maire-Nyon,* 1853, 2 vol. grand in-8°.

Ce long titre, que j'ai copié presque *in extenso,* donne une idée du vaste ensemble de questions que l'auteur a embrassées dans le cadre de ses deux volumes.

Il rapporte sur chaque mot embarrassant du Dictionnaire les diverses leçons fournies par les lexicographes et recherche ce qu'il appelle une *balance,* c'est-à-dire une solution tirée de l'essence même des principes qu'il a posés en commençant. On conçoit qu'en face d'un nombre aussi immense de questions délicates à résoudre, l'auteur ait pu parfois s'arrêter à un parti qui ne satisfasse pas une critique sévère. Néanmoins son ouvrage sera consulté avec fruit de ceux qui, par position, sont aux prises avec les difficultés de notre orthographe. Ce vaste travail, fruit de longs efforts et d'une patience vraiment méritoire, est à lui seul une démonstration suffisante de l'absolue nécessité de perfectionner notre orthographe et de soumettre la grammaire, avec ses contradictions et ses exceptions innombrables, à une analyse, à une discussion, à une révision sérieuse et approfondie.

ALEXANDRE ERDAN. *Congrès linguistique. Les révolutionnaires de l'A B C.* Paris, Coulon-Pineau, 1854, in-8.

Dans cet opuscule M. Erdan a parlé de beaucoup de choses à propos de la réforme orthographique. Il a mis dans une semblable polémique plus de passion que le sujet ne me semble en comporter. Je ne le suivrai donc pas dans les parties de sa discussion qui s'écartent du sujet, et je renverrai à l'analyse de l'ouvrage de M. Raoux l'exposition des motifs proposés en faveur de l'écriture phonétique.

Voici ce que dit M. Erdan (p. 72) contre le respect de l'étymologie dans l'écriture française. Après avoir rappelé les arguments de Domergue et de Voltaire, il continue ainsi :

« Mais, d'ailleurs, à quoi bon ces raisonnements ? La question étymologique n'en est réellement pas une. Les étymologistes croient défendre un principe et, en réalité, ce qu'ils défendent, ce n'est qu'un accident dans la langue.

« Si à chaque mot de notre langue était attachée l'étiquette de son origine, certainement celui qui proposerait d'enlever à la fois toutes ces étiquettes, toutes ces marques caractéristiques, proposerait une révolution difficile ; mais cela n'est pas.

« Nous avons, cela est démontré et admis par les grammairiens (1) :

| | |
|---|---:|
| Mots dont l'étymologie est tout à fait inconnue. . . . . . . | 3,000 |
| Mots dont l'étymologie est douteuse. . . . . . . . . . . . | 1,500 |
| Mots qui n'ont plus leurs lettres étymologiques, dont ils se sont dépouillés successivement . . . . . . . . . . . . | 10,000 |
| Mots dont l'orthographe est contraire à l'étymologie . . . . | 500 |
| Total. . . . . . | 15,000 |

_____

(1) Ce calcul est emprunté par M. Erdan à M. Marle.

« Ainsi , en proposant d'abandonner l'orthographe étymologique, on ne propose point, à proprement parler, une révolution de principe dans l'idiome national. On ne fait que régulariser une langue en désordre qui écrit tantôt suivant l'étymologie, tantôt selon le caprice. »

Tout en adhérant au principe de la phonographie absolue, l'auteur désire qu'on avance par degrés. « Il faut donc tout simplement, dit-il, pour commencer, pour établir un premier jalon, revenir aux modifications prudentes, faciles, commodément vulga-risables, qu'adoptèrent et pratiquèrent les Du Marsais, les Duclos, les Beauzée, etc.

« Il faut accepter, suivant la théorie de Port-Royal, quelques petits signes très-simples pour faire disparaître certaines anomalies du genre des suivantes : *fusil*, où l'*l* ne se prononce pas, et *fil* où il se prononce ; *nid* où *d* ne se prononce pas et *David* où il se prononce ; *répugnance* où *gn* est doux et *stagnation* où *gn* est très-dur, etc.

« Il est très-facile pour ces différents cas, et pour d'autres analogues, de convenir d'un petit signe, d'un tiret, d'un accent, tout ce qu'on voudra, qui indique la prononciation. »

« Voici donc une série d'applications actuelles que je proposerais volontiers, d'une manière formelle, à tous les amis de la réforme : 1° Retranchement de l'*h* muet (*Omère*). — 2° Retranchement des lettres doubles (*abé, tranquile, éfet*, etc.). — 3° Emploi d'une seule consonne où il y en a deux inutilement (*alfabet, ortografe, téâtre*, etc.). — 4° Expulsion de l'*m* où l'on ne prononce que *n* (*anfibie*, etc.). — 5° Expulsion de l'*x* comme marquant le pluriel (*eus, veus, ceus*, etc.). — 6° Abandon de l'usage absurde et sans prétexte étymologique , qui fait écrire *homme* venant de *homo, donner* de *donare, honneur* de *honor* (*ome, doner, oneur*). — 7° Expulsion du *t* ayant le son de l'*s* (*atension*, etc.). »

P. Poitevin. *Grammaire générale et historique de la langue fran-çaise*. Paris, 1856, 2 vol. in-8.

Au chapitre de l'*Orthographe* , M. Poitevin, après avoir cité l'opinion sur la simplification de l'orthographe, que j'avais émise en 1855, dans mon Rapport sur l'Exposition universelle de Londres, s'exprime ainsi :

« Ces observations sont fort justes, et il est fâcheux que M. Ambroise Firmin Didot se soit borné à exprimer un vœu ; il lui appartenait de donner l'exemple des réformes raisonnables et d'ouvrir la voie dans laquelle l'Académie ne peut entrer la première; rien ne lui eût été plus facile assurément que de faire sortir de ses nombreuses publications tout un système nouveau d'orthographe; c'était une œuvre digne de lui, et nous regrettons qu'il ne l'ait pas accomplie. »

Mais le respect que l'on doit aux décisions de l'Académie, et qui m'est plus particulièrement imposé, comme ayant l'honneur d'être son imprimeur, m'interdisait plus qu'à tout autre, de pouvoir rien innover. C'est à l'Académie, en raison même de l'autorité suprême qu'on lui reconnaît, à répondre, dans la limite qu'elle jugera convenable, au vœu général.

M. Poitevin fait ensuite une rapide énumération des tentatives de réforme depuis le seizième siècle, puis il ajoute :

« Disons en terminant qu'il est impossible qu'on ne voie point, dans un temps très-prochain, se produire les réformes suivantes :

« 1° Suppression de toute lettre inutile ou nulle dans la prononciation ;

« 2° Adoption des mêmes signes pour les sons identiques (1). »

Dans cette Grammaire, plus complète et plus détaillée que toutes celles qui avaient paru jusqu'alors, l'auteur fait connaître quelques-unes des raisons historiques de nos formes orthographiques actuelles ; il donne à l'occasion le tableau des pronoms et de la conjugaison des verbes dans le vieux français. Ses listes de substantifs dont le genre est douteux, des homonymes, des pluriels des noms composés, etc., ajoutent à son travail beaucoup d'intérêt et une utilité incontestable pour la fixation future de l'orthographe française.

LÉGER NOEL. *Les anomalies de la langue française, ou la nécessité démontrée d'une révolution grammaticale.* Paris, Ferdinand Sartorius, 1857, in-8 de 240 pp.

Cet ouvrage est le résultat d'un travail très-pénible et vraiment consciencieux. Mais la disposition typographique tout allemande,

---

(1) Ce programme est celui de Port-Royal (voir p. 123), adopté depuis deux siècles par presque tous ceux qui ont fait une étude approfondie de notre langue.

l'absence de table et d'index, en rendent l'étude très-pénible, et la méthode adoptée par l'auteur ne contribue pas à la clarté. M. Noel a consacré deux cent vingt pages d'une impression très-fine aux détails de l'orthographe du substantif et du genre; c'est assez dire que son œuvre se refuse à une analyse complète.

L'auteur a été amené à reconnaître et à classer les anomalies, malheureusement très-nombreuses, dans la formation du genre de nos substantifs.

La première loi, c'est que le féminin se distingue par la présence de l'*e* muet à la fin du nom; exemple : le *dieu*, la *déesse*, le *lion*, la *lionne*, le *mulet*, la *mule*, etc.

Mais les cas d'exception sont presque aussi nombreux que ceux qui sont conformes à la règle : tantôt le féminin s'applique aux deux sexes : la *girafe*, la *gazelle*, la *chouette*, la *tortue*, etc. — Tantôt des noms masculins conservent l'*e* muet final, signe du féminin : ex. *amulette*, *arbuste*, *chêne*, *hêtre*, *doute*, *incendie*, *angle*, *antimoine*, *antipode*, *centime*, *inventaire*, etc. — D'autres fois un même mot est tantôt masculin, tantôt féminin, selon le sens qu'on y applique; ex.: *aide*, *barbe*, *barde*, *basque*, *carpe*, *crêpe*, *décime*, *enseigne*, *faune*, *garde*, *orge*, etc.

Déjà La Bruyère, membre de l'Académie française, mort en 1696, dans son chapitre intitulé *De quelques usages*, proteste à ce sujet contre ce qu'on appelle l'usage :

«... Le même usage fait, selon l'occasion, d'*habile*, d'*utile*, de *docile*, de *mobile* et de *fertile*, sans y rien changer, des genres differents : au contraire, de *vil*, *vile*, de *subtil*, *subtile*, selon leur terminaison, masculins ou feminins (1). Il a altéré les terminaisons anciennes : de *scel* il a fait *sceau ;* de *mantel*, *manteau ;* de *capel*, *chapeau*, etc., et cela sans que l'on voie guère ce que la langue françoise gagne à ces différences et à ces changements. Est-ce donc vouloir le progrès d'une langue que de déférer à l'usage?»

M. Léger Noel constate en passant quelques irrégularités qui ont échappé à la dernière édition du Dictionnaire de l'Académie : ex. : *hydrocèle*, *pneumatocèle*, *varicocèle*, féminins ; *sarcocèle*, masculin; *univalve*, *bivalve* du féminin ; *multivalve*, du masculin ; *aggrave*, *métopes*, *palestre*, du féminin, et *réaggrave*, *opes*, *orchestre*,

---

(1) Le *poison* a remplacé la *poison ;* et par contre, on a fait masculin la *navire*, tandis que *nef* est resté féminin.

du masculin. Il aurait pu ajouter *ode*, ce mot introduit en français par Ronsard, du féminin, et *épisode* du masculin.

S'appuyant sur le principe de l'analogie, M. Léger Noel propose que :

| *à cause de :* | | *on écrive :* | *au lieu de :* |
|---|---|---|---|
| bac | lac | un abac | un abaque |
| bissac | ressac | un tombac | un tombaque |
| bivouac | sac | un zodiac | un zodiaque |
| cornac | sumac | | |
| estomac | tabac | | |
| havresac | trictrac | | |
| agaric | aspic | un critic | un critique |
| alambic | basilic | le tropic | le tropique |
| arsenic | cric | | |
| trois cents adjectifs ou | | un hippogrif | un hippogriffe |
| substantifs en *if* | | un calif | un calife |
| | | un pontif | un pontife |
| avril | péril | un reptil | un reptile |
| babil | grésil | un volatil | volatile |
| béril | | un hil | un hile |
| | | un crocodil | un crocodile |
| accueil | fauteuil | un chèvrefeuil * | un chèvrefeuille |
| bouvreuil | œil | un portefeuil | un portefeuille |
| cercueil | orgueil | | |
| cerfeuil * | recueil | | |
| deuil | écueil | | |
| écureuil | seuil | | |
| treuil | | | |
| bazar | nénuphar | un phar | un pharc |
| car | par | un tartar | un tartare |
| caviar | czar | | |
| char | escobar | | |
| coquemar | nectar | | |
| amer | hier | un belveder | un belvédère |
| cancer | hiver | un calorifer | un calorifère |
| cher | mâchefer | un caracter | un caractère |
| enfer | magister | un adversair | un adversaire |
| éther | mer | un exemplair | un exemplaire |
| fier | outremer | | |
| frater | stathouder | | |
| gaster | ver | | |
| trois cents mots environ | | le chrysocal | le chrysocale |
| terminés en *al* | | le final | le finale |
| | | un oval | un ovale |

| à cause de : | on écrive : | au lieu de : |
|---|---|---|
| soixante mots environ<br>terminés en *el* | un polichinel<br>un violoncel<br>le vermicel | un polichinelle<br>un violoncelle<br>le vermicelle |
| accul        cul<br>archiconsul  nul<br>calcul ·     proconsul<br>consul       recul | un capitul<br>un versicul<br>un préambul<br>un globul | un capitule<br>un versicule<br>un préambule<br>un globule |
| quatre cents mots envi-<br>ron terminés en *ir* | un cachemir<br>un empir<br>le zéphyr | un cachemire<br>un empire<br>le zéphire |
| butor       major<br>castor       or<br>condor       similor<br>cor          thermidor<br>corrégidor   trésor<br>essor        Labrador<br>for | un éphor<br>tricolor (drapeau) | un éphore<br>tricolore |
| azur        obscur<br>dur          pur<br>futur        sûr<br>impur        sur<br>mûr | un carbur<br>un sulfur<br>un murmur | un carbure<br>un sulfure<br>un murmure |
| quarante mots environ<br>en *our* | un pandour | un pandoure |
| deux cent cinquante<br>mots environ ter-<br>minés en *oir* | un auditoir<br>le conservatoir<br>un promontoir<br>le vomitoir | un auditoire<br>le conservatoire.<br>un promontoire<br>le vomitoire |

On écrira de même, dit l'auteur, au masculin les adjectifs :

| | | | |
|---|---|---|---|
| agil | servil | ignar | sonor |
| aquatil | fidel | ovipar | bicolor |
| débil | infidel | vivipar | élégiac |
| facil | parallel | éphémer | hypocondriac |
| docil | rebel | lanifer | opac |
| fertil | bénévol | prosper | critic |
| fluviatil | frivol | pir | pacific |
| fossil | crédul | bicolor | magnific |
| fragil| | avar | inodor | ventriloc |
| habil | barbar | | |

Il est inutile de développer davantage ces tableaux, qui font connaître le genre de régularisation auquel l'auteur s'est plus spécialement attaché. Lorsque les lois de la prosodie française s'opposent à ce que l'on modifie l'orthographe de la désinence, il propose de changer le genre; exemple : une *squelette*, une *satel-lite*, une *aérolithe*, une *phytolithe*, une *ostéolithe*.

Les changements de cette nature, qui intéressent l'oreille, sont plus difficiles à introduire que des modifications dans l'écriture.

M. Noel veut qu'on écrive la *foie* (*fides*) et le *foi* (*hepar*), le *nef* ou la *nève* (*navis*), le *soif* et une *cuillère* au lieu de *cuiller*.

Le mot *voix* (*vox*), devrait, selon lui, être écrit *voye* pour lui donner une terminaison féminine, tout en le distinguant de *voie* (*via*), attendu que « cette forme le rapprocherait de son dérivé *voyelle* et lui donnerait bien plus d'ampleur et d'harmonie. »

« Les grammairiens, ajoute-il, en portant le marteau sur l'*y*, si sonore dans des mots tels que *paye*, *payement*, etc., pour le rem-placer par cet *i* fêlé, qui est en si grande faveur auprès d'eux, ont-ils rendu service à la langue ? Sûrement, Victor Hugo n'entend pas qu'on prononce *égaye*, *bégaye* dans les vers suivants :

> L'idée auguste qui t'*égaye*
> A cette heure encore *bégaye*,

comme s'il faisait rimer ces mots avec *baie;* car alors, indubita-blement, il écrirait *égaie*, *bégaie*. C'est donc un peu comme s'il y avait –*éie*, résonnance vraiment féminine, qu'il faut que l'on prononce, et non pas *é*, son sec et bref, désinence toute mascu-line. »

Les 240 pages de M. Noel présentent le même intérêt, la même originalité dans un sujet qu'on aurait pu croire épuisé, et c'est à lui qu'on doit (page 205 et suivantes) le travail le plus étendu sur le pluriel des noms composés.

A. DE CHEVALLET. *Origine et formation de la langue française. Se-conde édition. Ouvrage dont la première partie a obtenu, à l'Insti-tut, le prix Volney en 1850, et la seconde partie, l'un des prix Gobert en 1858. Paris, Dumoulin, 1858, 3 vol. in-8.*

Il serait impossible, sans nuire à cet important et précieux tra-vail, d'essayer d'en donner ici une sommaire analyse. Son auteur, enlevé prématurément à la science, dont il promettait d'étendre le domaine, a embrassé dans le cadre de son livre l'ensemble des

questions que soulève l'histoire du langage français depuis l'époque de son origine jusqu'à celle de l'invention de l'imprimerie.
On ne trouverait nulle part ailleurs une plus ample moisson de
documents d'une valeur incontestable pour déterminer la provenance des mots de notre langue et les suivre dans les variations de
leurs formes lexicographiques, depuis la basse latinité jusqu'au
temps de la Renaissance.

Je me bornerai à extraire un passage qui montre que l'orthographe étymologique est une création qui ne remonte guère plus
haut que le quinzième siècle. S'écarter des formes grecques et
latines, c'est donc retourner à la tradition même du français, à
l'esprit simple qui a présidé à sa formation, en même temps qu'il
lui permettait d'exécuter ces poëmes chevaleresques qui ont éveillé
presque toutes les littératures de l'Europe.

Pendant plus de tròis siècles, l'orthographe du français, mobile
et inconstante sans doute, a donc été une orthographe presque
phonétique. Voici comment s'explique la différence de prononciation entre l'ancien français et le latin :

« L'homme du peuple, dit l'auteur (II⁰ part., livre I, ch. ɪ), est
rempli d'indifférence et de négligence pour tout ce qui concerne le
langage ; la paresse naturelle de son organe se prête mal à l'articulation nette et distincte de toutes les lettres et de toutes les syllabes ; il
recherche bien moins dans la prononciation des mots l'exactitude
et la pureté que la facilité de leur émission et sa propre commodité. Peu soucieux de mériter, par les charmes de la parole,
l'approbation de ses pareils, il ne leur parle ni pour leur plaire,
ni pour s'en faire admirer ; il leur parle pour en être compris, et
il se donne parfois si peu de peine pour articuler, qu'on peut dire,
à la lettre, qu'il se fait comprendre à *demi-mot*.

« De plus, on peut fréquemment observer, dans les entretiens
des gens du peuple, qu'un mot mal prononcé, par l'organe paresseux de la parole, est souvent plus mal entendu par l'organe
grossier de l'ouïe.

« De là deux principales sources d'altérations populaires modifiant le son des mots : l'une consiste dans l'émission inexacte du
son, l'autre consiste dans son inexacte perception ; la première
tient à la négligence et à l'insouciance de celui qui parle ; la
seconde tient au peu de sensibilité d'oreille de celui qui écoute.

« Ces altérations modifient de différentes manières et plus ou
moins profondément les divers éléments phoniques qui compo-

sent les mots. Certaines lettres sont assourdies ou complétement changées; certaines autres sont transposées pour la commodité de l'organe; d'autres sont ajoutées au mot pour en faciliter l'articulation; d'autres, au contraire, sont retranchées pour rendre la prononciation plus brève et plus rapide; enfin des mots destinés à la représentation d'une idée sont confondus par inadvertance ou par ignorance avec d'autres mots assez semblables quant au son, mais entièrement différents sous le rapport de la signification.

« Les primitifs latins, en se transformant en mots de la langue d'oïl, ont subi les diverses sortes de modifications que je viens d'énumérer; elles peuvent toutes être rapportées à cinq chefs principaux, que je désignerai sous le nom de *permutation*, de *transposition*, *d'addition*, de *soustraction* et de *substitution de mots* (1).

(1) Voici des exemples de ces différentes modifications tirés de l'ouvrage même de M. de Chevallet.

PERMUTATION de voyelles :

A, devenu *é*. . . . . . . . *amarus*, amer ; *caput*, chef.
— — *ai*. . . . . . . *acutus*, aigu; *ala*, aile.
— — e muet. . . . . *caballus*, cheval; *capillus*, cheveu.
— — *ô*. . . . . . . *damnagium*, dommage; *phiala*, fiole.
— — *au*. . . . . . . *alba*, aube; *alter*, autre.
— — *oi*. . . . . . . *pallium*, poile; *madidus*, moite.
— — *i*. . . . . . . . *avellana*, aveline; *jacens*, gisant.
— — *ie*. . . . . . . *canis*, chien; *gravis*, grief.
— — *u*. . . . . . . . *saccharum*, sucre.
— — *on*. . . . . . . *aperire*, ouvrir.

Toutes les autres voyelles ou diphthongues ont subi ainsi de nombreuses permutations, dont l'auteur a donné un tableau complet. Les consonnes ont subi des permutations non moins fréquentes :

G, par exemple, toujours *dur* en latin, est devenu *g* doux : *agere*, agir ; ou *j* : *gemellus*, jumeau: *gaudere*, jouir; ou *c* doux : *gengiva*, gencive; ou *s* : *gigeria*, gésier;

Ou *ch* : *figere*, ficher ; *lingere*, lécher ;

Ou *v* : *gyrare*, virer.

TRANSPOSITION : de R : *paupertas*, pauvreté; *vervex*, brebis; *turbo*, trombe; *temperare*, tremper;

DE L : *fistula*, flûte, *vulpes*, goupil.

ADDITION. Au commencement du mot (*prosthèse*) : *scribere*, escrire, puis écrire; *species*, espèce et épice; *carbunculus*, escarboucle; *clarus (ignis)*, esclair, puis éclair; *præcox (malum)*, abricot; *lata (via)*, allée ; *kaïd*, alcade ; *hedera*, lierre; *Insulæ*, Lille (ville); *amita*, tante; *altus*, haut; *ascia*, hache. — Il eût pu ajouter *otium*, loisir.

« Indépendamment des différentes causes générales qui déter-
minent l'altération des sons dans toutes les langues abandonnées
à l'insouciance, à l'ignorance et aux instincts du peuple, il en est
encore deux autres qui exercèrent une action spéciale, mais secon-
daire, sur les mots de la langue latine parlée dans les Gaules, et
contribuèrent, dans une certaine mesure, à la transformation de
ces mots en mots romans. La première de ces deux causes con-
sista dans l'influence de notre climat du nord sur la prononciation d'une langue née dans une contrée méridionale ; la seconde
doit être attribuée à l'influence que la prononciation particulière
de l'idiome des Gaulois et de l'idiome des Francs dut naturellement exercer sur la langue des Romains.

« .... Il serait fort intéressant de pouvoir suivre d'altération en
altération les divers changements qui se sont opérés dans les éléments phoniques de tous nos mots, depuis l'introduction du latin
dans les Gaules jusqu'au moment de la fixation de notre langue ;
malheureusement les tentatives que l'on pourrait faire à cet
égard seraient aussi vaines que téméraires. D'abord, nous n'avons

Dans le corps du mot (*épenthèse*) : *camera,* chambre ; *humilis,* humble ;
*tener,* tendre ; *perdix,* perdrix ; *funda,* fronde ; *domitare,* dompter ; *tumulus,*
tombe, puis tombeau ; *repere,* ramper ; *tympanum,* timbre ; *gurges,* gouffre ;
*siser,* chervis ; *cannabis,* chanvre ; *cinis,* cendre ; *ponere,* pondre ; *molere,*
moudre ; *joculator,* jongleur.

A la fin du mot (*paragogue*) : *duo,* deux ; *aripennis,* arpent ; *lièvre,* levraut ;
*illa hora,* alors ; *assideo,* j'assieds, pour j'assied ; souffres-y, voilà-t-il, etc.

Soustraction. Au commencement du mot (*aphérèse*) : de *sordidus,* l'adj. ord,
qui a donné ordure ; *spasmare,* pâmer ; *ptisana,* tisane ; *ejunium,* jeûne ; *pa-
paver,* pavot.

Dans le corps du mot (ou *syncope*) : *ministerium,* mestier, puis métier ; *mo-
nasterium,* moustier, puis moutier ; *latrocinium,* larcin ; *anima,* âme; *presbyter,*
prêtre ; *augustus,* août ; *benedictus,* bénit ; *quadragesima,* carême ; *pediculus,*
pou ; *sudarium,* suaire; *securus,* sûr.

A la fin du mot (*apocope*) : *arcus,* arc, *donum,* don; *ferrum,* fer; *nullus,* nul.

Substitution de mots : *courte-pointe,* au lieu de *coute-pointe,* seul usité jadis,
de *culcitra puncta; faux-bourg,* puis *faubourg,* au lieu de *forsbourg* ou *for-
bourg,* qu'on écrivait du xiie au xive siècle; *être en nage,* au lieu de *en age*
(de *aqua,* aigue, eau) ; *sens devant derrière, sens dessus dessous,* au lieu de
*ce devant derrière, ce en devant derrière, ce en dessus dessous,* etc., qu'on
trouve dans nos vieux auteurs. *De longue main* : nos anciens textes disent *de
longuement; chat-huant,* pour l'ancien mot *chouant,* en basse latinité *cauanna,
cauannus.*

Il faut recourir à ce curieux chapitre dans l'ouvrage de M. de Chevallet, pour
es noms des rues de Paris, si singulièrement travestis depuis deux siècles.

écrit notre idiome que fort longtemps après avoir commencé à le parler. Pendant plusieurs siècles, il est pour l'observateur à *l'état latent*. Nous avons la preuve de son existence durant cette période, sans que nous ayons aucun moyen de constater les conditions dans lesquelles il se trouvait, et, par conséquent, sans que nous puissions déterminer les transformations successives qu'a dû subir sa prononciation.

« Un autre obstacle s'oppose à de semblables recherches, même pendant les siècles du moyen âge, qui nous ont laissé des monuments écrits, c'est la multiplicité des dialectes et des sous-dialectes qui se révèlent dans ces monuments, multiplicité telle qu'*on pourrait*, sous ce rapport, *diviser la langue de cette époque en autant de variétés que l'on comptait de bailliages dans la France septentrionale.* Toutes ces variétés consistaient dans d'innombrables différences de prononciation ; et la prononciation est un fait si fugitif, si mobile, ses nuances sont si délicates, si difficiles à saisir, les questions qui s'y rattachent se trouvent compliquées de tant d'accidents orthographiques, de tant de considérations de temps et de lieu, que l'on peut assurer, sans courir le risque d'être démenti par l'expérience, qu'il est absolument impossible de démêler cet inextricable écheveau, ou du moins qu'il est impossible de le faire d'une manière qui soit suffisante pour pouvoir établir la succession des divers changements qu'ont eu à subir les éléments phoniques du plus grand nombre de nos mots.

« J'ai donc dû m'imposer beaucoup de retenue à cet égard, et me borner, le plus souvent, à présenter les deux termes extrêmes de la route parcourue, celui d'où l'on est parti et celui auquel on est arrivé, c'est-à-dire le primitif latin tel qu'il existait au siècle d'Auguste et le dérivé français tel que nous le possédons aujourd'hui. Du reste, une considération doit nous faire moins regretter d'avoir été obligé de reculer devant un obstacle insurmontable, c'est que la *très-grande majorité des mots de notre langue paraissent avoir encore, de nos jours, la même prononciation qu'ils avaient dans le dialecte de l'Ile-de-France* (devenu le français), *à l'époque où remontent les plus anciens monuments de ce dialecte ;* c'est du moins ce qui résulte des longues et épineuses études auxquelles je me suis livré sur ce sujet.

« Le système graphique du moyen âge consistait à figurer la prononciation par des notations équivalentes sous le rapport du son représenté, bien que différentes sous le rapport du signe représentatif. Ainsi le son *e* se trouve figuré par *e, ee, ei, ie, ai, oi,* etc. On doit penser qu'il n'est pas toujours facile de discerner l'une de l'autre la valeur phonique de ces notations.

« La même syllabe, le même mot, sont représentés de façons tout à fait différentes, non-seulement dans divers manuscrits qui peuvent avoir été écrits dans différents pays et à différentes époques, mais encore dans le même manuscrit, dans la même page, et quelquefois dans la même ligne. C'est là une des nombreuses difficultés que présente une étude approfondie des dialectes. La question à résoudre est celle-ci : quels sont les signes graphiques servant à noter des prononciations identiques, quels sont les signes servant à noter des prononciations différentes et pouvant être considérés comme autant de caractères distinctifs de tel ou tel dialecte ? Par un seul exemple, on peut juger approximativement des obstacles que rencontre la solution de la question. Il nous est fourni par le copiste des œuvres de Marie de France, qui, dans cinq fables assez courtes, écrit *goupil* (vulpecula), ancien nom du renard, de vingt-quatre manières différentes et de six manières dans une seule de ces fables qui ne contient que trente-six vers : *vorpil, gourpill, verpil, gopis, gorpil, gopitz* (fable X, p. 95); *worpil, goupix, goulpis, gurpiz, werpis* (fable LX, p. 255); *gourpil, worpis, goupil, werpil, golpil* (fable LXI, p. 258); *gourpiz, horpix, goupix, horpil* (fable LXXXIX, p. 363); *goupis, horpils, horpilz, gopiz* (fable XCVIII, p. 387).

« Dans le Livre des Métiers, le mot *guet,* tout monosyllabe qu'il est, se présente écrit de cinq manières différentes. A ce sujet, M. Guessard, le savant professeur de l'École des chartes, fait remarquer que les cinq formes *guiet, guet, gait, gueit* et *guait* étaient le signe multiple d'une prononciation unique. « Je ne dis pas que ces cinq formes représentassent également bien la prononciation du mot *guet,* ce qui pourrait se soutenir; je prétends seulement que, dans ce cas et dans tout cas analogue, le scribe a voulu peindre et rendre sensible un seul et même son. Souvent il aura atteint son but moins heureusement; mais là n'est pas la question. Il faut admettre à toute force que, dans un même manuscrit, toutes les formes d'un même mot, placé dans les mêmes conditions, ne sont que des moyens divers employés par le copiste pour reproduire la même chose, à moins d'admettre l'absurde, c'est-à-dire qu'un mot avait autant de formes parlées que de formes écrites..... En principe, on peut l'affirmer hardiment, il n'y avait au moyen âge qu'une orthographe *ad libitum*, à la portée de tout le monde. *On n'exigeait que la représentation des sons ;* en quoi chacun suivait ses connaissances, son instinct, son caprice, ses habitudes, son esprit de symétrie. Je dis ses connaissances : car les clercs, les hommes lettrés écrivaient, même en français, l'orthographe latine ou à peu près ; et voilà pourquoi certains manuscrits, les plus anciens surtout, offrent sous ce rapport plus de régularité que les autres. (*Bibliothèque de l'École des chartes*, t. III, p. 68 et 69.) »

Casimir Henricy. *Traité de la réforme de l'orthographe, comprenant les origines et les transformations de la langue française,* dans la *Tribune des linguistes*, 1re année, 1858-1859. Paris, gr. in-8. — *Gramère fransèze d'après la réforme ortografiqe.* 11 livraisons, faisant suite au *Dictionnaire français illustré* de Maurice La Châtre. Paris, in-4.

M. Henricy s'est livré à de grandes et consciencieuses recherches sur l'histoire de l'orthographe, et présente sur la réforme des idées fort sages :

« Il y aurait folie, dit-il (1), à penser que ma *Gramère fransèze d'après la réforme ortografiqe* puisse servir de règle à la génération actuelle. Ce qu'on peut suivre comme un guide sûr aujourd'hui, c'est ma *Grammaire française* d'après l'orthographe académique. Le *Traité de la réforme de l'orthographe* est à l'adresse des gens qui veulent s'éclairer sur cette importante question et qui pensent qu'une réforme serait utile. Ils trouveront là un plan complet de réforme divisée en cinq degrés ; et je ne leur propose que l'adoption du premier degré, réforme bien simple, déjà pratiquée par les écrivains les plus éminents des deux derniers siècles, notamment par Du Marsais, dans son *Traité des tropes*, réimprimé en 1804 avec cette même orthographe. »

« La conséquence de la constitution vicieuse de notre écriture, ajoute-t-il plus loin (p. 126), est que pas un homme ne peut à bon droit se flatter de connaître parfaitement l'orthographe, de ne jamais broncher dans ses sentiers tortueux. Les gens qui la connaissent le mieux ne rougissent pas de l'avouer. En fît-on la seule étude de sa vie, on ne parviendrait pas à l'apprendre, même

_____
(1) *Tribune des linguistes,* p. 60.

à l'aide d'une intelligence exceptionnelle. On ne parviendrait qu'à s'abrutir. L'écriture ne constitue en effet qu'un instrument, mais c'est l'instrument indispensable pour arriver à la connaissance des sciences..... Or l'intelligence de l'homme le mieux doué a des bornes, et il est évident que, s'il l'emploie toute à apprendre ou à retenir l'orthographe, il ne lui en reste plus pour l'étude des sciences. Celui qui, grâce à de longs et pénibles travaux et à une attention soutenue, parvient à écrire correctement quelques pages, sans le secours d'un dictionnaire, n'a donc pas lieu d'être si fier! Du reste, les plus experts en pareille matière ont toujours reculé devant le défi de subir victorieusement une épreuve. »

Il résulte du travail très-étendu et très-approfondi de M. Henricy qu'il reconnaît la nécessité de ne procéder à la réforme qu'avec mesure et successivement. Il fixe même cinq degrés, séparés par deux ans d'intervalle, pour atteindre une réforme telle qu'il la conçoit possible. Mais, d'une part, les catégories qu'il propose feraient l'objet de longues discussions, et, d'autre part, dix années sont un terme insuffisant pour permettre d'espérer un pareil résultat.

FRÉDÉRIC DÜBNER. *Examen du programme officiel des humanités, année scolaire* 1863-64. Paris, Paul Dupont, 1863, in-8.

Notre orthographe semble, sans doute, chose bien pénible et bien difficile au conseil impérial de l'instruction publique, puisqu'il établissait ainsi le programme de l'enseignement du français pour l'année scolaire 1863-64 :

1. CLASSE PRÉPARATOIRE. Grammaire française : noms, adjectifs, verbes. Exercices d'*orthographe.*
2. CLASSE DE HUITIÈME. Grammaire française : révision et continuation. Exercices d'*orthographe.*
3. CLASSE DE SEPTIÈME. Grammaire française : révision et continuation. Exercices d'*orthographe.* Exercices d'analyse grammaticale.
4. CLASSE DE SIXIÈME. Grammaire française. Exercices de grammaire et d'*orthographe.*
5. CLASSE DE CINQUIÈME. Grammaire française. Exercices de grammaire et d'*orthographe.*
6. CLASSE DE QUATRIÈME. Grammaire française. Exercices de grammaire et d'*orthographe.*
7. CLASSE DE TROISIÈME. Exercices français : récits et LETTRES D'UN GENRE SIMPLE.

« Pour la langue maternelle, dit M. Dübner, p. 5, et dans les lycées impériaux, *six années d'exercices de grammaire et d'orthographe* avant de pouvoir être admis, dans une septième année d'étude, à composer des lettres d'un *genre simple!* »

Édouard Raoux, professeur à l'Académie de Lausanne. *Orthographe rationnelle, ou orthographe phonétique, moyen d'universaliser rapidement la lecture, l'écriture, la bonne prononciation et l'orthographe, et de réduire considérablement le prix des journaux et des livres.* Paris, à la librairie de la Suisse romande, 1865, gr. in-16.

Ce petit traité (278 pages seulement) est fort intéressant, et, ce qui est rare dans les ouvrages de ce genre, se laisse lire d'un bout à l'autre sans fatigue et sans ennui. Il est le catéchisme de la réforme radicale en matière d'orthographe.

M. Raoux, venu le dernier parmi les phonographes, a su habilement profiter des travaux de ses nombreux devanciers. J'ai donc cru devoir, comme je l'ai fait pour Beauzée, le représentant le plus important de l'autre école, celle des néographes, lui consacrer une attention plus particulière. Les reproches qu'encourra son système s'appliqueront naturellement, pour une grande part, à tous les autres.

L'ouvrage se compose d'une partie critique et d'une partie dogmatique. Je ne reproduirai pas, parmi les critiques que l'auteur adresse à l'ancien système orthographique, celles qui ont été déjà faites par ses devanciers, bien qu'il ait su leur donner un tour nouveau, les accentuer et les développer davantage. Je dois me borner à la part d'idées neuves, et elles sont assez nombreuses, que M. Raoux a présentées dans son livre.

Comme son devancier, Louis Meigret, le professeur de Lausanne travaille pour le *commun peuple :* son livre est dédié *aux travailleurs* de tous les pays. La réforme orthographique aura pour conséquence, selon lui, d'élever le niveau intellectuel des masses ; de mettre à la portée de tous le prix des journaux et des livres ; de multiplier le nombre des esprits supérieurs ; de faciliter les relations internationales par la préparation ou la création d'une langue universelle ; de placer des habitudes logiques à la base de la première éducation; de faire monter vers les plaisirs intellectuels des millions d'hommes qui descendent chaque jour plus bas dans les jouissances de la matière.

L'auteur expose ainsi ses principes :

« De toutes les merveilles dues au génie de l'homme, les deux plus fécondes, en même temps que les plus méconnues, sont assurément le *langage* et l'*écriture*. Traduire, en déplaçant un peu d'air, tout le monde invisible du sentiment et de la pensée ; fixer, en traçant quelques signes, tous les sons fugitifs de la parole ; saisir au vol ces ondes sonores et les emprisonner pour toujours dans quelques caractères alphabétiques : voilà deux miracles qui ne lasseront jamais l'admiration des siècles. L'écriture surtout, qui permet d'entendre une voix parlant à deux mille lieues, ou éteinte depuis trois mille ans ; l'écriture, qui permet d'accumuler toutes les conquêtes de l'esprit humain dans ces temples lumineux qu'on appelle des *bibliothèques* ; l'écriture, enfantement laborieux des génies de cent générations, a des droits particuliers à cette admiration et à notre reconnaissance.

« L'écriture est, en effet, l'immense et merveilleux réservoir de la pensée humaine. C'est là que viennent s'accumuler, une à une et de siècle en siècle, les découvertes du savant, les méditations du philosophe, le monde idéal de l'artiste et du poëte, le monde réel des vulgarisateurs de la science pratique. Chez les peuples où l'écriture n'existe pas encore, tous ces trésors disparaissent presque à mesure qu'ils se produisent. Toutes ces brillantes manifestations du talent et du génie s'envolent avec la voix, et il ne reste, pour les générations suivantes, que des fragments défigurés par les infidélités de la mémoire, les fantaisies de l'imagination ou les aberrations de l'ignorance. Dans les pays où l'écriture apparaît, l'aurore commence, et, à mesure que les systèmes graphiques se perfectionnent, le niveau de l'intelligence publique s'élève, le jour fait reculer la nuit.

« L'abîme qui existe aujourd'hui entre la langue *parlée* et la langue *écrite* n'existait pas à l'origine. Les lettres servaient alors à représenter des sons, et non à favoriser le fastueux étalage de l'érudition linguistique. On écrivait pour exprimer sa pensée et non pour faire savoir à l'univers que l'on avait appris les langues mortes et les idiomes septentrionaux (1).

(1) Cette proposition, juste en principe, ne saurait s'appliquer à la langue française, qui est d'origine presque exclusivement latine, plutôt que celtique et germanique. (Voir plus haut l'analyse du livre de M. de Chevallet.) Dans le *Cantique de sainte Eulalie*, du dixième siècle, dans les *Lois de Guillaume le Conquérant*, du onzième, dans la *Chanson de Roland*, du douzième, on

« On trouve la preuve de cette écriture presque entièrement *phonétique* dans tous les documents de la langue *gallo-ligurienne* ou *provençale* et des patois romans qu'on parlait au nord de la Loire, sous le nom de langue *d'oïl*. Cette première phase s'étend du neuvième au treizième siècle.

« Mais, à partir de cette dernière époque, l'ennemi commença à pénétrer dans la place. Les alphabets grec, latin et septentrionaux s'insinuèrent sournoisement dans l'écriture française. Les lettres inutiles ou *muettes* vinrent peu à peu étaler leur vaniteuse oisiveté au milieu des lettres *actives* ou phonétiques. »

M. Raoux attribue à Joinville, qui vivait à la fin du treizième siècle (1), à Froissart à la fin du quatorzième, et surtout à Philippe de Comines au quinzième siècle, le tort d'avoir ainsi surchargé l'orthographe de lettres inutiles. Au seizième, Marot, Despériers, Rabelais, Montaigne, suivirent plus ou moins la même route. « Alors commença le fatal divorce entre le *son* et le *signe*, entre la langue *parlée* et la langue *écrite*. Alors aussi commença la célèbre croisade de la réforme orthographique, qui devait se continuer jusqu'à ce jour. »

Je citerai en passant un curieux calcul de M. Féline, cité par M. Raoux, mais que je crois un peu exagéré, sur les résultats économiques de la réforme phonétique.

---

trouve nombre de lettres étymologiques qui certes ne se prononçaient pas. Les scribes, affiliés en général au clergé ou à l'Université, ont bien rarement fait abstraction du latin ; mais leur orthographe, variable et indécise, était beaucoup plus simple et plus rapprochée de la prononciation que la nôtre. Cette prononciation et cette orthographe variaient toutefois selon les dialectes : « ... Et pour ceu que
« nulz ne tient en son parlier ne rigle certenne, mesure ne raison, est laingue ro-
« mance si corrompue, qua poinne li uns entent laultre ; et a poinne puet-on
« trouveir a jourdieu persone qui saiche escrire, anteir, ne prononcieir en une
« meismes semblant menieire, mais escript, ante et prononce li uns en une guise
« et li aultre en une autre. » (Préface des Psaumes de David en langue romane de Lorraine, citée par M. Le Roux de Lincy, introduction des *Quatre livres des rois*, p. XLII. Ce texte est de la fin du XIV⁰ s.)

(1) On n'a point le *texte original* de Joinville ; le plus ancien manuscrit de ses Mémoires que l'on connaisse est celui que possède notre Bibliothèque impériale. Cette copie, cependant, ne saurait être postérieure au XIVᵉ siècle. Mais elle ne reproduit pas, très-probablement, l'orthographe de l'original. On la croit généralement écrite vers 1350, c'est-à-dire environ trente ans après la mort de Joinville qui écrivit (ou du moins fit écrire) ses Mémoires en 1309, ainsi que l'indique le texte : « Ce fut escript eu lan de grace Mccccix ou moys doctoure. »

« J'ai cherché, dans plusieurs phrases, quelle serait la diminu-
tion des lettres employées, et celle que j'ai trouvée est de près
d'un *tiers* ; supposons seulement un *quart*. Si l'on admet que
sur 35 millions de Français, un million, en terme moyen, consacre
sa journée à écrire ; si l'on évalue le prix moyen de ces journées
à 3 francs seulement, on trouve un milliard, sur lequel on écono-
miserait 250 millions par année.

« La librairie dépense bien une centaine de millions en papier,
composition, tirage, port, etc., sur lesquels on gagnerait encore
25 millions.

« Mais le nombre des gens sachant lire et écrire décuplerait ;
les livres coûtant un quart moins cher, il s'en vendrait, par cela
seul, le double, et le double encore parce que tout le monde lirait.
De sorte que ce profit de 275 millions serait doublé et quadruplé,
et l'économie imperceptible d'une lettre par mot donnerait un bien
plus grand bénéfice que les plus sublimes progrès de la mécanique..... On s'inquiétera pour les chefs-d'œuvre de notre littérature. Mais il ne s'agit pas de supprimer l'alphabet actuel ; il con-
tinuerait encore pendant longtemps d'être employé par les lettrés,
comme la langue latine a été pendant tant de siècles la langue
savante et seule écrite, comme les chiffres romains dont on fait
encore usage. Il s'agit seulement pour ceux qui ne peuvent recevoir une éducation complète et suivre les écoles secondaires,
d'acquérir par l'étude la plus sommaire une seconde manière d'é-
crire qui les mette en rapport avec la masse du peuple et leur fasse
gagner une heure de travail sur quatre. »

La deuxième partie de l'ouvrage, intitulée : *Critique du système
graphique actuel*, est un travail solide et vraiment remarquable.
L'auteur signale d'abord les vices suivants : lettres à double et à
triple emploi ; — lettres surérogatoires ; — voyelles s'écrivant chacune de dix, vingt, trente et *cinquante* manières différentes
(ch. III, § 1) ; — voyelles et consonnes changeant arbitrairement
de valeur phonétique suivant leur entourage ; — réunion de
lettres identiques se prononçant différemment et de lettres différentes se prononçant d'une manière identique ; — sons simples ou
monophones s'écrivant avec deux, trois et même six lettres ; —
mots dans lesquels on ne prononce pas une seule lettre avec
le son que lui assigne l'alphabet ; — sons qu'on ne prononce
pas et qu'on écrit avec le même scrupule que les signes non

muets ; — quatre signes différents pour indiquer le pluriel ; — les mêmes signes pour représenter le singulier et le pluriel ; — un enchevêtrement inextricable de règles, d'exceptions, de sous-exceptions, de subtilités scolastiques, d'abstractions inintelligibles.

« Voilà, dit M. Raoux, cette célèbre écriture, vaniteusement baptisée correcte et orthodoxe (*orthographe*) ; voilà le haut et savant grimoire qui nous a été légué par les fétichistes gréco-latins, par ceux qui ont voulu repétrir une langue vivante avec les détritus de deux langues mortes. Merveilleux labyrinthe, en effet, où l'on se perd encore après vingt ans d'étude ; admirable système qu'on emploie un quart de siècle à ne pas apprendre. C'est un peu moins mal, pourtant qu'en Chine, où l'on passe sa vie à n'apprendre que cela. »

Passant à l'étude de l'alphabet, l'auteur annonce que la critique qu'il en va faire n'a pas pour but de rejeter toutes les lettres de l'alphabet français et d'en couler d'autres dans des moules entièrement nouveaux, comme le fait la sténographie, mais seulement de les ramener à des principes rationnels, quant à leur nombre, à leur nature, à leur valeur phonétique et à leur forme.

« Personne ne contestera cet axiome : *que le nombre des signes d'un alphabet rationnel ne doit être ni supérieur ni inférieur au nombre des sons fondamentaux de la langue à laquelle il appartient.* » Il suffit de rapprocher, à cet égard, les principes posés, dès 1660, par Port-Royal. *Voy.* p. 5 et p. 123.

« Or l'alphabet français est en pleine révolte contre cet axiome, car il possède six lettres entièrement superflues, et manque d'une douzaine de signes simples pour représenter des sons élémentaires.

« 1° Il possède six lettres superflues, parce qu'au lieu de représenter chaque son élémentaire par un seul signe, il a commis la faute d'en employer plusieurs.

« Ainsi, au lieu de traduire le son simple QE par un seul signe ou par une seule lettre, notre alphabet ne lui en assigne pas moins de *quatre*, savoir : C, K, Q, CH (*col, kilo, queue* et *choral*). N'est-il pas évident qu'il y en a *trois* de trop ?

« Le son I est actuellement représenté par les *trois* lettres I, *ï*, Y (*image, haïr, yeux*). Ne devrait-on pas en retrancher deux ?

« L'articulation S est aujourd'hui gratifiée de trois signes, savoir : C doux, Ç cédille et S (*Cécile, reçu, son*). Un seul ne suffirait-il pas à l'écriture ordinaire, quand il suffit aux écritures sténographique, italienne et espagnole (1) ?

« La lettre H représente un son qui n'existe pas, puisqu'il n'y a pas d'aspiration dans la langue française ; pourquoi donc embarrasser notre alphabet de cette lettre parasite, surtout lorsqu'il lui en manque une douzaine ?

« La lettre X fait double emploi avec S, Z, GZ et QS (*dix, deuxième, examen, index*). Pourquo occupe-t-elle inutilement la place qui serait si convenablement remplie par l'une des douze lettres qui attendent à la porte ?

« Enfin, le double W, signe intrus, maladroitement emprunté aux alphabets septentrionaux, se permet aussi de jouer sur le clavier des variations phonétiques, et se prononce tantôt V, tantôt OU, tantôt EU (*Wolga, William, New-York*).

« Voici donc six plantes parasites sur le vieux tronc de l'alphabet, six lettres parfaitement superflues, C, K, H, X, Y, W, dont il serait grand temps de faire l'amputation.

« Après s'être donné le luxe de six lettres superflues, le vieil alphabet nous présente le spectacle d'une indigence dont le chiffre est double. *Douze* lettres lui font défaut lorsqu'il veut traduire les douze sons simples, ou les douze notes nouvelles de la gamme alphabétique. Aussi est-il obligé de recourir, pour combler cette lacune, au stratagème des accents et des signes binaires, qui viennent jeter d'innombrables complications dans l'orthographe et de nouvelles ténèbres dans la lecture, l'écriture et la prononciation.

« L'accent aigu et l'accent grave jetés sur l'*e* muet devront le transformer en *e* fermé et en *e* ouvert (É, È), et les paires de lettres (digrammes) EU, AU, OU, CH, GN, LL, AN, EN, IN, ON, UN, seront chargées de représenter des voyelles et des articulations simples.

« Si, du moins, chacune de ces lettres et chacun de ces couples, ou digrammes, n'avait qu'une seule valeur phonétique ! Mais non. La lettre C traduit les quatre sons QE, SE, GUE et CH (*cocarde, Cécile, second, vermicelle*) (2) ; — G, les quatre articulations GUE, JE, NIEU et QE (*digue, gerbe, agneau, sang, rang élevé*) ; — X, les articulations QS, GZ, S, Z, CHE (*index, examen, Aix, deuxième,*

_____

(1) M. Raoux aurait pu ajouter que le *s* usurpe trop souvent la place du *z*, ce qui est fort regrettable.

(2) On commence à prononcer, conformément à l'écriture, *vermicelle*.

*Ximenès*) ; — la voyelle U représente les trois sons u, o et ou (*urne, punch, minimum, équateur, aquatique*) ; — la consonne D, les deux articulations D et T (*don, profond abime*) ; — la lettre F, celles-ci : F et v (*fier, dix-neuf ans*) ; Z correspond à z, s, DZ, TS (*zéphir, Rodez, mezzo, piazza*) (1). »

« Les différences de valeur des digrammes *eu* (*j'ai eu, un peu*), *ch* (*charité, archange, almanach*), *gn* (*stagnation, agneau*), etc., ne sont pas moins nombreuses que celles des lettres simples. »

Tout ce travail du professeur de Lausanne est intéressant, et il serait bon de s'y reporter, si l'on voulait constituer un alphabet normal pour la transcription de nos patois, ou des langues orientales, ou même simplement pour fixer un type uniforme de figuration de la prononciation dans nos dictionnaires, soit français, soit bilingues.

Toutefois l'auteur aurait dû citer les savants académiciens qui l'ont précédé, Beauzée, Domergue, et surtout Volney, qui, l'un, en 1767, l'autre, en 1806, le dernier, en 1820, ont traité à fond cette matière. Le troisième surtout a placé, dans son ouvrage intitulé : *L'Alfabet européen appliqué aux langues asiatiques,* une discussion excellente et approfondie de la valeur et de la distinction de nos voyelles et de nos consonnes. Après un si docte travail, il ne restait plus guère qu'à glaner et à perfectionner (2).

Dans le chapitre suivant, intitulé : *Vices des combinaisons binaires et ternaires des lettres, ou des bases de l'écriture,* l'auteur étudie les effets de la combinaison des lettres de notre alphabet deux à deux et trois à trois pour former les éléments de l'écriture. On ne peut donner ici que quelques exemples du singulier effet de ces unions.

IA garde le son naturel de ses composants, mais AI devient E, È (*j'ai, naître*). — UA donne le son OUA ou A (*équateur, quadrille*) ; AU donne le son O (*autre*). — IO ne produit pas de son nouveau, mais OI donne un son voisin de OA (*roi*). — YO est stérile ; mais OY offre trois sons : OU, A, I (*voyelle, royaume, moyen*) ; — EU a la même valeur que UE (*peur, cueillir*) (3) ; — S entre deux voyelles se transforme en z (*trésor, aisance*) ; mais il y a des exceptions : *vraisemblance, préséance.*

---

(1) M. Raoux aurait pu ajouter la lettre Y, qui représente les sons suivants I, Î, ÉI, II, III (*La Haye, style, abbaye, paysan, citoyen*).

(2) Il aurait dû aussi mentionner MM. Marle et Féline.

(3) Et en outre le son *u* : *j'eus, gageure.*

L'auteur a réuni d'autres exemples, en assez grand nombre, de vices analogues de nos combinaisons alphabétiques. Le son A s'écrit, d'après M. Marle, de 25 manières; le son AN, de 52; le son O, de 30; le son ON, de 26; le son OU, de 28; le son OI, de 25; le son È, de 55; le son É, de 25; le son EU, de 20; le son I, de 29; le son IN, de 34, etc., etc. En tout, 540 manières d'écrire 31 sons. M. Dégardin, qui a refait ce compte, trouve 568 variantes.

Dans les articles suivants, M. Raoux passe en revue les *sons différents s'écrivant de la même manière*. Ex. : *diagnostic* et *agneau, altier* et *balbutier; fier* verbe et *fier* adjectif; *fille* et *ville; il est de l'est;* — puis les *sons identiques s'écrivant avec des signes différents*. Ex. : *vingt, vin, vain, vint; cène, saine, Seine, scène;* — les sons nuls s'écrivant avec des annexes ou signes muets; ex. : *bah, choral, honneur, plomb, chaud, froid, clefs, œufs, bourg, fusil, baril*, etc.

Dans les derniers chapitres de la deuxième partie, l'auteur s'occupe des vices de l'écriture dite *orthographe de principes*. Nous avons six marques différentes du pluriel : S, Z, X, T, NT, ENT (les *gens*, vous *aimez*, les *cieux*, ils *vont*, ils *ouvrent*, ils *aimaient*). Sur ces six marques, cinq sont en même temps des signes employés au singulier : *bras, nez, doux, vent, pont* (1). Certains mots tirés des langues étrangères prennent notre marque du pluriel (*altos, erratas, opéras, pianos, quatuors, villas, zéros*, etc.); d'autres ne la prennent pas (des *alibi*, les *criterium*, les *choléra*, les *crescendo*, etc.). Il passe en revue ensuite les différentes irrégularités que l'on peut signaler dans l'orthographe des verbes, de leurs temps et des participes.

L'auteur termine cette seconde partie par un tableau très-animé des inconvénients, pour la nation tout entière, qui résultent de l'impossibilité (qu'il s'est efforcé d'établir) d'apprendre la grammaire et l'orthographe.

La troisième partie est consacrée à l'exposition du système phonétique, que je ne saurais dire être celui de M. Raoux, car la

---

(1) Il est regrettable que pour le mot *fils* le singulier ne puisse se distinguer du pluriel comme dans le latin, *filius, filii*, comme en italien, *figlio, figlj*, en espagnol *hijo, hijos*. Ainsi, dans le cas de la raison sociale d'une maison de commerce, comment savoir lorsqu'on lit Firmin Didot frères et fils, par exemple, s'il y a un ou plusieurs fils? Il serait désirable qu'on pût, au pluriel, rétablir la lettre *s* long pour le distinguer du singulier.

part de ses devanciers, depuis Meigret et Ramus jusqu'à Domergue, Volney, Marle et Féline, est si grande, dans l'édification des diverses parties de la méthode, qu'elle devient de jour en jour une œuvre impersonnelle à laquelle chacun se contente d'apporter une assise, soit même une simple pierre.

« Tous les éléments phonétiques, dit-il, dont se composent les 150,000 ou 200,000 mots de la langue française et les autres milliers appartenant aux idiomes méridionaux se réduisent au chiffre de 43, dont 25 primitifs ou fondamentaux (voyelles), et 18 modifications (consonnes, articulations). »

Voici son alphabet phonétique (alphabet des sons) complet pour les langues du nord et du midi de la France :

8 voyelles mères : *a, è, é, i, e, o, ou, u.*
8 modifications nasales : *an, ain, èn, in, eun, on, oun, un.*
9 modifications orales : *â, é, ë, î, ï, eu, ó, oú, û* (1).
9 articulations dures : *p, f, t, q, l, r, ch, s, 'n.*
9 articulations douces : *b, v, d, g, ll, j, z, gn, m.*

« La linguistique comparée dira ce qui manque à cet alphabet pour exprimer fidèlement les sons de tous les idiomes anciens et modernes, c'est-à-dire pour être réellement universel. Ce qui est certain, c'est que, malgré sa richesse, le languedocien actuel ou le gallo-romain contient trois sons de moins, l'*e* muet, l'*amplification eu* et la nasale *eun*. La langue française a rejeté ou laissé perdre les trois nasales *èn, oun, un* (2) et l'*e* double aigu, qu'elle

(1) M. Raoux néglige deux voyelles distinctes reconnues par Volney (voir p. 171) : *eù*, clair, guttural : *cœur, peur, bonheur*, différent de *eu* profond, creux : *eux, deux, ceux*; et l'*e* que le savant académicien appelle *e* gothique sensible dans ces mots : *que je me repente*, tandis que l'*e* muet ou féminin se rencontre dans *borne, ronde, grande.*

(2) Il ne s'agit pas ici de notre son *un* dans *chacun*. M. Raoux l'appelle *eun* ou *e* nasal, et le représente par *en*. Un exemple éclaircira ce passage un peu obscur dans son livre : dans *charmant, tourment, coefficient, ennuyer*, c'est l'*a* nasal (*an* de M. Raoux); dans *jardin*, il *tient*, c'est l'*è* nasal (*èn* de M. Raoux) dans *immortel*, c'est l'*i* nasal (*in* de M. Raoux); dans *chacun*, c'est l'*e* muet nasal (*en* de M. Raoux). Nous n'avons pas, dit-il, dans notre langue l'*u* nasal qui apparaît dans les patois du midi.

J'avoue que, n'étant pas familier avec les patois du midi, je ne puis me rendre compte de la valeur de cet *u* nasal, distinct, selon le professeur de Lausanne, de notre son *un* dans *quelqu'un, chacun*. Mais je suis fondé à penser que, puisque M. Raoux interprète ce dernier son par *e* nasal, et qu'il le nomme *eun*, c'est qu'il prononce *e* muet comme *eu*, ce qui est chez nous une prononciation vicieuse.

confond avec l'*i*. Et comme l'*é* et l'*è* ne sont pas pour elle deux
sons réellement distincts, puisque ces deux accents se substituent
fréquemment l'un à l'autre (1), il en résulte que le nombre des
éléments phonétiques du français se réduit à 37, savoir, 26 proprement dits (dont 8 voyelles et 18 consonnes), plus 5 modifications nasales et 6 orales. »

Pour former son alphabet *phonographique*, destiné à représenter
dans l'écriture l'alphabet des sons qu'il vient d'établir, l'auteur
a recours à deux principes qui servent de base à la sténographie :
*un seul signe simple pour chaque son simple*, et réciproquement,
*des signes modifiés pour des sons modifiés*, ou des modifications
de signe pour des modifications de son. Ces principes, qui sont
ceux de Port-Royal, ont été admis par presque tous les réformateurs précédents.

Après avoir éliminé de l'alphabet nouveau les six lettres : *c, k,
h, x, y, w,* dont les unes représentent chacune plusieurs sons,
dont les autres sont affectées à un même son, et dont l'autre n'en
représente aucun, l'auteur conserve de l'ancien alphabet les
20 signes suivants : *a, b, d, e, f, g, i, j, l, m, n, o, p, q, r, s, t, u,
v, z.* Les six autres sons simples sont représentés, dans l'ancien
alphabet, par quatre signes binaires : *ou, ch, gn, ll,* et par deux
signes modifiés, *é* et *è*. L'auteur adopte pour le son *ou* le signe
proposé par Ramus et par Volney : ω. Le *ch*, forte du *j*, est figuré
par cette même lettre sans boucle et sans point supérieur, *ɉ*,
le *ɟ* avec boucle conservant sa valeur ancienne de *j*.

La distinction entre les deux signes *ɉ* pour *ch* et *ɟ* pour
est bien légère, surtout dans l'écriture : l'auteur aurait dû,
ce me semble, conserver au moins le point supérieur à ce dernier.

M. Raoux repousse pour *gn* le signe *n tilde* (ñ) adopté par Buffier, Volney, Marle, Henricy et Féline. Il propose ce signe *ɳ*, qui
rappelle également la lettre *n*, et rentre dans la règle de symétrie
qu'il préconise, c'est-à-dire l'emploi de boucles pour représenter
les sons doux (2). Il repousse également le λ proposé par le P.
Buffier pour *l* ou *ll* mouillé, et, en vertu du principe ci-dessus,

(1) Exemple de l'è dit ouvert : *succès, caisse, fer, mer, fête, faite.*

(2) M. Raoux oublie de dire que cette règle est empruntée de Ramus, qui
dès 1562 (voir p. 100) l'avait mise en pratique, et que son *n* à jambage a été inventé par Meigret (voir p. 96).

adopte le $\ell$ à boucle, réservant le *l* sans boucle pour le *l* ordinaire.

L'auteur a reculé devant l'introduction de nouveaux signes pour *é*, *è*, et pour ses voyelles nasales *an*, *èn*, *in*, *on*, *en*. Il donne au signe *é* la valeur phonétique de *eu*, au groupe *in* la valeur de *im*, et au groupe *en* l'ancienne valeur de *eun*.

Ces changements d'emploi de signes anciens me paraissent une transaction malheureuse : dans un système qui aspire à une complète rénovation graphique, il fallait éviter toute capitulation, toute équivoque avec l'ancienne écriture passée en habitude et que les novateurs voudraient proscrire. Et quant aux voyelles nasales, qui se rencontrent de 8 à 10 fois en 30 mots, il n'aurait pas dû leur conserver le signe *binaire* qui a encouru toutes ses sévérités. Il eût obtenu ainsi une économie notable dans l'écriture et l'impression, et eût restitué à ces digrammes le caractère extérieur de voyelle simple. Domergue et Féline n'avaient pas ainsi sacrifié sur l'autel des anciens dieux. Il est vrai que la suppression de ces *n* parasites, leur remplacement par un trait diacritique, donnait à leurs pages une apparence hétéroclite devant laquelle M. Raoux aura sans doute reculé. Cependant, durant trois siècles, l'œil des lecteurs du latin et du français était accoutumé à voir ainsi écrits ou imprimés : *bŏte*, *tĕps*, *chăgemĕt*, *cŏditiŏ*, *amăt*, *veniŭt*, les mots que nous figurons par : *bonté*, *temps*, *changement*, *condition*, *amant*, *veniunt*. Reprendre cette forme archaïque de la voyelle nasale eût mieux valu, ce me semble, que, tout en conservant la consonne *n* comme signe de nasalité, d'affubler nos voyelles d'accents qui n'économisent aucune lettre.

« En résumé, dit l'auteur, l'alphabet phonographique conserve : 20 lettres de l'alphabet actuel ; — 2 lettres modifiées par des accents (*é*, *è*) ; — 2 signes modificateurs de sons (accent circonflexe et *n* nasal).

« Il élimine : 6 lettres proprement dites (*c*, *h*, *k*, *x*, *w*, *y*) ; — 6 signes binaires (*eu*, *ou*, *au*, *ch*, *gn*, *ll*) ; — 2 signes modificateurs (cédille et tréma).

« Il dédouble les formes du *j* et du *l* pour représenter leurs deux sons similaires ; — il rectifie trois signes binaires (*èn*, *in*, *en*).

« Enfin, il ajoute deux signes nouveaux pour *ll* mouillé et le son *ou*. »

Voici le nouvel alphabet complet, avec l'indication des valeurs nouvelles :

| | | | | | |
|---|---|---|---|---|---|
| a | | *l* | (mouillé) | v | |
| b | | m | | z | |
| d | | n | | â | |
| e | | *η* | (gn) | ì | |
| è | | o | | ê | (eu) |
| é | | ω | (ou) | ó | |
| f | | p | | ù | |
| g | | q | | an | |
| i | | r | | èn | (in) |
| *f* | (j) | s | | in | (im) |
| J | (ch) | t | | on | |
| l | | u | | en | (eun) |

Dans le nouveau système, les 26 caractères de l'alphabet ne changent jamais de valeur phonétique, quels que soient les signes qui les précèdent ou les suivent dans la composition des mots. Ex. :

| | | | |
|---|---|---|---|
| *habit* | *abi* | *anguille* | *angil̃e* |
| *anneau* | *ano* | *chiquenaude* | *jiqenode* |
| *ôter* | *oté* | *pré aux clercs* | *pré ó qler* |
| *chapeau* | *japó* | *chocolatier* | *joqolatié* |
| *agneau* | *aη̃ó* | *perplexité* | *perpléqsité* |
| *heureux* | *éré* | *sexagénaire* | *seqsagénère* |
| *boule* | *bωle* | *construction* | *qonstruqsion* |
| *homme* | *ome* | *strictement* | *striqteman* |
| *femme* | *fame* | *strychnine* | *striqnine* |
| *chacun* | *jaqen* | *emprunteuse* | *anprentéze* |
| *oiseau* | *ωazo* | | |

L'auteur pose ce principe, sur lequel je crois devoir appeler toute l'attention des novateurs en orthographe : *Maintien de tous les signes utiles pour l'intelligence des mots et des phrases et pour l'euphonie de la langue parlée ; élimination de tous les autres signes.*

« On écrira donc, continue M. Rəoux, toutes les lettres grammaticales qui servent à éclaircir le sens des mots et des phrases, à lever des doutes, à faire disparaître des équivoques ou à prévenir des hiatus et des consonnances désagréables. Toutefois, on distinguera les lettres actives ou phonétiques des lettres passives ou muettes, en les séparant par un tiret indiquant que ces dernières n'ont pas droit aux honneurs de la prononciation, et ne sont que des signes additionnels dont la destinée est de disparaître lorsque la langue parlée aura comblé ses fâcheuses lacunes et réduit le nombre exorbitant de ses homophones.

« Ainsi l'on écrira le *r* de l'infinitif et le *z* de l'impératif (en les séparant par un tiret) toutes les fois que le sens de la phrase ne permettra pas de les distinguer l'un de l'autre, ainsi que du participe passé, c'est-à-dire lorsqu'on hésitera entre les trois homophones *é*, *er*, *ez* des verbes de la première conjugaison : *aimé*, *aime-r*, *aime-z*, *travaillé*, *travaille-r*, *travaille-z*. On écrira encore : montéZ à cheval ; il boiT et mange bien ; je voudrais qu'il allâT avec vous, etc. »

Cette citation suffit pour faire écrouler tout le système de M. Raoux, et il prononce lui-même, sans s'en apercevoir, la condamnation de la phonographie comme écriture usuelle de la langue française, comme méthode même d'enseignement dans les classes élémentaires.

En effet, l'auteur reconnaît, avec une bonne foi parfaite, la nécessité de *fixer le sens des mots ainsi que des phrases, de lever tous les doutes, de faire disparaître les équivoques*, de *prévenir les hiatus* et *les consonnances désagréables*. N'est-ce pas là, je le demande, une tâche complétement au-dessus des forces de celui qui n'a pas acquis la connaissance la plus approfondie, la plus minutieuse, de la langue française? Nous voici ramenés, avant d'aborder l'étude de la nouvelle écriture, à cette grammaire si complexe, avec ses milliers d'exceptions et de sous-exceptions, objet de tant de malédictions de la part des novateurs (1). Bien plus, pour accorder ces temps de verbes, ces participes, ces substantifs, ces adjectifs ; pour leur conserver sur le papier ces marques euphoniques auxquelles notre oreille est si sensible, si délicatement habituée ; pour introduire dans la tachygraphie qu'on nous propose les nombreux synonymes avec leur ancienne orthographe, l'étude de la grammaire française ne suffit plus : la connaissance complète du latin et de la basse latinité est indispensable, ainsi qu'une teinture du grec. Quel trouble pour les adeptes de la phonographie, habitués à figurer uniquement le son, s'il leur faut

(1) Voir le texte de M. Raoux, p. 120.

combiner les deux systèmes, l'ancien et le nouveau, et s'arrêter avant d'écrire une phrase pour tenir compte des difficultés de l'étymologie et des exigences de la syntaxe!

Que deviennent alors les 50 millions d'artisans, de pauvres enfants, de manouvriers des villes et des campagnes qui, en France, en Belgique, en Suisse, dans tous les pays de langue française, devaient être émancipés de l'ignorance en une ou deux saisons d'école? Les voilà ramenés aux difficultés de la grammaire et aux études grecques et latines dont on prétendait les dispenser.

Quant à ceux qui ont reçu cette instruction si pénible à conquérir, peut-on espérer qu'ils adoptent jamais une nouvelle manière d'écrire, même simplifiée, si elle ne les dispense pas de se rappeler continuellement l'ancienne pour la solution des cas litigieux? Chacun de ces mots anciens, par sa configuration devenue familière, par les radicaux si souvent transparents sous l'enveloppe graphique, ne réveille-t-il pas le souvenir de ses congénères et de sa signification?

Sans doute, s'il s'agissait uniquement de former un peuple ignorant, sans passé littéraire, des habitants de la Polynésie, par exemple, à une rapide connaissance de la lecture et de l'écriture française, un syllabaire, une méthode phonétique, aurait de grands avantages; mais pour une nation riche d'une littérature qui date de six siècles, ses vocables, ses syllabes même, font, pour ainsi dire, partie intégrante de son histoire intellectuelle; les transformer *de fond en comble*, c'est rompre la chaîne non interrompue des traditions où s'est formé son génie.

Dans les chapitres suivants, M. Raoux applique son système de phonographie à plusieurs langues de l'Europe. En ajoutant à son alphabet les signes de l'*e* double aigu (*ë*), le *i* mouillé (*ï*), et les trois nasales *én, wn, un*, il possède, d'après l'auteur, la gamme complète des sons du bel idiome des troubadours. Quant à la transcription de l'italien, je n'en vois pas trop l'utilité pour nous, surtout quand on renonce à figurer l'accent tonique.

J'en dirai autant de l'espagnol et du latin, à l'écriture phonographique desquels l'auteur consacre quelques pages. Sa transcription de l'allemand, pour être fidèle, nécessiterait l'addition de nouveaux signes pour le *h* et le *ch* fortement aspirés. Mais c'est pour nous transcrire fidèlement la prononciation de l'anglais que la nouvelle méthode serait infiniment précieuse. Elle remplacerait avec une supériorité incontestable le système de voyelles chiffrées usité dans les meilleurs dictionnaires anglais-français.

Il serait donc désirable qu'en tête des dictionnaires anglais, arabes, turcs, aussi bien que de ceux des patois des langues de l'Europe, on représentât la prononciation dans un système phonographique perfectionné et convenu entre les linguistes. Une page, placée en tête de chacun de ces lexiques, suffirait pour tracer toutes les règles de lecture de cet alphabet véritablement phonétique. Avec l'aide du temps, les personnes studieuses en prendraient l'habitude, et le pas, difficile à franchir, pour la constitution d'un alphabet européen et d'une écriture européenne serait plus tôt accompli.

Je m'unis donc, pour cette application importante, aux vues de l'auteur, si bien développées dans ses dernières pages, que je dois renoncer à analyser. Cet art nouveau, auquel il s'est voué, n'a pas encore dit son dernier mot; il est en instance devant les corps savants, les universités et les académies. Loin de faire reculer la philologie comparée et la science rationnelle du langage, il ne peut que leur procurer de nouveaux moyens d'analyse. Les sténographes y puiseront sans doute de leur côté une utile préparation. Mais, pour arriver à son complet développement, si jamais elle y parvient, la phonographie aura besoin de mûrir, à l'aide du concours, de l'examen et de la contradiction des hommes compétents et, surtout, pratiques. Jusque-là, ses adeptes feront bien de se garder de cette âpreté de langage particulière aux penseurs solitaires et aux causes méconnues.

———————

J'ai cru devoir entrer dans ces détails historiques pour montrer combien il serait difficile de concilier le système phonographique avec le système orthographique des langues néo-latines, particulièrement avec notre langue, et de cet examen il résulte que notre alphabet, tout incomplet qu'il est, peut, avec de légères modifications, suffire à l'expression de tous les sons de notre langue.

S'il est regrettable qu'en 1740, l'Académie française ne se soit pas montrée aussi hardie que le furent l'Académie de *la Crusca* en 1612, l'Académie de *Madrid* en 1726, et le grand *Vo-*

*cabulario portuguez* de Coïmbre en 1712, qui ont rapproché
l'orthographe de la prononciation autant qu'il était possible
de le faire avec notre alphabet, et que, dans son Dictionnaire,
elle se soit arrêtée à moitié chemin, du moins, en ouvrant la
voie aux améliorations successives, elle l'a débarrassée des en-
traves d'un grand nombre de lettres inutiles et d'anomalies
qui fatiguent inutilement la mémoire, rebutent l'enfance et
surchargent la grammaire de règles et d'exceptions.

Abréger et simplifier sont des besoins impérieux de notre
époque : le système métrique a remplacé l'ancien système, si
compliqué et si irrégulier, de même que la numération des
Arabes a remplacé la pénible numération des Romains, et lorsque l'on compare l'orthographe du Dictionnaire de l'Académie
de 1694 avec celle d'aujourd'hui, on voit qu'il reste peu de
chose à faire pour compléter l'œuvre de 1740.

Mais, si Racine a écrit *prétension* et *flâme*, et qu'on veuille
imprimer ainsi ces mots dans ses œuvres, et, de même, si l'on
voulait imiter Corneille et Racine écrivant *vangeance* et *armo-
nie* ; Bossuet et Montaigne, *prandre, commancer* ; Fénelon
n'imprimant toutes ses éditions qu'ainsi : les *Avantures de Télémaque* ; enfin, si, à l'exemple de Voltaire, dont l'Académie a en
partie adopté l'orthographe dans sa dernière édition, on écrivait
comme lui *philosofe* ou même *filosofe, bibliotèque, téologien*,
quel inconvénient peut-il en résulter ?

Les modifications, qui ne touchent en rien à la langue, et
ne portent aucune atteinte à nos chefs-d'œuvre, même poéti-
ques, contribueront, bien plus qu'on ne saurait le croire, à
maintenir et prolonger la vie de notre idiome, qui n'est que
la simplification du latin, et le rendront de plus en plus accessible à tous.

Quelques autres petites régularisations de détail ne dé-
rangeraient en rien l'ensemble de notre système orthographique, et lui donneraient successivement le degré de perfection désirable.

## APPENDICE *E*.

Montaigne, dans son manuscrit autographe des *Essais* conservé à la bibliothèque de Bordeaux, adopte l'orthographe suivante :

« Nous devons la subjecdion et l'obeissance esgalement à tous roys, car elle regarde leur office ; mais l'estimation non plus que l'affection, nous ne la devons qu'à leur vertu. *Donons* à l'ordre politique de les souffrir *patiammant* indignes, de celer leurs vices, d'aider de notre recomandation leurs actions indifferentes, pendant que leur autorité a besoing de nostre appuy ; mais nostre commerce fini, ce n'est pas raison de refuser à la justice et à nostre liberté l'expression de nos vrays *ressentimans ;* et *nommeemant* de refuser aus bons subjets la gloire d'avoir *reverrammant* et *fidelemant* servi un maistre, les imperfections duquel leur estoint si bien conues.

« J'honore le plus ceux que j'honore le moins ; et, où mon âme marche d'une grande aleigresse, j'oublie les pas de la contenance.

« A bienveigner, à *prandre* congé, à remercier, à saluer, à *presanter* mon service et tels *complimants* verbeus des lois ceremonieuses de nostre civilité, je ne conois *persone* si sottement sterile de lengage que moi ; et n'ai jamais esté emploié à faire des lettres de faveur et recomandation, que celuy pour qui c'estoit n'aye trouvées seches et lasches. » (*Essais*, l. I, ch. iii, manuscrit de Bordeaux.)

Voltaire, dans sa Correspondance (1752-55), a employé une orthographe qui s'écarte notablement de celle de l'Académie en certains points. Voici la transcription exacte de deux de ses lettres à d'Alembert, toutes deux d'après les originaux que je possède ; la dernière est inédite :

« A Potsdam, 5 septembre 1752.

« Vraiment monsieur c'est a vous a dire, « je rendray grace au ciel et resterai dans Rome. » Quand je parle de rendre grace au ciel, ce n'est pas du bien qu'on vous a fait dans votre patric, mais de celuy que vous luy faittes. Vous et Mr Didrot vous faites un ouvrage qui sera la gloire de la France, et la honte de ceux qui vous ont traversez. Paris abonde de barbouilleurs de papier. Mais de philosophes éloquents je ne connais que vous et luy. Il

est vrai qu'un tel ouvrage devait être fait loin des sots et des fa-
natiques sous les yeux d'un roy aussi *philosofe* que vous. Mais les
secours manquent icy totalement. Il y a prodigieusement de *bayo-
netes* et fort peu de livres. Le roy a fort embelli Sparte, mais il n'a
transporté Athene que dans son cabinet, et il faut avouer que ce
n'est qu'a Paris que vous pouvez achever cette grande entreprise :
j'ay assez bonne opinion du ministere pour esperer que vous ne
serez pas reduit a ne trouver que dans vous même la recompense
dun travail si utile. Jay le bonheur d'avoir chez moy monsieur
labbé de Prades, et jespere que le Roy a son retour de la Silesie
luy aportera les provisions d'un bon benefice. Il ne s'attendait pas
que sa *tèse* dut le faire vivre du bien de l'eglise, quand elle luy
attirait de si violentes persecutions. Vous voyez que cette eglise
est comme la lance d'Achille qui guérissait les blessures qu'elle
avait faittes. Heureusement les benefices ne sont point en Silesie
a la nomination de Boyer ny de Couturier. Je ne scai pas si labbé
de Prade est heretique, mais il me parait honnete homme, aima-
ble et guai. Comme je suis toujours tres malade, il *poura* bien
mexhorter a mon agonie, il l'eguaiera et ne me demandera point
de billet de confession. Adieu, monsieur, s'il y a peu de Socrates
en France, il y a trop d'Anitus et trop de Melitus, et surtout trop
de sots, mais je veux faire comme Dieu qui pardonait à Sodome
en faveur de cinq justes. Je vous embrasse de tout mon cœur.

V.

Aux Délices, 15 décembre (1756-60).

« Mon cher maitre, vous ne m'avez point acusé la reception de
mon petit tribut. Je ne reçois ny mon article *Histoire*, ny ordre
de vous. J'ay peur davoir parlé trop librement des *Femmes*, mais
la franchise doit plaire aux *philosofes*. J'ay encor peur de ne vous
avoir envoyé que des sottises. Une autre peur, c'est de traitter
fort mal *Idées*. Il y a grande *aparence* que l'un de vous deux s'est
chargé de cet article important ou que M. labbé de Condillac le fera.

« J'ay oublié de vous dire que je ne pouvais traitter l'article
de littérature grecque : 1$^{ment}$ parceque je scais tres peu de grec,
2$^{ment}$ parceque je suis sans livres grecs, 3$^{ment}$ parceque je suis
ignorant surtout en cette partie.

« Employez moy a boucher des trous, a faire les articles dont
vos amis de Paris se seront dispensez, et qui *pouront* être de
ma compétence. Je suis a vos ordres. M$^{me}$ Denis vous fait mille

compliments. Nous souhaittons, mon cher *philosofe*, que toutes
vos pensions soient toujours payées. Souvenez vous des deux
hermites qui vous aiment. »                                   V.

Parmi les autres lettres de la correspondance de Voltaire avec
d'Alembert, dont je possède les autographes, je remarque ces mots
écrits ainsi :

Lettre du 13 novembre. — Aux Delices, où nous voudrions bien vous voir :
  entousiasme, répété *trois fois*, enciclopedie.
Lettre du 29 novembre 1756. — Je m'aperçois, apartenant, enciclopedie.
Lettre du 4 février. — Enciclopedie, philosofe, *deux fois*, cristianisme.
Lettre du 29 février. — Enciclopedie.
Lettre du 22 décembre. — Philosofe, etimologie, biblioteque.
Lettre du 27, aux Delices. — Dictionaire, teologie, metaphisique.
Lettre du 8 juillet. — Philosofe, estomac, teologien.
Lettre du 23 juillet. — Philosofe, *deux fois*.
Lettre du 2 décembre. — Philosofe, *quatre fois*, citoien, filosofe, enciclopedie.
Lettre du 6 décembre. — Apuyé, vangé, tirannie, philosofe, *deux fois*.
Lettre du 29 décembre. — Philosofe, téologien, catécumène, historiografe.
Lettre du 3 janvier. — Piramide, metafisique.
Lettre du 9 janvier. — Biblioteque, teologien, cretien.
Lettre du 8 juillet. — Philosofe, estomac, teologien.
Lettre du 23 juillet. — Philosofe, *deux fois*, citoien, filosofe, teologien, enciclo-
  pedie, bayonete.
Lettre du 29 décembre. — Philosofe, teologien, catechumène, historiographe.
Lettre du 3 janvier. — Piramides, metaphisicien, teologien, cretien, biblioteque.

———

Parmi les notes que j'ai prises en parcourant les manuscrits
de Racine déposés à la Bibliothèque impériale, j'ai remarqué
ce passage dans sa lettre à l'abbé Levasseur, 1661 :

Je lis des vers, je tasche d'en faire, je lis les avantures de l'Arioste ;
je ne suis pas moi-même sans avanture.... Mais voilà les massons
qui arrivent.

Et ailleurs, dans sa correspondance avec Boileau :

Je vas au cabaret deux fois par jour ; je commande à des massons.

Voltaire écrivait aussi *masson*.

# APPENDICE *F.*

## DES MOTS COMPOSÉS.

J'ai signalé rapidement, dans mes *Observations sur l'ortho-graphe* (voir plus haut, page 34), le mode de composition des mots susceptibles d'union adopté par les Grecs et les Latins, et les régularisations qu'on pourrait opérer, dès à présent, dans notre système de figuration de ce genre de locutions. Je crois devoir revenir ici sur ce sujet pour exposer les différentes théories des grammairiens sur la matière, et, d'abord, les principes mis en usage par les étrangers dans les autres langues.

Tandis qu'en France l'orthographe des mots composés avec ou sans trait d'union réclamerait presque une étude de plusieurs années, elle est d'une simplicité merveilleuse et souvent d'un emploi très-ingénieux dans toutes les langues de l'Europe.

En ALLEMAND :

1er cas. *Sprachkunst*, art du langage, grammaire; *Sprachlehre*, étude du langage, grammaire; *Springzeit*, le temps de l'accouplement des bêtes.

Ainsi, deux substantifs joints, sans tiret : point de difficulté pour le pluriel.

De même, s'il y a trois mots : *Sprachwissenschaft*, mot à mot, création de la connaissance des langues, la philologie.

2e cas. *Haus- und Familien-Lexikon*, dictionnaire de la maison et de la famille. Le trait d'union après *Haus* tient lieu du mot *Lexikon* et en épargne le double emploi, en dispensant également de l'article.

3e cas. *Theoretisch-praktische Grammatik*, grammaire théorique et pratique. Les deux adjectifs sont unis pour éviter l'emploi de la conjonction *und*, et le premier demeure invariable.

Le HOLLANDAIS s'est modelé sur l'allemand.

Le POLONAIS écrit : *Grammatyka teoretyczno-praktyczna*, grammaire théorique et pratique. *Kolor perlowo-szary*, couleur gris-perle. Le premier composant est un mot invariable.

Le RUSSE : Русско-французкая Грамматика, grammaire russe-française. Магазинъ вахтеръ, un garde-magasin; Магазинъ-бахтеры, des gardes-magasin : le premier composant est toujours invariable; donc, pas de difficulté.

L'ANGLAIS possède le trait d'union, dont il fait un emploi aussi simple qu'ingénieux :

*North-wind*, vent du Nord ; *herring-woman*, femme au hareng, harengère ; *eye-service*, service qu'on rend sous les yeux du maître ; *jew-like*, mot à mot, à la manière juive ; *Jews-ears*, oreille de Judas. L'invariabilité du premier mot ne permet jamais d'embarras pour l'orthographe du pluriel.

Les ITALIENS et les ESPAGNOLS ne connaissent l'emploi du trait d'union que dans le troisième cas ci-dessus des Allemands. Ainsi les Italiens écrivent : *Dizionario italiano-francese* ; *politico-sociale* ; mais ils emploient la séparation, ou plus souvent l'agglutination, dans tous les autres cas : après-soupée, *il dopo cena* ; après-demain, *posdomani* ; contre-poids, *contrappeso* ; arc-en-ciel, *arcobaleno*, etc. En espagnol, on emploie les mêmes procédés : *Diccionario frances-español* ; un entr'acte, *entreacto* ; un bas-relief, *bajorelieve* ; un arc-en-ciel, *arco iris* ; un porte-drapeau, *portaestandarte*, etc. Donc, dans ces deux langues néo-latines, aucune difficulté non plus.

En résumé : aucune hésitation pour l'emploi du trait d'union et l'orthographe des mots composés dans les diverses langues de l'Europe.

Nous sommes moins heureux en FRANÇAIS :

Voici DIX règles, accompagnées d'exceptions, règles sur lesquelles on n'est pas parfaitement d'accord, et dont quelques-unes contredisent l'orthographe académique. Je les extrais de la *Grammaire générale de la langue française* de M. Poitevin, tome I^er, p. 74 et suivantes.

« I. Lorsqu'un nom composé est formé de deux substantifs dont l'un qualifie l'autre, ils prennent tous deux la marque du pluriel : des *faucons pèlerins* (sans tiret), des *oiseaux-mouches* (avec tiret).

« II. Mais si le second substantif ne peut être considéré comme qualificatif de l'autre, l'emploi du nombre est alors subordonné pour chacun d'eux au sens particulier qu'il éveille. Ex. : un *appui-main*, des *appuis-main*, un *Hôtel-Dieu*, des *Hôtels-Dieu*, un *garde-côte*, des *gardes-côtes*, un *bain-marie*, des *bains-marie*, un *colin-maillard*, des *colin-maillard*, un *brèche-dents*, des *brèche-dents*, un *porc-épics*, des *porcs-épics*. »

« III. Quand un nom est formé d'un substantif et d'un adjectif

qui le qualifie, ils prennent l'un et l'autre la marque du pluriel.
Ex. : des *basses-cours*, des *bouts-rimés*.

« Exceptions : des *grand'mères*, des *grand'messes*, des *grand'-
rues*, etc. ; des *blanc-seings*, un *terre-plein*, des *terre-pleins*, un
*chevau-léger*, des *chevau-légers*, un *cent-suisses*, des *cent-suisses*,
un *quinze-vingts*, des *quinze-vingts*, un *courte-haleine*, des *courte-
haleine*.

« IV. S'il entre dans la formation du nom composé un mot pris
adjectivement qui ne s'emploie plus seul, il prend, comme le
substantif, le signe du pluriel. Ex. : un *loup-garou*, des *loups-
garous*, une *porte cochère*, des *portes cochères* (sans tiret) ; une
*pie-grièche*, des *pies-grièches*, un *loup-cervier*, des *loups-cerviers*,
un *orang-outang*, des *orangs-outangs*.

« V. Quand un nom composé est formé de deux substantifs unis
par une préposition, le premier prend le signe du pluriel, et le
second substantif, qui sert de complément au premier, reste le
*plus souvent* invariable. Ex. : une *belle-de-nuit*, des *belles-de-nuit*,
nn *chef-d'œuvre*, des *chefs-d'œuvre*.

« VI. Mais quand le terme complémentaire éveille une idée de
pluralité, ou est le plus ordinairement usité au pluriel, il prend
un *s* même au singulier. Ex. : un *serpent-à-sonnettes*, un *haut-de-
chausses*.

« VII. Les noms unis par une préposition sont invariables quand
ils forment une expression où ne figurent que des termes acces-
soires et complémentaires du terme principal sous-entendu. Ex.:
des *coq-à-l'âne*, des *pied-à-terre*, des *tête-à-tête*.

« VIII. Quand un nom est formé d'un substantif ou d'un qualificatif et d'un mot invariable, le substantif ou le qualificatif s'écrit
avec ou sans *s*, selon qu'il éveille une idée d'unité ou de pluralité.
Ex. : des *contre-coups*, des *arrière-saisons*, des *après-dinées*, etc.;
mais on écrira : des *abat-jour*, des *chasse-marée*, des *coupe-gorge*,
des *casse-tête*, des *après-midi*, des *hors-d'œuvre*.

« IX. Les substantifs composés suivants, dans lesquels le second terme éveille toujours l'idée de pluralité, devraient prendre,
au singulier comme au pluriel, un *s* à la fin de leur terme complémentaire, et il serait logique d'écrire : un *brèche-dents*, un *casse-
noisettes*, un *chasse-chiens*, un *chasse-mouches*, un *cent-gardes*, un

*cure-dents, cure-oreilles*, un *essuie-mains*, un *garde-fous*, un *porte-mouchettes*, un *croque-notes*, etc.

« Si ce n'est pas, ajoute M. Poitevin, l'orthographe de l'Académie, c'est du moins une orthographe essentiellement rationnelle, qui subordonne l'expression à l'idée, et, sans considérer l'emploi matériel du terme, la met en accord avec l'idée qu'il traduit. »

« X. Lorsqu'un mot composé ne renferme que des mots invariables de leur nature, aucun d'eux ne prend le signe du pluriel : des *in-douze*, des *oui-dire*, des *pourboire* (sans tiret), des *qu'en-dira-t-on*, des *passe-passe*. »

Tout cela est fort ingénieux et très-bien dit; mais, je le demande aux hommes pratiques, aux instituteurs de la jeunesse, lorsqu'on dictera une phrase dans laquelle se présente un de ces singuliers à accord controversé, un de ces pluriels si épineux, accordera-t-on à l'élève dix minutes de réflexion, et doit-on surcharger sa mémoire d'aussi puériles minuties? D'ailleurs, ce trait d'union, si multiplié dans nos dictionnaires et cause de tant d'embarras pour le pluriel, est-il aussi utile que nos grammairiens semblent le croire? Dans le discours parlé, on n'en tient jamais compte, et personne, sans doute, ne s'est aperçu qu'il en résultât la moindre obscurité.

M. Léger Noël, dans l'ouvrage dont nous avons parlé, p. 187, a émis sur l'emploi du trait d'union des idées toutes différentes de celles de nos grammairiens. En voici l'analyse :

« Il faut bien distinguer, dit-il, p. 184, les *noms composés*, c'est-à-dire les noms qui, quoique formés de plusieurs mots, ne désignent pourtant qu'un seul objet, comme *arc-en-ciel, cul-de-sac*, qui équivalent à *iris, impasse*, d'avec certaines locutions analogues, certains assemblages de mots qui gardent chacun leur sens direct et présentent à l'esprit deux idées successives, comme *robe de chambre, billet de logement, billet d'hôpital, aide de camp, maréchal de camp, garde du corps, pied de mouton, ver à soie*, etc.

« Le *trait d'union* n'est ainsi nommé que parce qu'il sert à marquer l'union des parties intégrantes d'un nom composé, lorsqu'elles sont de nature à ne pouvoir être mises en contact immédiat. Or, partout où il n'y a pas fusion complète des parties, le trait d'union est plus qu'inutile, il est nuisible.

« Des locutions telles que : *barbe-de-bouc, dent-de-loup*, etc., lorsqu'elles sont détournées de leur signification directe, et appli-

quées, par analogie, à certaines plantes, à certains instruments, etc.,
sont des noms composés, ne présentant qu'une idée unique sous
plusieurs mots, et prennent en conséquence le trait d'union. Il ne
s'agit ici, en effet, ni de barbe, ni de bouc, ni de dent, ni de loup;
il ne s'agit que de la plante appelée autrement *salsifis sauvage*, et
d'une espèce de cheville de fer qui a quelque analogie avec une
dent de loup. Dans le sens direct et propre, on voit qu'il faut écrire
sans trait d'union.

« D'après ce principe, l'Académie a tort d'écrire *eau-de-vie,*
*esprit-de-vin, belle-de-jour, écuelle-d'eau, coq-des-jardins,* etc. (1).
En effet, quelle différence y a-t-il, au point de vue de la grammaire, entre *eau-de-vie* et *eau de rose, eau de Cologne, eau de sen-*
*teur*? entre *esprit-de-vin* et *esprit de soufre, esprit de sel, esprit*
*de vitriol*? Si vous ne considérez *eau-de-vie* que comme un seul
mot, si vous y attachez un autre sens que celui d'une *eau*, d'une
liqueur *qui donne de la vie,* c'est-à-dire qui excite les esprits vitaux,
qui ranime, alors pourquoi, dans la formation du pluriel, en iso-
lez-vous les termes? Pourquoi n'écrivez-vous pas des *eau-de-vies,*
sans égard au sens particulier de chaque mot?

« Les mots *de vie, de vin,* dans *eau-de-vie, esprit-de-vin,* comme
*de senteur, de soufre,* dans *eau de senteur, esprit de soufre,* ne sont
pas autre chose que le complément déterminatif des mots *eau* et
*esprit.* Ces locutions ne sont donc pas plus des noms composés
que *cul d'artichaut, ciel de lit, bouton d'or, arc de triomphe,* etc.,
parce que chacun des termes qui les composent est employé,
sinon dans le sens propre, au moins dans un sens naturel et
direct.

« Écrivez donc sans trait d'union tout assemblage de mots naturellement construits, qui ne s'absorbent pas complétement l'un
dans l'autre, de manière à n'en faire absolument qu'un; qui ne
présentent pas dans leur ensemble un sens tout autre que celui
qui paraît devoir résulter de leurs divers sens particuliers.

« Mais, si les expressions sont détournées de leur sens naturel,
de leur sens direct; si le verbe, si l'adverbe est pris substantive-
ment; si les adjectifs ne se rapportent plus que d'une manière
indirecte au substantif qui les accompagne; surtout s'il y a renver-

(1) Je ne partage pas sur ce point l'avis de M. L. Noël. Tous ces composés étant
détournés de leur sens naturel et direct doivent, selon moi, garder le trait d'union
ou, mieux, être agglutinés en un seul mot. Voyez mon observation à ce sujet,
p. 223.

sement, transposition forcée, contraction, etc., alors, à défaut
d'une intimité plus grande entre les parties, le trait d'union est
indispensable. Exemples : un *haut-le-pied*, un *pied-plat* (1), un
*tout-ou-rien*, etc.

« Dans le cas où la réunion des composants semble indiquée, il
ne faut pas oublier que les consonnes ont entre elles plus ou moins
d'affinité et qu'elles ne s'accolent pas indistinctement l'une à l'autre; qu'il n'est pas dans la nature des organes de la parole de
pouvoir prononcer rapidement une faible avec une forte, comme *d*,
par exemple, avec *t*, *b* avec *p*. Toute consonne immédiatement
précédée d'une autre consonne la veut du même degré qu'elle :
*acquérir*, *apside*, *somptueux*, etc. De là la nécessité du trait d'u-
nion, dans certains noms composés, pour tenir à distance respec-
tueuse certaines consonnes antipathiques.

« Pourquoi l'Académie écrit-elle en un seul mot *sangsue*, *hautbois*,
*longtemps*, contrairement à tous les principes? puisque alors il
faudrait prononcer *sankeçu*, *hautebois*, *lonketan*, attendu que
*toutes les consonnes se prononcent dans le corps des mots* (Acad.).
La simplification de ces mots ne pourrait s'opérer qu'en supprimant la consonne finale du premier mot composant, ainsi qu'il
suit : *sansue*, *lontemps*, *haubois*, etc.; ce qui est du reste tout à fait
conforme au génie de notre langue, comme le prouvent les simplifications suivantes, tout à fait analogues : *voici*, *soutenir*, *sou-
lever*, *souligner*, *soumettre*, *soupeser*, *soutirer*, *souterrain*, *soucoupe*,
*béjaune*, *chafouin*, *puîné*, etc.

« Mais il faut éviter avec le plus grand soin de mettre en contact les parties intégrantes d'un nom composé, quand on prévoit
que de leur choc il pourra résulter quelque perturbation sensible
dans le système de la prononciation ou de l'orthographe, déjà
compliqué d'assez de difficultés. N'écrivez donc pas *bouteselle*,
*entresol*, *tournesol*, *havresac*, *contreseing*, *parasol* (2), etc., parce
qu'on serait induit à prononcer le *s*, entre deux voyelles, comme *z*,
et que d'ailleurs il est impossible de doubler le *s* sans rendre fermé
l'*é* final du premier mot, lequel nécessairement doit rester muet.

« Quand, des deux mots composants, le premier finit par un *e*
muet et que le second commence par une voyelle, le rapproche-

(1) On devrait écrire *piéplat*, comme on écrit *piédestal* au lieu de *pied d'estal*.
(2) Dans ces mots, la lettre *s* conserve toujours son véritable son. On ne saurait
écrire autrement *parasol*, qui ne peut être divisé en deux mots, l'un grec, l'autre
français; pour éviter l'inconvénient signalé, il faudrait écrire *parassol*.

ment ne peut avoir lieu, à cause de l'élision nécessaire de l'*e* muet, qui de *porte*, par exemple, ferait *port*, et changerait ainsi la physionomie propre du nom entier, de manière à le rendre méconnaissable. Il faut donc écrire *morte-eau*, *porte-aiguille*, etc.

« Mais, chaque fois que rien ne s'oppose au rapprochement des parties intégrantes d'un nom composé, rien de mieux que d'opérer ce rapprochement, comme l'a fait l'Académie dans *hochequeue*, *hochepot*, *tournebride*, *tournebroche*, *entremets*, *entretaille*, *entrelacer*, *entremêler*, *porteballe*, *portecollet*, *portecrayon*, *portefeuille*, *portemanteau*, *parterre*, *atout*, *trictrac*, *flonflon*, etc. Pourquoi donc écrit-elle encore : *chausse-pied*, *couvre-pied*, *couvre-chef*, *chausse-trape*, *coupe-cul*, *coupe-gorge*, *entre-luire*, *entre-ligne*, *entre-nœud*, *passe-droit*, *passe-port*, *porte-voix*, *à-compte*, *cric-crac*, etc., mots parfaitement analogues aux premiers? »

J'ai encore présente à mon souvenir la discussion qui eut lieu en 1825 au sujet de l'orthographe qu'il conviendrait d'adopter dans le Dictionnaire de l'Académie pour les mots composés. On reconnaissait que les mots au nombre de deux, de trois et même de quatre, dont l'ensemble ne représente qu'un seul objet, qu'une seule idée, ne devaient pas être laissés écrits séparés les uns des autres, puisque le sens de chaque mot, pris isolément, offrait une idée tout autre que celle exprimée par leur ensemble. Les grouper en un seul aurait fait cesser cet inconvénient; mais quoiqu'on eût déjà l'exemple de plusieurs mots composés ainsi agglutinés, on crut devoir se borner à les réunir par un tiret plutôt que de les laisser séparés. C'était un acheminement pour n'en faire plus tard qu'un seul mot, système que je crois le meilleur. Il est, en effet, le plus logique, et l'Académie, dans ses diverses éditions, paraît avoir voulu s'y conformer.

Je donne ici, d'après le Dictionnaire de l'Académie, la liste générale des mots, avec ou sans trait d'union, qui jouent le rôle de mots composés ou qui méritent véritablement cette dénomination. On jugera des difficultés qu'offre cette question si compliquée, par l'examen des contradictions qui ressortent de la comparaison des cas analogues.

La première colonne de ces tableaux se compose des singuliers des noms composés ou de la liste des verbes et des locutions invariables du même genre avec ou sans trait d'union. Les mots marqués d'un astérisque ne figurent pas au Dictionnaire de l'Académie. D'après les lexiques récents, on aurait pu facilement en doubler le nombre,

. La seconde colonne contient les pluriels sur lesquels l'Académie s'est prononcée dans sa dernière édition de 1835.

La troisième colonne renferme les pluriels donnés par M. Poitevin dans sa *Grammaire générale*, édition de 1856, tome I$^{er}$, p. 80. Je les ai marqués du signe P. Ceux donnés par M. Littré, dans son grand Dictionnaire en cours de publication, sont marqués de l'abréviation L.

La date 1659, que j'ai fait figurer dans quelques cas, se réfère au *Dictionnaire français-italien*, de Nath. Duez, imprimé à Leyde, chez Jean Elsevier, cette même année, ouvrage exécuté avec beaucoup de soin et qui représente fidèlement l'état de l'orthographe française avant que l'Académie se saisît de cette question.

La quatrième colonne contient les rectifications qu'on pourrait, peut-être, introduire dès à présent.

# LISTE GÉNÉRALE

# MOTS COMPOSÉS OU PSEUDO-COMPOSÉS

ADMIS AU DICTIONNAIRE DE L'ACADÉMIE.

| MOTS DU DICTIONNAIRE DE L'ACADÉMIE. | PLURIELS DONNÉS PAR L'ACADÉMIE. | PLURIELS SELON QUELQUES GRAMMAIRIENS. | CORRECTIONS PROPOSÉES ET OBSERVATIONS. |
|---|---|---|---|
| *abat-faim (un) | | abat-faim (des), P. | |
| *abat-foin (un) | | abat-foin (des), P. | |
| abat-jour (un) | abat-jour (des) | | |
| abat-vent (un) | abat-vent (des) | | |
| abat-voix (un) | | abat-voix (des), P. | |
| à-compte (un) | à-compte (des) | | acompte, L. |
| à-coup (un) | à-coup (des) | | acoup |
| acquit-à-caution (un) | | acquits-à-caution (des) | acquit à caution. |
| adjudant général (un) | adjudants généraux (des) | | |
| adjudant-major (un) | | adjudants-majors (des), L. | |
| adjudant s.-officier (un) | | adjudants s.-officiers (des) | |
| aide-chirurgien (un) | | aides-chirurgien (des) | aide-chirurgiens (des) |
| aide de camp (un) | aides de camp (des) | aides-de-camp (des), P. | |
| aide-maçon (un) | | aides-maçon (des) | aide-maçons (des) |
| aide-major (un) | aides-majors (des) | | |
| aigre-doux, ouce | aigres-doux, ouces | | aigredoux, aigredouces |
| aigrefin (un) | aigrefins (des) | | |
| aigue-marine (une) pierre | | aigues-marines (des), P. | aigue marine |
| alentour (d') | alentours (les) | | |
| amour-propre (l') | amours-propres (les) | | |
| annonce-omnibus (une) | | annonces-omnibus (des) | |
| appui-main (un) | | appuis-main (des), P. L. | appuimain |
| après-demain | | | |
| après-dînée (une) | après-dînées (des) | | |
| après-midi (une) | | après-midi (les), P. | |
| après-soupée (une) | après-soupées (les) | | |
| à-propos (un) | à-propos (des) | | apropos |
| arc-boutant (un) | arcs-boutants (des) | | arcboutant |
| arc de triomphe (un) | arcs de triomphe (des) | | |
| arc-doubleau (un) | arcs-doubleaux (des) | | arc doubleau |
| arc-en-ciel (un) | arcs-en-ciel (des) | | arc en ciel |
| arrache-pied (d') | | | arrachepied |
| arrière-ban (l') | | arrière-ban (les), P. | arrière-bans, au pluriel, L. |
| arrière-bec (un) | | arrière-becs (des), L. | |
| arrière-bouche (une) | | arrière-bouches (des), L. | arrière-bouche (des) |
| arrière-boutique (une) | | arrière-boutiques (des), P. | |
| arrière-corps (un) | | arrière-corps (des), P. | |
| arrière-cour (une) | | arrière-cours (des), L. | |
| arrière-faix (un) | | arrière-faix (des), L. | |
| arrière-fief (un) | arrière-fiefs (des) | | |
| arrière-garant (un) | | arrière-garants (des), L. | |

| MOTS DU DICTIONNAIRE DE L'ACADÉMIE. | PLURIELS DONNÉS PAR L'ACADÉMIE. | PLURIELS SELON QUELQUES GRAMMAIRIENS. | CORRECTIONS PROPOSÉES ET OBSERVATIONS. |
|---|---|---|---|
| arrière-garde (une) | | arrière-gardes (des), P. | |
| arrière-goût (un) | | arrière-goûts (des), P. | |
| arrière-ligne (une) | | arrière-lignes (des), P. | |
| arrière-main (un et une) | | arrière-mains (des), P. | |
| arrière-neveu (un) | arrière-neveux (des) | | |
| arrière-pensée (une) | arrière-pensées (des) | | |
| arrière-petit-fils (un) | | arrière-petits-fils (des), P. | |
| arrière-point (un) | arrière-points (des) | | |
| arrière-saison (une) | | arrière-saisons (des), P. | |
| arrière-vassal (un) | | arrière-vassaux (des), P. | |
| atout (un) | atouts (des) | | |
| au deçà | | | audeçà |
| au dedans | | | audedans |
| au dehors | | | audehors |
| au delà | | | audelà |
| au-dessous | | | audessous |
| au-dessus | | | audessus |
| au-devant | | | audevant |
| aujourd'hui | | | |
| auparavant | | | |
| auprès | | | |
| auto-da-fé (un) | auto-da-fé (des) | | autodafé |
| autrefois | | | |
| autre fois (une) | autres fois (les) | | |
| auvent (un) | auvents (des) | | |
| avant-bec (un) | | avant-becs (des), P. | |
| avant-bras (un) | | avant-bras (les), P. | |
| avant-corps (un) | | avant-corps (les), P. | |
| avant-cour (une) | avant-cours (les) | | |
| avant-coureur (un), rrière | avant-coureurs (les), rrières | | |
| avant-dernier, ière | | av.-derniers, ières, P. | |
| *avant-duc (un) | | avant-ducs (des), P. | |
| avant faire droit (un) | | avant-faire-droit (des), P. | |
| *avant-fosse (une) | | avant-fosses (des), P. | |
| avant-garde (une) | avant-gardes (des) | | |
| avant-goût (un) | avant-goûts (des) | | |
| avant-hier | | | |
| avant-main (un) | | avant-mains (des), P. | |
| avant-mur (un) | | avant-murs (des), P. | |
| avant-pêche (une) | avant-pêches (des) | | |
| *avant-pied (l') | | avant-pieds (les), P. | |
| avant-port (un) | | avant-ports (des), L. | |
| avant-poste (un) | avant-postes (des) | | |
| avant-propos (un) | | avant-propos (des), P. | |
| avant-quart (un) | | avant-quarts (des), P. | |
| avant-scène (une) | | avant-scènes (des), P. | |
| avant-toit (un) | | avant-toits (des), P. | |
| avant-train (un) | | avant-trains (des), P. | |
| avant-veille (une) | | avant-veilles (des), P. | |
| à vau-l'eau | | | avauleau, à cause de aval. |
| Avé Maria (un) | Avé Maria (des) | | |

| MOTS DU DICTIONNAIRE DE L'ACADÉMIE. | PLURIELS DONNÉS PAR L'ACADÉMIE. | PLURIELS SELON QUELQUES GRAMMAIRIENS. | CORRECTIONS PROPOSÉES ET OBSERVATIONS. |
|---|---|---|---|
| à verse | | | Il pleut à verse. |
| aveugle-né, née | | aveugles-nés, ées (des), L. | pl. aveugle-nés, comme mort-nés, nouveau-nés. |
| ayant cause (un) | ayants cause (des) | | |
| ayant droit (un) | ayants droit (des) | | |
| | | | |
| bâbord (à) | | | |
| bain-marie (un) | | bains marie (des), P. L. | bainmarie |
| baisemain (le) | baisemains (des), m. et fem. | | |
| banvin (le) | banvins (les) | | |
| barbe-de-bouc, plante | | barbes-de-bouc (des), P. | En 1659, barbe de bouc. |
| barbe-de-capucin, plante | | barbes-de-capucin (des , P. | |
| barbe-de-chèvre, plante | | barbes-de-chèvre (des), P. | |
| barbe-de-Jupiter, plante | | barbes-de-Jupiter (des) | |
| barbe-de-moine, plante | | barbes-de-moine (des), P. | |
| barbe-de-renard, plante | | barbes-de-renard (des), P. | |
| bas Breton | bas Bretons (des) | | |
| bas-dessus (un) | | bas-dessus (des) | |
| bas-empire (le) | | | Pas de pl. |
| bas-fond (un) | bas-fonds (des) | | |
| bas officier (un) | bas officiers (des) | | |
| bas-relief (un) | bas-reliefs (des) | | |
| basse-contre (une) | | basses-contre (des), P. | bassecontre |
| basse-cour (une) | | basses-cours (des), P. | bassecour |
| basse-fosse (une) | basses-fosses (des) | | bassefosse |
| basse lisse | | basses-lisses (des), P. L. | basselisse |
| | Basses-Alpes (dép. des) | | |
| basse-taille (une) | | basses-tailles (des), P. L. | bassetaille |
| *basse terre (une) | | basses terres (des) | M. P. écrit basse-terre. |
| *basse voile (une) | | basses voiles (des) | basse voile. MM. L. et P. écrivent basse-voile. |
| bas-ventre (le) | | bas-ventre (des), P. | Pl. bas-ventres. |
| battant-l'œil (un) | | battant-l'œil (des), L. | |
| beau-fils (le) | beaux-fils (des) | | beaufils |
| beau-frère (un) | beaux-frères (des) | | beaufrère |
| beau-père (un) | beaux-pères (des) | | beaupère |
| beaupré (le) | beauprés (les) | | |
| | beaux-arts (les) | | |
| bec-de-cane (un), instr. | | becs-de-cane (des), P. | |
| bec-à-corbin (un), instr. | | becs-à-corbin (des) | |
| bec-de-corbin (un) | becs-de-corbin (des) | | |
| bec-de-cygne (un) | | becs-de-cygne (des) | |
| bec-de-grue (un), plante | | becs-de-grue (des), P. | |
| bec-de-lièvre (un) | | becs-de-lièvre (des), L. | |
| bec-de-vautour, instr. | | becs-de-vautour (des), L. | |
| becfigue (un) | becfigues (des) | | |
| béjaune (un), ou becjaune | béjaunes (des) | | |
| bel esprit (un) | beaux esprits (de) | | |
| bella-donna (la), plante | | bella-donna (des) | belladonna. |
| belladone (une), plante | belladones (des) | | |
| belle-dame, plante | | belles-dames (des), P. | belledame. |

| MOTS DU DICTIONNAIRE DE L'ACADÉMIE. | PLURIELS DONNÉS PAR L'ACADÉMIE. | PLURIELS SELON QUELQUES GRAMMAIRIENS. | CORRECTIONS PROPOSÉES ET OBSERVATIONS. |
|---|---|---|---|
| belle-de-jour (une), pl. | | belles-de-jour (des), P. | belledejour |
| belle-de-nuit (une), pl. | | belles-de-nuit (des), P. | belledenuit |
| belle-d'un-jour (la), pl. | | belles-d'un-jour (des), L. | |
| belle-fille (une) | | belles-filles (des), P. | bellefille |
| belle-mère (une) | | belles-mères (des), P. | bellemère |
| belle-sœur (une) | belles-sœurs (des) belles-lettres (les) | | bellesœur. En 1659, belle sœur. |
| b-fa-si (en) | | | |
| bien-aimé, ée | bien-aimés, ées | | bienaimé |
| bien aise | bien aises | | bienaise |
| bien-dire (le) | | bien-dire (des), P. | L'Académie écrit : Le bien faire vaut mieux que le bien dire (sans trait d'union). |
| bien-disant, ante | bien-disants, antes | | biendisant à cause de *bienfaisant, bienséant* |
| bien-être (le) | | bien-être, P. | bienêtre |
| bienfaisant, ante | bienfaisants, tes | | |
| bien-fonds (un) | biens-fonds (des) | | bienfond |
| bienheureux, se | bienheureux, ses | | Mais on écrit : Il est bien heureux d'en sortir. |
| bienséant, ante | bienséants, antes | | |
| bien-tenant, ante | bien-tenants, antes | | bientenant, à cause de *bienfaisant*. |
| bientôt | | | Mais on écrit : Vous arrivez bien tôt, bien tard. |
| bis-blanc (pain) | | bis-blancs (pains) | bis blanc, L. |
| bissac (un) | bissacs (des) | | De même en un mot tous les composés avec le préfixe latin *bis*. |
| blanc-bec (un) | | blancs-becs (des), L. | |
| blanc-de-baleine (le) | blancs de baleine (les) | | |
| blanc-manger | | blanc-manger (des), P. | |
| blanc seing (un) | blancs seings (des) | blanc-seings (des), P. | blancs-seings, au pl. L. |
| blanc signé (un) | | blancs signés (des), 1659. | |
| bœuf gras (le) | bœufs gras (les) | | |
| bois gentil (le), arbre | | bois gentils (des) | |
| bon-chrétien (du), poire | | bons-chrétiens (des), P. L. | bonchrétien |
| bonduc (un), arbre | bonducs (des) | | |
| bon-Henri (le), plante | | bons-henris (les), P. | bonhenri, à cause du pluriel inadmissible autrement. |
| bonhomme (un) | | | L'Académie ne nous fixe pas pour le pluriel. Je ne crois pas qu'on puisse dire comme M. Th. Barrière : les *faux bonshommes*; mais les *faux bonhomes* (à cause de *bonhomie*), et les enfants s'expriment selon la loi de composition des mots en disant : *faites-moi des bonhommes*. |
| bon homme (un) | | | |
| bonjour (le) | bonjour (les) | | |
| bonne aventure (dire la) | | bonnes-aventures, P. | |
| bonne-dame (la), plante | | bonnes-dames (des), L. | bonnedame |
| bonne fortune (en) | bonnes fortunes (des) | bonnes-fortunes, P. | |
| bonnet-de-prêtre, fortific. | | bonnets-de-prêtre (des) | M. L. écrit bonnet à prêtre. |
| bonne-voglie (un) | | | Prononcez *voille*. Ce mot n'est plus utile dans un dictionnaire de la littérature. |
| borne-fontaine (une) | bornes-fontaines (des) | | |
| bouche-trou (un) | | bouche-trous (des), P. L. | bouchetrou |
| bouillon-blanc (le), plante | | bouillons blancs (des) | |
| boule-de-neige (la), plante | | boules-de-neige (des) | M. L. écrit boule de neige. |

| MOTS DU DICTIONNAIRE DE L'ACADÉMIE. | PLURIELS DONNÉS PAR L'ACADÉMIE. | PLURIELS SELON QUELQUES GRAMMAIRIENS. | CORRECTIONS PROPOSÉES ET OBSERVATIONS. |
|---|---|---|---|
| bouledogue (un) | bouledogues (des) | | |
| boule vue (à la) | | | |
| bourgmestre (un) | bourgmestres (les) | | |
| bout-dehors ou | | | |
| boute-hors (un) | | boute-hors (des) | boutehors |
| boute-en-train (un) | | boute-en-train (des), P. L. | |
| boute-feu (un) | boute-feux (des) | | boutefeu |
| boute-selle (le) | | boute-selles (des), L. | bouteselle |
| bouton-d'argent (un), pl. | | boutons-d'argent (des). L. | |
| bouton-d'or (un), plante | | boutons-d'or (des), L. | |
| bout-rimé (un) | bouts-rimés (des) | | bouton d'or |
| branche-ursine (la) | | branches-ursines (des), P. | |
| brandevin (du) | brandevins (des) | | |
| branle-bas (un) | | branle-bas (des), L. | branlebas |
| bras-le-corps (à) | | | |
| brèche-dent (un ou une) | | brèche-dents (des), P. | brèchedent. M. L. écrit au pl. brèche-dents. |
| bredi-breda | | | bredibreda |
| bric-à-brac (du) | | bric-à-brac (des), L. | bricabrac, pour éviter le pl. brics-à-bracs. |
| *brise-cou (un) | | brise-cou (des), P. L. | brisecou |
| brise-glace (un) | brise-glace (des) | | briseglace |
| brise-raison (un) | brise-raison (des) | | briseraison |
| brise-scellé (un) | | brise-scellés (des), P. | brisescellé |
| brise-tout (un) | | brise-tout (des), P. | brisetout |
| brise-vent (un) | brise-vent (des) | | brisevent |
| brûle-tout (un) | brûle-tout (des) | | brûletout |
| çà et là | | | |
| cahin-caha | | | cahincaha |
| caillebotte (une) | caillebottes (des) | | |
| caille-lait (le), plante | | caille-lait (des), P. | |
| caillot-rosat (du) | | caillots-rosats (des), P. | |
| carême-prenant (à) | | carême-prenant (les), P. | M. Littré écrit au pluriel des carêmes-prenants — caresme prenant, 1659. |
| casse-cou (un) | | casse-cou (des), P. | cassecou. M. L. écrit au pl. casse-cou ou casse-cous. |
| *casse-cul (un) | | casse-cul (des) P. | cassecu comme tapecu. Au pl. M. L. écrit casse-cul ou casse-culs. |
| *casse-motte (un) | | casse-motte (des), P. | cassemotte, 1659. M. L. écrit au pl. casse-motte ou casse-mottes. |
| casse-noisette (un) | | casse-noisettes (des), P. | cassenoisette. Quelques-uns écrivent, contrairement à l'Acad., un casse-noisettes |
| casse-noix (un) | | casse-noix (des), P. | cassenoix |
| casse-tête (un) | casse-tête (des) | | cassetête. L'Académie écrit : Ce problème est un casse tête, sans trait d'union. |
| Cent-Suisse (un) | Cent-Suisses (des) | | |
| cerf-volant (un) | | cerfs-volants (des), P. | cervolant |
| c'est-à-dire | | | |
| champ de mai (un) | champs de mai (des) | | |
| champ de mars (le) | | | |

| MOTS DU DICTIONNAIRE DE L'ACADÉMIE. | PLURIELS DONNÉS PAR L'ACADÉMIE. | PLURIELS SELON QUELQUES GRAMMAIRIENS. | CORRECTIONS PROPOSÉES ET OBSERVATIONS. |
|---|---|---|---|
| champ de mars (un) | champs de mars (des) champs Élysées (les), myth. champs-Élysées(les) à Paris | | |
| char à bancs (un) | chars à banc (des) | chars-à-bancs (des), P. L. | Au pl. on prononce, dit M. L., charaban. |
| *chasse-chien (un) | | chasse-chien (des), P. | chassechien |
| *chasse-coquin (un) | | chasse-coquin (des), P. | chassecoquin |
| *chasse-cousin (un) | | chasse-cousin (des), P. | chassecousin |
| chasse-marée (un) | | chasse-marée (des), P. | chassemarée |
| chasse-mouche (un) | | chasse-mouches (des), P. | chassemouche.M.Poitevin écrit, contrairement à l'Acad., un chasse-mouches, |
| château fort (un) | châteaux forts (des) | | chahuant, 1659. |
| chat-huant (un) | chats-huants (les) | | |
| chauffe-cire (un) | | chauffe-cire (des), P. | chauffecire |
| *chauffe-lit (un) | | chauffe-lit (des), P. | chauffelit |
| *chauffe-pieds (un) | | chauffe-pieds (des), P. | chauffepied. — Chauffe-pied, 1659. |
| chausse-pied (un) | | chausse-pieds (des), P. | chaussepied |
| chausse-trape (une) | chausses-trapes (des) | | chaussetrape. — Chaussetrappe, 1659. |
| chauve-souris (une) | chauves-souris (des) | | chauvesouris, 1659. |
| chef-d'œuvre (un) | chefs-d'œuvre (des) | | chefdœuvre |
| chef-lieu (un) | chefs-lieux (des) | | cheflieu |
| chevau-léger (un) | chevau-légers (les) | chevaux-légers (les), P. | chevauléger.— Chevaux légers, 1659. |
| chèvrefeuille (un) | chèvrefeuilles (des) | chèvres-feuilles (des), P. | Heureusement l'Académie a réuni les parties de ce composé, car le pluriel proposé par M. Poitevin est inadmissible. |
| chèvre-pied, adj. m. | chèvre-pieds (dieux) | | chèvrepied. Chèvre-pied, 1659. |
| *chie-en-lit (un) | | chie-en-lit (des) | chienlit |
| *chien-loup (un) | | chiens-loups (des), P. | chien loup |
| *chien-marin (un) | | chiens-marins (des), P. | chien marin |
| choléra-morbus (le) | | choléra-morbus (des) | |
| choucroute (la) | choucroutes (les) | | |
| chou-fleur (le) | choux-fleurs (les) | | choufleur.—Choux fleurs, 1659. |
| chou-navet (le) | | choux-navets (les), P. L. | chou navet, ou plutôt chounavet |
| chou-pille (un) | | choux-pilles (des) | |
| chou-rave (le) | | choux-raves (les), P. | chou rave, ou chourave comme betterave. |
| christe marine (une) | christes marines (des) | | M. L. écrit christe-marine avec trait d'union. |
| ci-après, ci-contre, ci-devant, ci-dessus, ci-gît, ci-joint, etc. | | | cicontre, cidessus, etc., mais ci gît, ci joint. |
| ci-devant (un) | | ci-devant (des) | cidevant |
| ciel de lit (un) | ciels de lit (des) | ciels-de-lit (des), P. | cieldelit, à cause du pluriel. Ciel de lit, 1659. |
| *clair-brun, brune | clairs-bruns, brunes | | |
| claire-voie (à) | | claires-voies (des), P. L. | clairevoie |
| clair-obscur (le) | | clairs-obscurs (les) | clairobscur |
| clair-semé, ée | clair-semés, ées | | clairsemé. — Clair semé, 1659. |
| *claque-bois (un) | claquebois (des) | | |
| claquedent (un) | claquedents (des) | | |
| claquemurer | | | |

| MOTS DU DICTIONNAIRE DE L'ACADÉMIE. | PLURIELS DONNÉS PAR L'ACADÉMIE. | PLURIELS SELON QUELQUES GRAMMAIRIENS. | CORRECTIONS PROPOSÉES ET OBSERVATIONS. |
|---|---|---|---|
| *claque-oreilles (un) | | claque-oreilles (des), P. L. | |
| clin d'œil (un) | clins d'œil (des) | clins-d'œil (des), P. | C'est à tort que M. Poitevin met un trait d'union, puisque le sens est naturel. |
| coassocié, ée, etc. | coassociés, ées | | Il n'y a pas d'exception pour la juxtaposition des mots avec le préfixe co. C'est à tort que M. Poitevin fait trois ou quatre distinctions : co-associé, co-état, co-évêque, co-religionnaire. |
| coffre-fort (un) | | coffres-forts (des) | coffrefort |
| cogne-fétu (un) | | cogne-fétu ou fétus (des) | cognefétu |
| colin-maillard (un) | | colins-maillards (des), P. | colinmaillard, car ce pluriel est un des cas les plus épineux de la syntaxe des noms composés.— Colin maillard, 1639 |
| commissaire-priseur (un) | | commissaires-priseurs (des) | commissaire priseur |
| commis voyageur (un) | commis voyageurs (des) | | |
| compte rendu (un) | comptes rendus (des) | | M. Arago a fait adopter à l'Académie des sciences cette forme : compte-rendu. |
| contrapontiste (un) | contrapontistes (des) | | Jamais de disjonction avec le préfixe latin contra. |
| contre-allée (une) | contre-allées (les) | | contrallée. (De même tous les composés formés avec la préposition contre) |
| contre-amiral (un) | contre-amiraux (des) | | contramiral |
| *contre-appel (un) | | contre-appels (des), P. | contrappel |
| | contre-approches (des) | | contrapproches |
| contre-balancer | | | contrebalancer, 1639. |
| contrebande (la) | contrebandes (les) | | |
| contre-bas (en) | | | contrebas (en) |
| contre-basse (une) | contre-basses (des) | | contrebasse, 1639. |
| contre-batterie (une) | | contre-batteries (des) | contrebatterie, 1639. |
| contre-boutant (un) | | contre-boutants (des), L. | contreboutant, 1639. |
| contre-calquer | | | contrecalquer |
| contrecarrer | | | |
| *contre-charge (une) | | contre-charges (des), P. | contrecharge, 1639. |
| contre-charme (un) | | contre-charmes (des), L. | contrecharme |
| contre-châssis (un) | | contre-châssis (des), L. | contrechâssis |
| contre-clef (une) | | contre-clefs (des), P. | contreclef |
| contre-cœur (un) | | contre-cœurs (des), P. | contrecœur |
| contre-cœur (à) | | | contrecœur (à', 1639. |
| contre-coup (un) | | contre-coups (les), P. | contrecoup |
| contre-courant (un) | contre-courants (des) | | contrecourant |
| contredanse (une) | contredanses (des) | | |
| contredire | | | |
| contredisant, ante | contredisants, antes | | |
| contredit (un) | contredits (des) | | |
| contre-échange (un) | | contre-échanges (des) P. | contr'échange. — Contreschange, 1639. |
| contre-enquête (une) | | contre-enquêtes (des), P. | contr'enquête |
| contre-épreuve (une) | | contre-épreuves (des), P. | contr'épreuve |
| contre-espalier (un) | | contre-espaliers (des) | contrespalier, comme contrescarpe. |
| contrefaçon (la) | contrefaçons (des) | | |

| MOTS DU DICTIONNAIRE DE L'ACADÉMIE. | PLURIELS DONNÉS PAR L'ACADÉMIE. | PLURIELS SELON QUELQUES GRAMMAIRIENS. | CORRECTIONS PROPOSÉES ET OBSERVATIONS. |
|---|---|---|---|
| contrefacteurs (des) | contrefacteur (un) | | |
| contrefaiseur (un) | contrefaiseurs (des) | | |
| *contre-fenêtre (une) | | contre-fenêtres (des), P. | contrefenêtre. — Contrefenestre, 1659. |
| *contre-fente (une) | | contre-fentes (des), P. | contrefente |
| contre-fiche (une) | contre-fiches (des) | | contrefiche |
| contre-finesse (une) | | contre-finesses (des), P. | contrefinesse, 1659. |
| contre-fort (un) | contre-forts (des) | | contrefort, 1659 |
| contre-fugue (une) | | contre-fugues (des), P. | contrefugue |
| contre-garde (une) | | contre-gardes (des), L. | contregarde, 1659. |
| contre-hachure (une) | | contre-hachures (des), L. | contrehachure |
| contre-hâtier (un) | | contre-hâtiers (des), L. | contrehâtier |
| contre-indication (une) | | contre-indications (des), L. | contr'indication |
| contre-jour (un) | | contre-jour (des), P. | contrejour |
| contre-latte (une) | | contre-lattes (des), L. | contrelatte |
| contre-lettre (une) | | contre-lettres (des), P. | contrelettre, 1659. |
| contre-maître (un) | | contre-maîtres (des), P. | contremaître, pour éviter le pluriel illogique : contre-maîtres. |
| contremander | | | |
| contre-marche (une) | | contre-marches (des), P. | contremarche, 1659. |
| contre-marée (une) | | contre-marées (des), P. | contremarée |
| contre-marque (une) | | contre-marques (des), P. | contremarque |
| contre-mine (une) | | contre-mines (des), P. | contremine, 1659. |
| contre-mont, loc. adv. | | | contremont, 1659. |
| contre-mur (un) | | contre-murs (des), P. | contremur |
| contre-opposition (une) | | contre-oppositions (des), L. | contr'opposition |
| contre-ordre (un) | | contre-ordres (des), P. | contr'ordre |
| *contre-pal (un) | | contre-pals (des), P. | contrepal |
| contre-partie (une) | | contre-parties (des), P. | contrepartie |
| contre-peser | | | contrepeser |
| contre-pied (le) | | | contrepied, 1659. L'idée de pied a disparu ; pas de pl. |
| contre-platine (une) | | | contreplatine |
| contre-poids (un) | | contre-poids (des) | On écrit généralement contrepoids.— Contrepois, 1659. |
| contre-poil (à) | | | contrepoil, 1659. |
| *contre-poinçon (un) | | contre-poinçons (les) | contrepoinçon |
| contre-point (le) | | contre-points (les), P. | contrepoint, 1659. |
| contre-pointer | | | contrepointer, 1659. |
| contre-poison (un) | | contre-poisons (des), P. | contrepoison, 1659. |
| contre-porte (une) | | contre-portes (des), P. | contreporte, 1659. |
| contre-révolution (une) | | contre-révolutions (des), P. | contrerévolution |
| *contre-ronde (une) | | contre-rondes (des), P. | contreronde, 1659. |
| contre-ruse (une) | | contre-ruses (des), P. | contreruse, 1659. |
| contre-sanglon (un) | | contre-sanglons (des), L. | contresanglon |
| contrescarpe (une) | contrescarpes (des) | | |
| contre-scel (un) | | contre-scels (des), P. | contrescel, pour qu'on ne soit pas tenté par analogie avec ce qui précède de former le pluriel contre-sceaux.—Contrescel, 1659. |
| contre-seing (un) | | contre-seings (des), L. | contreseing, 1659. |
| contre-sens (un) | contre-sens (des) | | contresens |
| contre-signer | | | contresigner |

| MOTS DU DICTIONNAIRE DE L'ACADÉMIE. | PLURIELS DONNÉS PAR L'ACADÉMIE. | PLURIELS SELON QUELQUES GRAMMAIRIENS. | CORRECTIONS PROPOSÉES ET OBSERVATIONS. |
|---|---|---|---|
| *contretaille (une) | | contretailles (des) | |
| contre-temps (un) | contre-temps (des) | | contretemps, 1659. |
| contre-terrasse (une) | | contre-terrasses (des), L. | contreterrasse |
| contre-tirer | | | contretirer, 1659. |
| contrevallation (une) | contrevallations (des) | | |
| contrevenir | | | |
| contrevent (un) | contrevents (des) | | |
| contre-vérité (une) | contre-vérités (des) | | contrevérité |
| copartageant (un) | copartageants (des) | | |
| copropriétaire (un) | copropriétaires (des) | | C'est à tort que M. Poitevin met ici le trait d'union. |
| coq-à-l'âne (un) | coq-à-l'âne (des) | | |
| coreligionnaire (un) | coreligionnaires (des) | | |
| cordon bleu (un) | cordons bleus (des) | cordons-bleus (des), P. | C'est à tort que M. Poitevin introduit le trait d'union. |
| corps de garde (un) | corps de garde (des) | | Même observation. |
| corps de logis (un) | corps de logis (des) | | Idem. |
| corps-saint (un) | corps-saints (des) | | corps saint, sans trait d'union : le sens est direct. |
| couci-couci | | | |
| cou-de-pied (un) | | cou-de-pied (des), P. | coudepied, à cause du pluriel litigieux, car, pour être conséquent, il faudrait cous-de-pied, comme l'écrit M. L. |
| coup d'œil (un) | coups d'œil (des) | | |
| coupe-cul (un) | | coupe-cul (des) | œupecu, comme tapecu. |
| coupe-gorge (un) | | coupe-gorge (des), P. | coupegorge |
| coupe-jarret (un) | coupe-jarrets (des) | | coupejarret. M. Poitevin écrit : un coupe-jarrets. Coupe jarret, 1659. |
| *coupe-pâte (un) | | coupe-pâte (des), P. | coupepâte |
| coupe-tête (un) | | coupe-tête (des), P. | coupetête |
| court-bouillon (un) | | courts-bouillons (des), P.L. | court bouillon, 1659. |
| courte-botte (un) | | courtes-bottes (des), P. | |
| courte paille (la) | | courtes-pailles (des), P. | Pas de trait d'union, pas de pluriel. |
| courte-pointe (une) | | courtes-pointes (des), P. | coutepointe, en latin : culcitra puncta. |
| court-jointé, ée | court-jointés, ées | | |
| couvre-chef (un) | | couvre-chef (des), P. | couvrechef. |
| couvre-feu (le) | | couvre-feu (des), P. | couvrefeu. |
| couvre-pied (un) | | couvre-pieds (des), P. | M. Poitevin écrit avec raison : un couvre-pieds ; mais couvrepied d'un seul mot est plus simple. |
| crête-de-coq (la), plante | | crêtes-de-coq (des), L. | |
| crève-cœur (un) | | crève-cœur (des), P. | un crèvecœur, des crèvecœurs |
| cric crac | | | MM. P. et L. mettent ici un trait d'union ; je le crois inutile. |
| crincrin (un) | crincrins (des) | | |
| croc-en-jambe (un) | | crocs-en-jambes (des), P. crocs-en-jambe (des), L. | Pluriel litigieux. M. Poitevin a tort d'écrire au singulier : croc-en-jambes, puisque le croc n'opère que sur une seule jambe, et personne ne consentira à prononcer avec lui : des crozenjambes. Ce mot serait mieux écrit crocenjambe. |
| croque-mort (un) | | croque-morts (des), L. | croquemort : le pluriel est embarrassant, et il y a évidemment métaphore. |
| croque-note (un) | | croque-notes (des), P. | croquenote. M. Poitevin écrit au singulier croque-notes. |

| MOTS DU DICTIONNAIRE DE L'ACADÉMIE. | PLURIELS DONNÉS PAR L'ACADÉMIE. | PLURIELS SELON QUELQUES GRAMMAIRIENS. | CORRECTIONS PROPOSÉES ET OBSERVATIONS. |
|---|---|---|---|
| cul-blanc (un), oiseau | | culs-blancs (des), L. | cublanc |
| cul-de-jatte (un) | | culs-de-jatte (des), P. | cudejatte est plus convenable, et le pluriel cudejattes sans difficulté.—Cul de jatte, 1659. |
| cul de basse-fosse (un) | culs de basse-fosse (des) | | |
| cul-de-lampe (un) | culs-de-lampe (des) | | On écrirait mieux cudelampe et cudelampes au pluriel : l'idée représentée par le premier mot du composé n'étant pas exacte. |
| cul de plomb (un) | culs de plomb (des) | | cudeplomb |
| cul de poule (un), serrur. | culs de poule (des) | culs-de-poule (des), L. | cudepoule |
| cul-de-sac (un) | | culs-de-sac (des), P. | De même pour cudesac. |
| cure-dent (un) | cure-dents (des) | | curedent, 1659. M. Poitevin écrit un cure-dents. |
| cure-môle (un) | | cure-môles (des), L. | |
| cure-oreille (un) | | cure-oreilles (des), P. L. | M. Poitevin écrit un cure-oreilles. |
| custodi-nos (un) | custodi-nos (des) | | |
| dame-jeanne (une) | | dames-jeannes (des), P, L. | damejeanne, pour la simplicité et la logique. |
| de là, au delà, en delà, par delà. | | | On écrit deçà et delà. |
| demi-aune (une) | | demi-aunes (des) | Tous les composés avec demi prennent le trait d'union. |
| demi-bain (un) | demi-bains (des) | | |
| demi grand aigle (papier) | | | |
| dent-de-lion (une), plante | | dents-de-lion (des) | |
| dent-de-loup (une), instr. | | dents-de-loup (des) | |
| derechef | | | |
| dès-là | | | dès là |
| dès lors | | | |
| deux-centième (un) | | | On écrit : les deux centièmes, la deux centième partie. |
| docteur ès sciences (un) | docteurs ès sciences (des) | | |
| doit et avoir (par) | | | M. Poitevin met ici abusivement des traits d'union. |
| | dommages et intérêts (des) dommages-intérêts (des) | | |
| double feuille (une) | | | M. Poitevin met ici abusivement un trait d'union. |
| douce-amère (la) | | douces-amères (des), L. | Quel sera le pluriel? Douces-amères, sans doute. Puisqu'il s'agit de traduire le latin dulcamara, et non dulcis amara, que n'écrivons-nous douçamère ? |
| dure-mère (la), anat. | | | |
| eau-de-vie (une) | | eaux-de-vie (des), P. | eau de vie, 1659, ou même eaudevie. |
| eau-forte (une) | eaux-fortes (des) | | eauforte. Eau forte, 1659. |
| eau mère (une) | eaux mères (des) | | |
| | eaux et forêts (les) | | |
| ecce homo (un) | | ecce homo (des), P. | |
| écoute s'il pleut (un) | | écoute-s'il-pleut (des) | M. Poitevin met le trait d'union, contrairement à l'Académie. |
| électro-chimique, adj. | | électro-chimiques | électrochimique |
| électrotypie (l') | | | Pas de pl. |

| MOTS DU DICTIONNAIRE DE L'ACADÉMIE. | PLURIELS DONNÉS PAR L'ACADÉMIE. | PLURIELS SELON QUELQUES GRAMMAIRIENS. | CORRECTIONS PROPOSÉES ET OBSERVATIONS. |
|---|---|---|---|
| en deçà, en delà, en dedans, en dehors, en dessus, en dessous | | | |
| entr'accorder (s') | | | |
| entr'accuser (s') | | | |
| entr'acte (un) | entr'actes (des) | | M. Poitevin écrit un entr'actes. |
| entr'aider (s') | | | |
| entr'aimer (s') | | | |
| entr'appeler (s') | | | |
| entr'avertir (s') | | | |
| entre-bâiller | | | entrebâiller — Entrebaailler, 1659. |
| entre autres | | | |
| entre-baiser (s') | | | entrebaiser (s'), 1659. |
| entre-choquer (s') | | | entrechoquer (s').— Entrechocquer, 1659. |
| entre-colonne (un) | entre-colonnes (des) | | entrecolonne (une). M. Poitevin écrit un entre-colonnes. |
| entre-côte (une) | | entre-côtes (des), L. | entrecôte. M. Poitevin écrit une entre-côtes. |
| entrecouper | | | |
| entre-croiser (s') | | | entrecroiser (s'), 1659. |
| entre-déchirer (s') | | | entredéchirer (s') |
| entre-détruire (s') | | | entredétruire (s') |
| entre-deux (un) | | entre-deux (des), L. | entredeux, 1659. L'Académie écrit aussi : entre-deux, dans l'acception d'entre les deux. |
| entre-dévorer (s') | | | entredévorer (s') |
| entre-donner (s') | | | entredonner (s'), 1659. |
| entre eux | | | |
| | entrefaites (les) | | |
| *entre-filets (un) | | entre-filets (des) | entrefilet |
| entre-frapper | | | entrefrapper |
| entregent (un) | | | |
| entr'égorger (s') | | | |
| entrelacer | | | |
| | entrelacs (des) | | |
| entrelarder | | | |
| entre-ligne (un) | entre-lignes (des) | | entreligne. M. P. écrit un entre-lignes. |
| entre-luire | | | entreluire, 1659. |
| entre-manger (s') | | | entremanger (s'), 1659. |
| entremêler | | | |
| entremets (un) | entremets (des) | | |
| entremise (une) | entremises (des) | | |
| entre-nœud (un) | entre-nœuds (les) | | entrenœud |
| entre-nuire (s') | | | entrenuire (s') |
| entrepas (un) | entrepas (des) | | |
| entre-percer (s') | | | entrepercer (s') |
| entre-pont (un) | entre-ponts (les) | | entrepont |
| entreposer | | | |
| entre-pousser (s') | | | entrepousser (s'), 1659. |
| entreprendre (et ses dérivés) | | | |
| entre-quereller (s') | | | entrequereller (s') |

| MOTS DU DICTIONNAIRE DE L'ACADÉMIE. | PLURIELS DONNÉS PAR L'ACADÉMIE. | PLURIELS SELON QUELQUES GRAMMAIRIENS. | CORRECTIONS PROPOSÉES ET OBSERVATIONS. |
|---|---|---|---|
| entre-répondre (s') | | | entrerépondre (s') |
| entre-secourir (s') | | | entresecourir (s') |
| entre-sol (un) | | entre-sol (des), P. entre-sols (des), L. | entresol. On l'écrit ainsi partout, sans qu'on hésite sur la prononciation. |
| entre-suivre (s') | | | entresuivre (s') |
| entretaille (une) | entretailles (des) | | |
| entre-tailler (s') | | | entretailler (s'), 1659, à cause de entretaille. |
| entretaillure (une) | entretaillures (des) | | |
| entre-temps (un) | entre-temps (des) | | entretemps, comme contretemps, 1659. |
| entretenir et ses dérivés | | | |
| entretoile (une) | entretoiles (des) | | |
| entre-toise (une) | entretoises (des) | | |
| entre-vifs | | | entre vifs |
| entrevoir et ses dérivés | | | |
| entr'ouïr | | | |
| entr'ouverture (une) | entr'ouvertures (des) | | |
| entr'ouvrir | | | entrouvrir, en 1659. |
| épine-vinette (une) | | épines-vinettes (des), P. | épine vinette. — Espine vinette. 1659. |
| e-si-mi ? | | | |
| esprit de bois (l') | esprits de bois (des) | | |
| esprit-de-vin (l') | esprits-de-vin (des) | | esprit de vin |
| esprit de vitriol | esprits de vitriol (des) | | |
| esprit fort (un) | esprits forts (des) | | |
| essuie-main (un) | | essuie-mains (des), P., ou essuie-main ou mains, L. | essuie-mains. au singulier, selon M. P. Ne pourrait-on pas écrire essuimain et appuimain ? — Essuy-main, 1659. |
| état-major (un) | | états-majors (des), P. | état major |
| état civil (un) | états civils (des) | | |
| | états généraux | | |
| excommunication (une) | excommunications (des) | | Les composés avec ex, comme ceux avec co, extra, intra, etc., se réunissent : excroissance, exhausser, exposé, extension; il n'y a pas lieu de faire exception pour ex-député, etc. |
| ex-député (un) | ex-députés (des) | | |
| ex professo | | | |
| extrajudiciaire | extrajudiciaires | | |
| extrême-onction (l') | | | extrême onction, car le sens n'est pas détourné de l'acception première. |
| ex-voto (un) | ex-voto (des) | | |
| fac-simile (un) | | fac-simile (des), L. | facsimilé, le mot étant devenu français. |
| faim-valle (la) ? | | | faimvalle |
| *faits-divers (un) | | faits divers (des) | |
| faubourg (un) | faubourgs (des) | | Primitivement fors bourg, puis forbourg, puis faux bourg. |
| faufiler (se) | | | |
| fausse clef (une) | fausses clefs (des) | | fausse clé |
| faux-bourdon (en) | | | faux bourdon |
| faux-fuyant (un) | | faux-fuyants (des), P. L. | faufuyant |
| faux-marcher (le) | | | faux marcher |
| faux-monnayeur (un) | faux-monnayeurs (des) | | faux monnayeur |
| faux-saunier (un) | | faux-sauniers (des) | faux saunier |
| fesse-cahier (un) | | fesse-cahier (des), P. L., ou fesse-cahiers, L. | fessecahier. — Fesse-cayer, 1659. |

| MOTS DU DICTIONNAIRE DE L'ACADÉMIE. | PLURIELS DONNÉS PAR L'ACADÉMIE. | PLURIELS SELON QUELQUES GRAMMAIRIENS. | CORRECTIONS PROPOSÉES ET OBSERVATIONS. |
|---|---|---|---|
| fesse-mathieu (un) | fesse-mathieux (des) | fesse-mathieu (des), P. | En écrivant fessemathieu, on éviterait ce pluriel et l'embarras qui naît de la suppression de la majuscule. —Fessematthieu, 1659. |
| fête-Dieu (la) | | fêtes-Dieu (les), P. | |
| feuille-morte (couleur de) | | | couleur de feuille morte sans trait d'union. |
| fier-à-bras (un) | | fiers-à-bras (des), P. fier-à-bras (des), L. | fierabras, d'après un héros de roman nommé Ferabras ou Fierabras. Le pluriel de fier est inadmissible. |
| flic flac (faire) | | | |
| flicflac (un) | flicflacs (des) | | |
| flint-glass (du) | | | flintglace, comme biftec. |
| fil à plomb (un) | fils à plomb (des) | | |
| flonflon (un) | flonflons (des) | | |
| folle enchère (une) | folles enchères (des) | | M. Poitevin ajoute un trait d'union inutile. |
| forte-piano (un) | | forte-piano (des) | fortepiano |
| fort-vêtu (un) | | | M. L. écrit forvêtu, de fors vêtu, un homme vêtu hors de sa condition. |
| fouille-au-pot (un) | | fouille-au-pot (des), P. | |
| fourmi-lion (un) | | fourmis-lions (les), P. | fourmilion (le), comme écrivent les naturalistes. |
| franc-alleu (un) | francs-alleux (des) | francs-alleus (des), L. | franc alleu. — Franc aleu, 1659. |
| franc archer (un) | francs archers (des) | | |
| franc-bord (un) | | francs-bords (des), L. | franc bord |
| franc-fief (un) | francs-fiefs (des) | | franc fief |
| franc-maçon (un) | francs-maçons (des) | | Pl. franc-maçons, à cause de franc-maçonnerie. |
| franc-maçonnerie (une) | | franc-maçonnerie (des), P. | Ce pluriel est inadmissible. |
| franc-quartier (un), blason | | francs-quartiers (des) | franc quartier |
| franc-réal (un) | | francs-réals (des), P. L. | |
| franc-salé (un) | | francs-salés (des), L. | |
| fripe-sauce (un) | | fripe-sauce (des), P. | fripesauce |
| gagne-denier (un) | gagne-deniers (des) | gagne-denier (des), P. gagne-deniers (des), L. | gagnedenier |
| gagne-pain (un) | | gagne-pain (des), P. L. | gagnepain |
| gagne-petit (un) | | gagne-petit (des), L. | gagnepetit |
| garçon-major (un) | | garçons-majors (des), L. | |
| garde-bois (un) | | garde-bois (des), L. | gardebois |
| garde-bourgeoise (la) | | gardes-bourgeoises (des), L. | Écrit sans trait d'union au mot bourgeois du Dict. |
| garde-boutique (un) | garde-boutique (des) | garde-boutiques (des), L. | gardeboutique, 1659. |
| garde-chasse (un) | | gardes-chasse (des), P. garde-chasse ou chasses (des), L. | gardechasse, à cause du pluriel. |
| garde champêtre (un) | gardes champêtres (des) | | M. P. introduit ici à tort le trait d'union. |
| *garde-chiourme (un) | | garde-chiourme (des), L. | gardechiourme |
| garde-corps (un) | | garde-corps (des), L. | gardecorps |
| garde-côte, adj. | gardes-côtes | garde-côtes (des), L. | gardecôte |
| garde du corps (un) | gardes du corps (des) | | |
| garde-étalon (un) | gardes-étalon (des) | garde-étalon ou étalous (des), L. | |
| garde-feu (un) | | garde-feu (des), L. | gardefeu |

| MOTS DU DICTIONNAIRE DE L'ACADÉMIE. | PLURIELS DONNÉS PAR L'ACADÉMIE. | PLURIELS SELON QUELQUES GRAMMAIRIENS. | CORRECTIONS PROPOSÉES ET OBSERVATIONS. |
|---|---|---|---|
| garde forestier (un) | gardes forestiers (des) | | M. P. place ici à tort le trait d'union. |
| garde-fou (un) | garde-fous (des) | | gardefou, 1659. |
| garde-française (un) | gardes françaises (les) | | M. L. écrit un garde française sans tiret. |
| garde-magasin (un) | | gardes-magasin (des), P. garde-magasin ou magasins (des), L. | gardemagasin, à cause de ce pluriel équivoque des mots composés avec garde substantif et garde verbe. |
| *garde-malade (une) | | garde-malade ou malades (des), L. | gardemalade. M. P. écrit abusivement des gardes-malades. — Garde de malades, 1659. |
| garde-manche (un) | | gardes-manches (des) | gardemanche |
| garde-manger (un) | garde-manger (des) | | gardemanger |
| garde-marine (un) | gardes-marine (des) | gardes-marine (des), L. | gardemarine |
| garde-marteau (un) | gardes-marteau (des) | garde-marteau ou marteaux (des), L. | gardemarteau |
| garde-meuble (un) | garde-meubles (des) | garde-meuble ou meubles (des), L. | gardemeuble |
| garde national (un) | gardes nationaux (des) | | Le trait d'union, placé ici par M. Poitevin, est inutile. |
| garde nationale (la) | | | Idem. |
| garde-noble (la) | | gardes-nobles (des), L. | garde noble |
| garde-note (un) | gardes-notes (des) | garde-notes ou notes (des), L. | gardenote |
| garde-pêche (un) | gardes-pêche (des) | garde-pêche ou pêches (des), L. | gardepêche |
| garde-robe (une) | garde-robes (des) | | garderoba.—Garderobbe, 1659 |
| garde-rôle (un) | gardes-rôle (des) | garde-rôle ou rôles (des), L. | garderôle. |
| garde royal (un) | gardes royaux (les) | | |
| garde-sacs (un) | gardes-sacs (des) | garde-sacs (des), L. | gardesac |
| garde-scel (un) | gardes-scel (des) | garde-scel (des), L. | gardescel, à cause du pluriel, qui sans cela serait garde-sceaux. |
| garde-vaisselle (un) | gardes-vaisselle (des) | garde-vaisselle (des), L. | gardevaisselle |
| garde-vente (un) | gardes-vente (des) | garde-vente ou ventes (des), L. | gardevente |
| garde-vue (un) | | garde-vue (des), L. | gardevue |
| gâte-enfant (un) | | gâte-enfant ou enfants (des), L. | |
| gâte-métier (un) | | gâte-métier ou métiers (des), P. | gâtemétier |
| gâte-pâte (un) | | gate-pâte (des), L. | gâtepâte |
| *gâte-sauce (un) | | gâte-sauce (des), P. L., ou sauces, L. | gâtesauce |
| gentilhomme (un) | gentilshommes (des) | | |
| gobe-mouches (un) | gobe-mouches (des) | | gobemouche |
| gomme copal (la) | | | |
| gomme-gutte (la) | | gommes-guttes (les) | gomme gutte, sans trait d'union. |
| gomme laque (la) | gommes laques (les) | | |
| gomme-résine (la) | gommes-résines (les) | | gomme résine. |
| gorge-de-pigeon (couleur) | | gorge-de-pigeon | gorge de pigeon, sans trait d'union. |
| goutte-crampe (la) | | gouttes-crampes (les), L. | goutte crampe |

| MOTS DU DICTIONNAIRE DE L'ACADÉMIE. | PLURIELS DONNÉS PAR L'ACADÉMIE. | PLURIELS SELON QUELQUES GRAMMAIRIENS. | CORRECTIONS PROPOSÉES ET OBSERVATIONS. |
|---|---|---|---|
| grand aigle (papier) | | | |
| grand aumônier, grand maréchal, grand officier, grand veneur, etc. | grànds aumôniers (des), etc. | | |
| grand'chambre, grand'chè-re, grand'chose, grand' garde, grand'tante, grand' pitié, grand'messe | | | L'apostrophe, dans ces mots, constitue une orthographe vi-cieuse. Dans l'ancien lan-gage, d'où nous viennent ces locutions, *grand* représentait les deux genres; on disait *Rome la grant*, grand faim, grand honte, grand ville, etc. Il en était de même de tous les adjectifs formés sur la troisième déclinaison latine. Il n'y avait donc pas élision de l'*e* muet. On dit aujourd'hui grande chère, grande-tante; grand'mère de-vrait seul s'écrire grandmère. |
| grand cordon (le) | grands cordons (les) | | |
| grand-cordon (un) | | grands-cordons (les) | La personne décorée du grand cordon. |
| grand'croix (la) | grands-croix (les) | grand'croix (les) | |
| grand-croix (un) | | | |
| grand-duc (le), etc. | | grands-ducs (les) | |
| grand-livre (le) | | | |
| grand merci (un) | | grands-mercis (des) | |
| grand raisin (du), papier | grands raisins (des) | | |
| gras-cuit (pain) | | | |
| gras-double (du) | | gras-doubles (des), P. L. | |
| gratte-cul (un) | gratte-culs (des) | gratte-cul (des), P. L. | grattecu, comme tapecu. |
| gratte-papier (un) | | gratte-papier ou papiers, L. | grattepapier |
| grippe-sou (un) | | grippe-sou (des), P. | grippesou |
| guet-apens (un) | | guets-apens (des), P. L. | guétapens. Étymologie : de guet |
| guide-âne (un) | | guide-âne ou ânes (des), L. | apensé. — De guet à pens, 1659. |
| hache-paille (un) | | hache-paille (des), L. | hachepaille |
| hausse-col (un) | hausse-cols (des) | hausse-col (des), P. | haussecol. M.L. écrit des hausse-col ou cols. |
| haut-à-bas (un) | | haut-à-bas (des), L. | |
| | | haut-à-bras (des), P. | |
| haut-à-haut (un) | | | |
| haut bord (vaisseau de) | | hauts-bords (des), P. | |
| haut-de-chausse (un) | hauts-de-chausse ou hauts-de-chausses | . | hautdechausse, comme justau-corps. M. P. écrit un haut-de-chausses. Avec cette ortho-graphe, les vers de Molière : ..... *Que sa vertu se hausse A connaître un pourpoint d'avec un haut-de-chausse,* ne seraient plus exacts. — Haut de chausse, 1659. |
| haute-contre (une) | hautes-contre (des) | | hautecontre |
| haute cour (la) | hautes cours (les) | hautes-cours (les), P. | Ce trait d'union ajouté par M.P. est tout à fait inutile. |
| haute justice | hautes justices (les) | hautes-justices (les), P. | Idem. |

| MOTS DU DICTIONNAIRE DE L'ACADÉMIE. | PLURIELS DONNÉS PAR L'ACADÉMIE. | PLURIELS SELON QUELQUES GRAMMAIRIENS. | CORRECTIONS PROPOSÉES ET OBSERVATIONS. |
|---|---|---|---|
| haute lisse (de) | | hautes-lices (des), P. | Cette orthographe de M. P. est archaïque. — De haute lice, 1659. |
| *haute-licier (un) | | haute-liciers (des), P. | hautelissier |
| haute futaie (une) | hautes futaies (des) | | |
| haut-fond (un) | hauts-fonds (des) | | haufond, comme plafond, bâbord |
| haut-le-corps (un) | haut-le-corps (des) | | Beaucoup de gens disent haut-de-cœur pour haut-le-cœur |
| haut-le-pied (un) | | haut-le-pied (des) | |
| haut mal (le) | | haut-mal (des), P. | Pas de pl. |
| haute paye (une) | hautes payes (des) | hautes-payes (des), P. | hautepaye |
| haute-taille (une) | | hautes-tailles (des), L. | hautetaille |
| havre-sac (un) | havre-sacs (des) | | havresac, comme bissac. |
| héraut d'armes (un) | hérauts d'armes (des) | | |
| héroï-comique, adj. | héroï-comiques | | |
| hochepied (un) | hochepieds (des) | | |
| hochepot (un) | hochepots (des) | | |
| hochequeue (un) | hochequeues (des) | | |
| hors-d'œuvre (un) | hors-d'œuvre (des) | | hors d'œuvre, terme d'architecture. |
| hôtel de ville (un) | hôtels de ville (des) | | |
| hôtel-Dieu (un) | hôtels-Dieu (des) | | |
| huis clos (le) | | | |
| huissier-priseur (un) | | huissiers-priseurs (des), L. | huissier priseur |
| ici-bas | | | icibas |
| in-douze (un) | in-douze (des) | | indouze |
| in-folio (un) | in-folio (des) | | infolio, pour éviter ce pluriel équivoque et contradictoire avec les autres composés de in. |
| *intra-utérin, adj. | | intra-utérins, ines | |
| in-trente-deux (un) | in-trente-deux (des) | | intrentedeux |
| jet d'eau (un) | jets d'eau (des) | | M. P. met à tort le trait d'union. |
| juge-commissaire (un) | | juges-commissaires (des) | juge commissaire |
| jusqu'alors | | | jusque alors |
| jusqu'à présent | | | |
| jusques à quand | | | |
| jusqu'ici, jusqu'où | | | |
| justaucorps (un) | justaucorps (des) | | En 1659, justecorps. |
| kirsch-wasser (un) | | | kirschwasser, des kirschwassers. |
| là-bas, là-dessus, là-haut, là dedans, là dehors, là auprès, là contre, etc. | | | Supprimer le trait, comme aux suivants. |
| laurier-cerise (le) | | lauriers-cerises (les) | |
| laurier-rose (un) | | lauriers-roses (des), P. | |
| laurier-tin (un) | | lauriers-tins (des) | |
| lèche-doigt (à) | | | lèchedoigt, comme lèchefrite. |

| MOTS DU DICTIONNAIRE DE L'ACADÉMIE. | PLURIELS DONNÉS PAR L'ACADÉMIE. | PLURIELS SELON QUELQUES GRAMMAIRIENS. | CORRECTIONS PROPOSÉES ET OBSERVATIONS. |
|---|---|---|---|
| lèchefrite (une) | lèchefrites (des) | | |
| légat-né (un) | | légats-nés (des) | |
| lèse-majesté (de) | | | lèse majesté, 1659. |
| lèse-nation (de) | | | |
| lettre de change (une) | lettres de change (des) | | |
| | lettres patentes (des) | | |
| lever Dieu (le) | | | |
| lez Paris | | | |
| lieutenant-colonel (un) | lieutenants-colonels (des) | | |
| lieutenant général (un) | lieutenants généraux (des) | | |
| long-jointé, adj. | long-jointés, ées | | |
| longue main (de) | | | On disait autrefois : de longuement. |
| longue-vue (une) | | longues-vues (des) | longuevue |
| loup-cervier (un) | | loups-cerviers (des), P. | loup cervier |
| loup-garou (un) | | loups-garous (des), P. | |
| loup marin (un) | | loups-marins (des), P. | M. P. place un tiret inutile. |
| mâchefer (du) | mâchefers (des) | | |
| main basse (faire) | | | mainbasse. |
| main courante (une) | mains courantes (des) | | maincourante |
| main-d'œuvre (la) | | mains-d'œuvres (les) | maindœuvre, pour résoudre le pluriel. Les différentes mains-d'œuvre, cela me paraît choquant. |
| main-forte . | | | mainforte, pas de pluriel. — Main forte, 1659. |
| mainlevée (une) | mainlevées (des) | | M. P. rétablit à tort le trait d'union. |
| mainmise (une) | mainmises (des) | | |
| mainmorte (la) | mainmortes (les) | | |
| main morte (de) | | | |
| mainte fois | maintes fois | | maintefois, comme quelquefois, toutefois, parfois. |
| maintenue (la) | maintenues (les) | | |
| maire adjoint (un) | maires adjoints (des) | | |
| maître ès arts (un) | maîtres ès arts (des) | | |
| maître-autel (le) | | maîtres-autels (des) | maître autel ou maîtrautel |
| malaise (un) | malaises (des) | | |
| mal-appris (un) | | mal-appris (des) | malappris. |
| malavisé (un) | malavisés (des) | | |
| malbâti, tie, adj. | malbâtis, ties | | |
| malcontent, ente | malcontents, entes | | |
| maldisant, ante. | maldisants, antes | | |
| malebête (une) | malebêtes (des) | | |
| malefaim (une) | malefaims (des) | | |
| malemort (une) | malemorts (des) | | |
| malencontre (une) | malencontres (des) | | |
| mal-en-point, adv. | | | malenpoint, comme embonpoint. |
| malentendu (un) | malentendus (des) | | |
| malepeste, interj. | | | |
| mal-être (un) | | mal-être (des), P. | malêtre, ainsi que bienêtre. |

17

| MOTS DU DICTIONNAIRE DE L'ACADÉMIE. | PLURIELS DONNÉS PAR L'ACADÉMIE. | PLURIELS SELON QUELQUES GRAMMAIRIENS. | CORRECTIONS PROPOSÉES ET OBSERVATIONS. |
|---|---|---|---|
| malfaçon (une) | malfaçons (des) | | |
| malfaire, verbe | | | |
| malfamé, ée | malfamés, ées | | |
| malgracieux, euse | malgracieux, euses | | |
| malgré | | | Cependant on écrit : bon gré, mal gré. |
| malhabile, adj. | malhabiles | | |
| malheureux, euse | malheureux, euses | | |
| malhonnête, adj. | malhonnêtes | | |
| malintentionné, ée | malintentionnés, ées | | |
| mal-jugé (le) | | mal-jugés (les) | maljugé |
| malle-poste (la) | | malles-postes (les) | |
| malmené | | | |
| malpeigné (un) | malpeignés (des) | | |
| malplaisant, ante | malplaisants, antes | | |
| malpropre, adj. | malpropres | | |
| malsain, e, adj. | malsains, es | | |
| malséant, te | malséants, tes | | |
| maisonnant, ante | malsonnants, antes | | |
| maltraiter | | | |
| malvoulu, ue, adj. | malvoulus, ues | | |
| mange-tout (un) | | mange-tout (des) | mangetout |
| mappemonde (une) | mappemondes (des) | | |
| marchepied (un) | marchepieds (des) | | |
| maréchal de camp (un) | maréchaux de camp (des) | | |
| maréchal des logis (un) | maréchaux des logis (des) | | |
| martin-pêcheur (un) | | martins-pêcheurs (des) | martin pêcheur |
| *martin-sec (poire de) | | martins-secs (des), P. | martinsec. Plus d'embarras au pluriel. — Martin sec, 1659. |
| massepain (un) | massepains (des) | | |
| mère nourrice (une) | mères nourrices (des) | | |
| mère patrie (la) | mères patries (les) | | |
| messire Jean (poire de) | | messire-jean (des), P. | Un messirejean, des messi- rejeans. |
| *meurt-de-faim (un) | | meurt-de-faim (des), P. | meurdefaim |
| mezzo-termine (un) | mezzo-termine (des) | mezzo-termine (des), P. | Nous avons en fr. moyen terme. |
| mezzo-tinto (un) | | mezze-tinto (des) | Nous avons : demi-teinte. |
| mi-août (la) | | mi-août (aux), P. | |
| mi-carême (la) | | mi-carême (les), P. | |
| mi-corps (à) | | | Tous les mots composés avec mi, sauf minuit, prennent le trait d'union. |
| mille-feuille (une) | | mille-feuilles (des) P. | millefeuille. M. P. écrit la mille-feuilles. En 1659, mil- lefueille. |
| | mille-fleurs (eau-de) | | |
| mille-pertuis (le) | | mille-pertuis (les) | millepertuis, 1659. |
| mille-pieds (un) | mille-pieds (des) | | millepied. — En 1659, mil- lepieds. |
| mi-parti, ie, adj. | mi-partis, ies | | miparti |
| moins-value (la) | | | moinvalue |
| mont-de-piété (un) | monts-de-piété (des) | | |
| montjoie | | | monjoie. — En 1659, monjoye. |
| mort aux rats (la) | morts au rat (des) | | |
| mort-bois (le) | | morts-bois (les) | mort bois, 1659. |

| MOTS DU DICTIONNAIRE DE L'ACADÉMIE. | PLURIELS DONNÉS PAR L'ACADÉMIE. | PLURIELS SELON QUELQUES GRAMMAIRIENS. | CORRECTIONS PROPOSÉES ET OBSERVATIONS. |
|---|---|---|---|
| morte-eau (en) | | | L'Ac., au mot Mourir, l'indique sans trait d'union. |
| morte-paye (?) | | mortes-payes (des) | morte paye. En 1659, morte-paye. |
| morte-saison (une) | mortes-saisons (des) | | morte saison, 1659. |
| mort-gage (un) | | morts-gages (des) | mort gage |
| mort-né, ée, adj. | mort-nés, ées | | |
| mouille-bouche (la) | | mouille-bouche (des), P. | mouillebouche |
| moyen âge (le) | | | Pas de pluriel. |
| | | | |
| nec plus ultrà (le) | | | Au mot Non-plus-ultra, le Dict. donne le composé nec-plus-ultra avec tirets. |
| *néo-chrétien (un) | | néo-chrétiens (des) | néochrétien, comme néologisme. |
| nerf-férure (la) | | nerf-férure (des), P. | nerférure |
| noli me tangere | | | |
| nonchalant, ante | nonchalants, antes | | |
| non-conformiste, adj. | non-conformistes (des) | | nonconformiste |
| non-jouissance (la) | | non-jouissances (les) | nonjouissance |
| nonobstant, prép. | | | |
| non-pair, e, adj. | non-pairs, es | | nonpair |
| nonpareil, eille | nonpareils, eilles | | |
| non-payement (un) | | non-payements (des), P. | nonpayement |
| non-plus-ultrà (le) | | | |
| non-prix (à) | | | nonprix |
| non-recevoir | | | nonrecevoir |
| non-résidence (la) | | non-résidences (les) | nonrésidence |
| non-sens (un) | non-sens (des) | | nonsens |
| non-seulement | | | nonseulement |
| non-usage (le) | | | nonusage |
| non-valeur (une) | non-valeurs (des) | | nonvaleur |
| non-vue | | non-vues (les) | nonvue |
| nord-est (le) | | | nordest |
| nouveau monde (le) | | | |
| nouveau-né, ée | nouveau-nés, ées | | nouveauné, comme puîné. |
| nouveau venu (un) | nouveaux venus (des) | | |
| nue propriété (la) | | nues propriétés (les) | |
| nu-jambes, loc. inv. | | | |
| nu-propriétaire (un) | | nu-propriétaires (des) | |
| nu-tête | | nu-tête, P. | |
| | | | |
| œil-de-bœuf (un) | œils-de-bœuf (des) | | œil de bœuf, en 1659. |
| œil-de-bouc (un), coquillage | | œils-de-bouc (des) | |
| œil-de-chat (un), pierre | | œils-de-chat (des) | |
| œil-de-chèvre (un) plante | | œils-de-chèvre (des) | |
| œil de dôme (un) | œils de dôme (des) | | |
| œil-de-perdrix (un) | | œils-de-perdrix (des) | |
| œil-de-serpent (un), pierre | | œils-de-serpent (des) | |
| oiseau-mouche (un) | | oiseaux-mouches (des) | |
| on-dit (un) | on-dit (des) | | |
| orang-outang (un) | | orangs-outangs (des) | Quelques-un écrivent orang-outan. |

| MOTS DU DICTIONNAIRE DE L'ACADÉMIE. | PLURIELS DONNÉS PAR L'ACADÉMIE. | PLURIELS SELON QUELQUES GRAMMAIRIENS. | CORRECTIONS PROPOSÉES ET OBSERVATIONS. |
|---|---|---|---|
| oreille-d'ours (une) plante | | oreilles d'ours (des) | oreilledours |
| ortie-grièche (une) | | orties-grièches (des), P. | |
| ouï-dire (un) | ouï-dire (des) | | ouidire |
| oui-da | | | ouida |
| outrecuidance (une) | outrecuidances (des) | | |
| outremer (un), couleur | outremers (des) | | |
| outre-passe (une) | outre-passes (des) | | Outrepasse, 1659. |
| | | | |
| paille-en-cul (un), oiseau | | paille-en-cul (des) | paillencu |
| paille-en-queue (un), idem | | paille-en-queue (des) | paillenqueue |
| palma-christi (un) | | palma-Christi (des) | |
| papier-arabesque (un) | | papiers-arabesques (des) | |
| papier-damas (un) | | papiers-damas (des) | |
| papier-granit (un) | | papiers-granit (des) | |
| papier-journal (un) | | papiers-journal (des) | |
| papier-lambris (un) | | papiers-lambris (des) | |
| papier-marbre (un) | | papiers-marbre (des) | |
| papier-monnaie (un) | | papiers-monnaie (des) | |
| papier-tenture (un) | | papiers-tenture (des) | |
| papier-tontisse (un) | | papiers-tontisse (des) | |
| parachute (un) | parachutes (des) | | |
| parapluie (un) | parapluies (des) | | |
| parasol (un) | parasols (des) | | |
| paravent (un) | paravents (des) | | |
| par-ci, par-là | | | par ci, par là |
| par deçà, par delà, par de-hors | | | |
| par dedans | | | |
| par derrière | | | |
| par-dessous | | | par dessous |
| par-dessus | | | par dessus |
| pardessus (un) | pardessus (des) | | |
| par devant | | | |
| par-devant notaire | | | par devant |
| par-devers | | | par devers |
| parfois | | | |
| par ici | | | |
| par là (passer) | | | |
| parterre (un) | parterres (des) | | |
| par terre (tomber) | | | |
| partout | | | |
| pas-d'âne (un) plante | | pas-d'âne (des) | |
| passavant (un) | passavants (des) | | |
| passe-carreau (un) | | passe-carreau (des) | passecarreau |
| passe-cheval (un) | | passe-cheval (des) | passecheval |
| passe-debout (un) | | passe-debout (des), P. | passedebout |
| passe-dix (un) | | passe-dix (des), P. | passedix |
| passe-droit (un) | passe-droits (des) | passe-droit (des) | passedroit |
| passe-fleur (une) | | passe-fleur (des) | passefleur, 1659. |
| passe-méteil (un) | | passe-méteil (des) | passeméteil |
| passe-parole (un) | | passe-parole (des), P. | passeparole |

| MOTS DU DICTIONNAIRE DE L'ACADÉMIE. | PLURIELS DONNÉS PAR L'ACADÉMIE. | PLURIELS SELON QUELQUES GRAMMAIRIENS. | CORRECTIONS PROPOSÉES ET OBSERVATIONS. |
|---|---|---|---|
| passe-partout (un) | passe-partout (des) | | passepartout. Passe-par-tout, en 1659. |
| passe-passe (un) | | passe-passe (des), P. | passepasse |
| passe-pied (un) | | passe-pied (des) | passepied, 1659. |
| passe-pierre (une) | | passe-pierre (des) | passepierre |
| passe-poil (un) | passe-poils (des) | passe-poil (des), P. | passepoil |
| passe-port (un) | passe-ports (des) | | passeport, comme on l'écrit généralement. |
| passerage (une) | passerages (des) | | |
| passerose (une) | passeroses (des) | | |
| passe-temps (un) | passe-temps (des) | | passetemps |
| passe-velours (un) | | passe-velours (des) | passevelours |
| passe-volant (un) | passe-volants (des) | | passevolant |
| patte-d'oie (une) | pattes-d'oie (des) | | En 1659, patte d'oye. |
| patte-pelu (un) | | patte-pelus (des) | pattepelu |
| paulò-post-futur (un) | | | On s'étonne de trouver ce mot au Dict. de l'Ac. |
| perce-bois (un) | | perce-bois (des) | percebois |
| perce-feuille (un) | | perce-feuille (des) | percefeuille |
| perce-forêt (un) | | perce-forêt (des) | perceforêt |
| perce-neige (une) | | perce-neige (des), P. | perceneige. M. Lamartine a dit : « ... Mes bourgeons en pleurs Ont de mes perceneige épanoui [les fleurs., |
| perce-oreille (un) | | perce-oreille (des) | M. P. écrit un perce-oreilles, des perce-oreilles. |
| perce-pierre (une) | | perce-pierre (des) | percepierre |
| pèse-lait (un) | | pèse-lait (des) | |
| pèse-liqueur (un) | | pèse-liqueur (des) | M. Poitevin écrit un pèse-liqueurs. |
| pet-en-l'air (un) | | pets-en-l'air (des) | pétenlair. |
| petit-fils (un) | petits-fils (des) | | |
| petit-lait (un) | | petits-laits (des) | |
| petite-maîtresse (une) | | petites-maîtresses (des), P. | |
| petite-oie (la) | | | En 1659, petite oye. |
| petite vérole (la) | petites véroles (des) | | |
| petit-gris (le) | | petits-gris (les) | En 1659, petit gris. |
| petit-maître (un) | | petits-maîtres (des), P. | |
| petit-neveu (un) | | petits-neveux (des), P. | |
| petit pâté (un) | petits pâtés (les) | | |
| peuple-roi (le) | | | |
| *pick-pocket (un) | | pick-pocket (des) | En français, piquepoquet. |
| peu à peu | | | |
| peut-être | | | peutêtre |
| pied-à-terre (un) | | pied-à-terre (des), P. | |
| pied bot (un) | pieds-bots (des) | | M. P. indique un trait d'union. En 1659, piedbot. |
| pied-d'alouette (un) | | pieds-d'alouette (des) | En 1659, pied d'alouette. |
| pied-de-biche (un) | | pieds-de-biche (des), P. | |
| pied de bœuf (jouer au) | | | M. P. met le trait d'union et indique un pluriel : pieds-de-bœuf. |
| pied-de-chat, plante | | pieds-de-chat (des), P. | En 1659, pied de chat. |
| pied-de-cheval (un) | | pieds-de-cheval (des) | |
| pied-de-chèvre (un), instr. | | pieds-de-chèvre (des) | |
| pied-de-griffon (un) | | pieds-de-griffon (des) | |

| MOTS DU DICTIONNAIRE DE L'ACADÉMIE. | PLURIELS DONNÉS PAR L'ACADÉMIE. | PLURIELS SELON QUELQUES GRAMMAIRIENS. | CORRECTIONS PROPOSÉES ET OBSERVATIONS. |
|---|---|---|---|
| pied-de-lion (un), plante | | pieds-de-lion (des) | En 1659, pied de lion. |
| pied-de-mouche (un), typ. | | pieds-de-mouche (des), P. | |
| pied-de-veau (un), plante | | pieds-de-veau (des) | pied de veau, en 1659. |
| *pied de roi (un), mesure | | pieds-de-roi (des), P. | M. P. indique à tort le trait d'union. |
| pied-d'œuvre (à) | | | |
| piédestal (un) | piédestaux (des) | | |
| pied-droit (un) | | pieds-droits (des) | piédroit. En 1659, pied droit. |
| pied-fort (un), monnayage | pieds-forts (des) | | piéfort |
| pied-plat (un) | | pieds-plats (des) | piéplat. En 1659, piedplat. |
| pied poudreux (un) | pieds poudreux (des) | | |
| pie-grièche (une) | | pies-grièches (des), P. | pigrièche |
| pie-mère (la), anatomie | | | |
| pince-maille (un) | | pince-maille (des), P. | pincemaille |
| *pince-sans-rire (un) | | pince-sans-rire (des) | |
| pinne marine (une) | pinnes marines (des) | | |
| pique-assiette (un) | | pique-assiette (des) | piquassiette |
| pique-nique (un) | pique-niques (des) | | piquenique. M. P. écrit des pique-nique. |
| pissenlit (un) | pissenlits (des) | | |
| plafond (un) | plafonds (des) | | En 1659, platfond. |
| plain-chant (le) | | plains-chants (des), P. | plainchant |
| plain-pied (de) | plain-pied (des) | | plainpied |
| plat-bord (un) | | plats-bords (des), P. | |
| plate-bande (une) | plates-bandes (des) | | platebande. En 1659, platte bande. |
| plate-forme (une) | plates-formes (des) | | plateforme, 1659. |
| plate-longe (une) | | plates-longes (des) | platelonge. |
| plat-pied (un) | plats-pieds (des) | | plat-pied, selon M. P. Plapied vaudrait mieux. |
| pleure-misère (un) | pleure-misère (des) | pleure-misère (un) | |
| pleure-pain (un) | | pleure-pain (des) | |
| pont-neuf (un) | ponts-neufs (des) ponts et chaussées | | |
| plupart (la) | | | |
| plus tôt, plus tard, plutôt mourir | | | |
| plus-pétition (une) | | plus-pétitions (des) | |
| plus-que-parfait (un) | | plus-que-parfaits (des) | plusqueparfait |
| plus-value (une) | | plus-values (des) | pluvalue, comme plupart, plutôt |
| pont-levis (un) | ponts-levis (des) | | |
| porc-épic (un) | | porcs-épics (des) | M. P. adopte un porc-épics, des porcs-épics. |
| porte-aiguille (un) | | porte-aiguille (des) | |
| porte-arquebuse (un) | | porte-arquebuse (des) | |
| porte-baguette (un) | | porte-baguette (des) | portebaguette |
| porteballe (un) | porteballes (des) | | |
| porte-barres (un) | | porte-barres (des) | portebarre |
| porte-bougie (un) | | porte-bougie (des) | portebougie, comme porteballe et portechape. |
| porte-carabine (un) | | porte-carabine (des) | portecarabine |
| portechape (un) | portechapes (des) | | |
| portechoux (un) | portechoux (des) | | |
| porte-clefs (un) | | porte-clefs (des) | porteclé |

| MOTS DU DICTIONNAIRE DE L'ACADÉMIE. | PLURIELS DONNÉS PAR L'ACADÉMIE. | PLURIELS SELON QUELQUES GRAMMAIRIENS. | CORRECTIONS PROPOSÉES ET OBSERVATIONS. |
|---|---|---|---|
| portecollet (un) | portecollets (des) | | |
| portecrayon (un) | portecrayons (des) | | |
| porte-croix (un) | | porte-croix (des) | portecroix |
| porte-crosse (un) | | porte-crosse (des) | portecrosse |
| porte-Dieu (le) | | | Pas de pluriel. |
| porte-drapeau (un) | | porte-drapeau (des) | portedrapeau |
| porte-enseigne (un) | | porte-enseigne (des) | portenseigne, 1659. |
| porte-épée (un) | | porte-épée (des) | portépée. En 1659, portespée. |
| porte-étendard (un) | | porte-étendard (des) | portétendard |
| porte-étriers (un) | | porte-étriers (des) | portétrier |
| porte-étrivières (un) | | porte-étrivières (des) | portétrivières |
| portefaix (un) | portefaix (des) | | |
| porte-fer (un) | | porte-fer (des) | |
| portefeuille (un) | portefeuilles (des) | | |
| porte-hache (un) | | porte-hache (des) | portehache |
| *porte-huilier (un) | | porte-huilier (des) | portehuilier |
| porte-malheur (un) | | porte-malheur (des) | portemalheur |
| portemanteau (un) | portemanteaux (des) | | |
| porte-montre (un) | porte-montres (des) | | portemontre |
| porte-mors (un) | | porte-mors (des) | portemors |
| porte-mouchettes (un) | | porte-mouchettes (des) | portemouchette |
| porte-mousqueton (un) | | porte-mousqueton (des) | portemousqueton |
| porte-page (un) | porte-page (des) | | portepage |
| porte-pierre (un) | | porte-pierre (des) | portepierre |
| porte-respect (un) | | porte-respect (des) | porterespect |
| porte-tapisserie (un) | | porte-tapisserie (des) | portetapisserie |
| porte-trait (un) | | porte-trait (des) | portetrait |
| porte-vent (un) | | porte-vent (des) | portevent |
| porte-verge (un) | | porte-verge (des) | porteverge |
| porte-vis (un) | | porte-vis (des) | portevis |
| porte-voix (un) | | porte-voix (des) | portevoix |
| postface (une) | postfaces (des) | | |
| post-scriptum (un) | post-scriptum (des) | | postscriptum |
| pot à fleurs (un) | pots à fleurs (des) | | M. P. écrit à tort un pot-à-fleur, des pots-à-fleurs. |
| pot-au-feu (un) | pot-au-feu (des) | | M. P. écrit des pots-au-feu. |
| pot de chambre | pots de chambre (des) | | |
| pot-de-vin (un) | pots-de-vin (des) | | pot de vin, 1659. |
| pot pourri (un) | pots pourris (des) | | |
| potron-jaquet | | | Pas de pl. |
| potron-minet | | | Idem. |
| pou-de-soie (le) | | pous-de-soie (les) | poudesoie. En 1659, pou de soye. |
| pourboire (un) | pourboires (des) | | |
| pourparler (un) | pourparlers (des) | | |
| pousse-cul (un) | pousse-culs (des) | | poussecu, comme tapecu. M. P. écrit des pousse-cul. |
| pousse-pieds (un) | | pousse-pieds (des) | poussepied |
| premier-né (un) | premiers-nés (les) | | premierné, comme puiné. |
| *premier-Paris (un) | | premier-Paris (des) | |
| premier pris (un) | premiers pris (des) | | |
| prête-nom (un) | prête-noms (des) | | prêtenom |

| MOTS DU DICTIONNAIRE DE L'ACADÉMIE. | PLURIELS DONNÉS PAR L'ACADÉMIE. | PLURIELS SELON QUELQUES GRAMMAIRIENS. | CORRECTIONS PROPOSÉES ET OBSERVATIONS. |
|---|---|---|---|
| prie-Dieu (un) | prie-Dieu (des) | | |
| prime abord (de) | | | Pas de pluriel. |
| prime saut (de) | | | primesaut |
| prime-sautier, ière | prime-sautiers, ières | | primesautier |
| primevère (une) | primevères (les) | | |
| procès-verbal (un) | procès-verbaux (des) | | |
| prud'homme (un) | prud'hommes (des) | | |
| puisque alors | | | |
| puisqu'il, puisqu'un | | | |
| quant-à-soi (son) | | | Pas de pluriel. — Quant à soy, 1659. |
| quartier-maître (un) | | quartier-maîtres (des) | |
| quartier-mestre (un) | | quartier-mestres (des) | |
| quasi-contrat (un) | | quasi-contrats (des) | |
| quasi-délit (un) | | quasi-délits (des), P. | |
| | quatre-temps | | |
| | quatre-vingts | | Mais on écrit : quatre-vingt-six. |
| quelquefois | | | |
| quelqu'un, une | quelques-uns, unes | | |
| qu'en-dira-t-on (le) | | qu'en dira-t-on (des), P. | |
| queue-d'aronde (une) | | queues-d'aronde (des) | En 1659, queuë d'arondelle. |
| queue-de-cheval (une), pl. | | queues-de-cheval (des) | |
| queue-de-cochon (une), outil | | queues-de-cochon (des) | |
| queue-de-lion (une), plante | | queues-de-lion (des) | |
| queue-de-pourceau (une) | | queues-de-pourceau (des) | |
| queue-de-rat (une), outil | | queues-de-rat (des) | |
| queue-de-renard (une) | | queues-de-renard (des) | En 1659, queuë de renard. |
| queue-de-souris (une), plante | | queues-de-souris (des) | |
| queue leu leu (à la) | | | |
| queussi-queumi | | | |
| quiproquo (un) | quiproquo (des) | | |
| Quinze-Vingt (un) | quinze-vingts (les) | | M. P. écrit un quinze-vingts. En 1659, les quinze vingts. |
| qui-va-là | | | |
| qui-vive (le) | | qui-vive (les) | |
| quote-part (une) | | quotes-parts (des) | |
| quoique ici | | | |
| quoiqu'il | | | |
| quoi qu'il arrive | | | |
| rabat-joie (un) | | rabat-joie (des) | En 1659, rabat-joye. |
| *railway (un) | | railways (des) | |
| reine-Claude (une) | reines-Claude (des) | | reineclaude, pour sauver l'anomalie du pluriel. — M. P. écrit une reine-claude, des reines-claudes. |
| reine marguerite (une) | reines marguerites (des) | | |
| relève-quartier (un) | | relève-quartier (des) | relèvequartier |
| remue-ménage (un) | | remue-ménage (des) | remuménage. En 1659, remuëménage. |
| réveille-matin (un) | | réveille-matin (des) | réveillematin |

| MOTS DU DICTIONNAIRE DE L'ACADÉMIE. | PLURIELS DONNÉS PAR L'ACADÉMIE. | PLURIELS SELON QUELQUES GRAMMAIRIENS. | CORRECTIONS PROPOSÉES ET OBSERVATIONS. |
|---|---|---|---|
| revenant-bon (un) | revenants-bons (les) | | revenantbon, ou revenanbon, comme plafond. |
| ronde bosse (la) | rondes bosses (les) | | |
| ronde-major (une) | | rondes-major (des) | rondemajor |
| rond-point (un) | | ronds-points (des) | |
| rose-croix (un) | rose-croix (les) | | rosecroix |
| rosée-du-soleil (la), plante | | rosées-du-soleil (des) | En 1659, rosée du soleil. |
| rouge bord (un) | rouges bords (des) | | |
| rouge-gorge (un) | rouges-gorges (des) | | rougegorge |
| rouge-queue (un) | | rouges-queues (des) | rougequeue. En 1659, rougecul ou rougequeuē. |
| rue du faubourg Saint-Jacques | | | rue du faubourg saint Jacques |
| sage-femme (une) | sages-femmes (des) | | sagefemme |
| saint-augustin (corps) | | | |
| sainte-barbe (la) | | saintes-barbes (les) | saintebarbe |
| sainte nitouche (une) | saintes nitouches (des) | | |
| saint-esprit d'or (un) | saint-esprit (des) | | |
| Saint-Germain en Laye | | | Saint Germain en Laye |
| saint-germain (un), poire | | | saintgermain |
| Saint-Lazare (ordre de) | | | saint Lazare |
| saint-office | | | L'Académie l'écrit de deux manières différentes. |
| saint sacrement (le) | | | |
| saint-siége (le) | | | saint siége |
| saint sépulcre (le) | | | |
| *saint-simonien (un) | | saint-simoniens (des) | saintsimonien, ou sainsimonien. |
| saisie-arrêt (une) | | saisies-arrêts (des) | |
| san-benito (un) | | san benito (des) | sanbenito |
| sang-de-dragon | | sang-de-dragon (des) | sang de dragon, ou mieux sandragon. |
| sang-froid (le) | | | Pas de pluriel. |
| sangsue (une) | sangsues (des) | | sansue. En 1659, sangsuē ou sansuē. |
| *sans-culotte (un) | | sans-culottes (des) | |
| sans-souci (un) | | sans-souci (des) | sansouci, comme soucoupe, souterrain. |
| sans-dent (une) | sans-dents (des) | | |
| sans-fleur (une), fruit | | sans-fleur (des) | sanfleur |
| sans-peau (une), fruit | | sans-peau (des) | sanpeau |
| sauf-conduit (un) | sauf-conduits (des) | | saufconduit |
| savoir-faire (le) | | | savoirfaire. Pas de pl. |
| savoir-vivre (le) | | | savoirvivre. Pas de pl. |
| semen-contra (du) | | semen-contra (des) | semencontra |
| semi-double, adj. | semi-doubles | | semidouble, comme hémisphère |
| semi-pension (une) | | semi-pensions (des) | semipension |
| semi-preuve (une) | | semi-preuves (des) | semipreuve |
| semi-ton (un) | | semi-tons (des) | semiton, en 1659. |
| semper virens, adj. | | semper virens | |
| sénatus-consulte (un) | sénatus-consultes (des) | | |
| sens devant derrière, loc. inv. | | | On écrivait primitivement ce en devant derrière, ou c'en devant derrière, 1659. |
| sergent de ville (un) | sergents de ville (des) | | |

18

| MOTS DU DICTIONNAIRE DE L'ACADÉMIE. | PLURIELS DONNÉS PAR L'ACADÉMIE. | PLURIELS SELON QUELQUES GRAMMAIRIENS. | CORRECTIONS PROPOSÉES ET OBSERVATIONS. |
|---|---|---|---|
| sergent-fourrier (un) | | sergents-fourriers (des) | |
| sergent-major (un) | | sergents-majors (des) | sergent major, 1659. |
| serre-file (un) | | serre-file (des) | serrefile |
| serre-papiers (un) | serre-papiers (des) | | serrepapier |
| *serre-point | | serre-point (des) | serrepoint |
| serre-tête (un) | serre-tête (des) | | serretête |
| soi-disant | soi-disant | | soidisant |
| soixante et un | | | L'Ac. écrit aussi soixante-un. |
| songe-creux (un) | | songe-creux (des) | songecreux |
| songe-malice (un) | | songe-malice (des) | songemalice |
| sot-l'y-laisse (un) | | sot-l'y-laisse (des) | |
| soucoupe (une) | soucoupes (des) | | |
| souffre-douleur (un) | | souffre-douleur (des) | |
| soupente (une) | soupentes (des) | | |
| sous-affermer | | | |
| sous-amender | | | |
| sous-arbrisseau (un) | | sous-arbrisseaux (des), P. | |
| sous-bail (un) | sous-baux (des) | | soubail, comme soucoupe, soupente, soupeser, sourire, soutenir, souterrain, etc. |
| sous-barbe (une) | | sous-barbes (des) | soubarbe. En 1659, sousbarbe. |
| sous-clavier, ière | sous-claviers, ères | | souclavier. En 1659, sousclavière. |
| sous-délégué, ée | sous-délégués, ées | | soudélégué |
| sous-diacre (un) | | sous-diacres (des), P. | soudiacre. En 1659, sousdiacre. |
| sous-chef (un) | | sous-chefs (des), P. | souchef |
| sous-dominante (la) | | sous-dominantes (les) | soudominante |
| sous-double, adj. | sous-doubles | | soudouble |
| sous-entendu (un) | sous-entendus (des) | | |
| sous-faîte (un) | | sous-faîtes (des) | soufaîte |
| sous-ferme (une) | sous-fermes (des) | | souferme |
| sous-garde (une) | | sous-gardes (des) | sougarde |
| sous-gorge (une) | | sous-gorges (des) | sougorge. En 1659, sousgorge. |
| sous-lieutenant (un) | sous-lieutenants (des) | | |
| sous-locataire (un) | | sous-locataires (des) | |
| sous-maître (un) | | sous-maîtres (des) | soumaître |
| sous-marin, ine | sous-marins, ines | | soumarin |
| sous-multiple | sous-multiples | | soumultiple |
| sous-ordre (un) | sous-ordres (des) | | |
| sous-pied (un) | sous-pieds (des) | sous-pied (des), P. | soupied. M. P. fait invariable ce mot composé. En 1659, souspied. |
| sous-préfet (un) | | sous-préfets (des) | |
| *sous-secrétaire (un) | | sous-secrétaires (des) | sousecrétaire. En 1659, soussecrétaire. |
| *sous-seing (un) | | sous-seings (des), P. | sousseing. |
| sous seing privé | | | |
| soussigné, ée | soussignés, ées | | |
| sous-sol (un) | | sous-sols (des) | |
| sous-tangente (une) | | sous-tangentes (des) | soutangente |
| sous-tendante (une) | | sous-tendantes (des) | |
| sous-traitant (un) | | sous-traitants (des) | soutraitant |
| soustylaire (une) | soustylaires (des) | | |

| MOTS DU DICTIONNAIRE DE L'ACADÉMIE. | PLURIELS DONNÉS PAR L'ACADÉMIE | PLURIELS SELON QUELQUES GRAMMAIRIENS. | CORRECTIONS PROPOSÉES ET OBSERVATIONS. |
|---|---|---|---|
| sous-ventrière (une) | | sous-ventrières (des), P. | souventrière |
| sud-sud-est | | | |
| sur-arbitre | | sur-arbitres (des), P. | surarbitre, comme les autres composés avec *sur*. |
| sur-le-champ | | | surlechamp, comme surtout. — Sur le champ, 1659. |
| surtout, adv. | | | |
| surtout (un) | surtouts (des) | | |
| susdit, ite | susdits, dites | | |
| *sus-dominante, adj. | | sus-dominantes, P. | susdominante |
| sus-énoncé, ée | sus-énoncés, ées | | susénoncé, comme susdit. |
| *sus-mentionné, ée | | sus-mentionnés, ées | susmentionné |
| *sus-nommé, ée | | sus-nommés, ées | susnommé |
| *sus-visé, ée | | sus-visés, ées | susvisé |
| taille-douce (une) | | tailles-douces (des), P. | tailledouce. En 1659, tailledouce |
| *taille-doucier | | taille-douciers (des) | tailledoucier |
| taille-mer (un) | | taille-mer (des) | taillemer, à cause du pluriel. |
| tam-tam (un) | | tam-tams (des), ou tam-tam | tamtam, à cause de crincrin, flicflac, flonflon. |
| tapecu (un) | tapecus (des) | | |
| tâte-vin (un) | | tâte-vin (des) | tâtevin |
| taupe-grillon (un) | | taupes-grillons (des) | |
| *Te Deum* (un) | | Te-Deum (des), P. | |
| terre ferme (la) | terres fermes (les) | | |
| terre-neuvier (un) | | terre-neuviers (des), P. | terreneuvier |
| terre-noix (une) | | terre-noix (des) | terrenoix |
| terre-plein (un) | | terre-pleins (des) | terreplein |
| terre sainte (la) | | | Pas de pl. |
| tête à tête, loc. adv. | | | |
| tête-à-tête (un) | tête-à-tête (des) | | |
| tic tac | | tic-tac (des), P. | tictac. Voir tam-tam. |
| tiers état (le) | tiers états (les) | | |
| tiers ordre (le) | | | Pas de pl. |
| tiers-point (un) | | tiers-points (des), P. | |
| tire-balle (un) | tire-balles (des) | | tireballe |
| tire-botte (un) | | tire-bottes (des), P. | tirebotte, 1659, comme tiréliré. |
| tire-bouchon (un) | | tire-bouchon (des), P. | tirebouchon (coiffure en) |
| tire-bourre (un) | | tire-bourre (des), P. | tirebourre |
| tire-bouton (un) | | tire-bouton (des) | tirebouton. M. P. écrit un tire-boutons. |
| tire-d'aile (un) | tire-d'aile (des) | | |
| tire-fond (un) | | tire-fond (des), P. | tirefond, 1659. |
| tirelaine (un) | | tirelaines (des) | tirelaine, 1659. |
| tire-laisse (un) | | tire-laisse (des), P. | tirelaisse |
| tire-larigot (à) | | tire-larigot (des), P. | tirelarigot, 1659. Cette expression ne comporte peut-être pas le pluriel proposé par M. P. |
| tire-liard (un) | | tire-liard (des) | |
| tire-ligne (un) | | tire-ligne (des), P. | tireligne, et aussi entreligne comme interligne. |
| tirelire (une) | tirelires (des) | | |
| tire-moelle (un) | | tire-moelle (des), P. | tiremoelle |
| tire-pied (un) | | tire-pied (des), P. | tirepied, 1659. |

| MOTS DU DICTIONNAIRE DE L'ACADÉMIE. | PLURIELS DONNÉS PAR L'ACADÉMIE. | PLURIELS SELON QUELQUES GRAMMAIRIENS. | CORRECTIONS PROPOSÉES ET OBSERVATIONS. |
|---|---|---|---|
| tire-tête (un) | tire-têtes (des ) | | tiretête |
| *tohu-bohu | | tohu-bohu (des) | tohubohu |
| torche-cul (un) | | torche-cul (des) | torchecu (un), à cause de ta-pecu. |
| torche-nez (un) | | torche-nez (des) | torchenez |
| tour à tour | | | |
| tournebride (un) | tournebrides (des) | | |
| tournebroche (un) | tournebroches (des) | | |
| tournemain (un) | tournemain (des) | | |
| tournesol (un) | tournesols (des) | | |
| tournevis (un) | tournevis (des) | | |
| tout à coup | | | |
| tout à l'heure | | | |
| toute-bonne (la), plante | | toute-bonnes (des), P. | toutebonne |
| toute-épice (une) | | toute-épice (des), P. | |
| toutefois, adv. | | | On écrit toutes fois et quantes. |
| toute-saine (une), arbre | | toute-saines (des), P. | |
| tout-ou-rien (un) | | | |
| tou-tou (un) | | tou-tou (des) | toutou |
| tout-puissant, ante | tout-puissants, antes | | |
| trachée-artère (la) | | trachées-artères (des) | |
| tragi-comédie (une) | tragi-comédies (des) | | |
| tranchefile (une) | tranchefiles (des) | | |
| tranchelard (un) | tranchelards (des) | tranche-lard (des), P. | |
| tranche-montagne (un) | | tranche-montagne (des) | tranchemontagne, comme tran-chelard. |
| transsubstantiation (la) | | | |
| trente et quarante (le) | | trente et quarante (les) | |
| *trente et un (le) | | trente-et-un (des), P. | trente et un (jeu de), comme trente et quarante. |
| très-bon, etc. | | | |
| tré-sept (un) | | tré-sept (des) | trésept (jouer au), comme trictrac. |
| trictrac (le) | trictracs (des) | | |
| trique-bale (une) | | trique-bales (des) | triquebale |
| trique-madame (une) | | trique-madame (des) | triquemadame, 1649. |
| trois-mâts (un) | | trois-mâts (des) | |
| trois-quart (un), ou trocart | | trois-quarts (des) | |
| trompe-l'œil (un) | trompe-l'œil (des) | | |
| trop-plein (le) | | trop-plein (les) | |
| trouble-fête (un) | | trouble-fête (des), P. | |
| trou-madame (un) | | trous-madame (des), P. | troumadame |
| trousse-étriers (un) | | trousse-étriers (des) | |
| trousse-galant (un) | | trousse-galant (des) | |
| trousse-pète (une) | | trousse-pète (des) | troussepète |
| trousse-queue (un) | | trousse-queue (des) | troussequeue (une) |
| tu-autem (le) | | tu-autem (des), P. | |
| tue-chien (le) | | tue-chien (des) | tuchien |
| tue-tête (à) | | | |
| vade-mecum (un) | | vade-mecum (des), P. | |
| va-et-vient (mouv. de) | | va-et-vient (des), P. | |

| MOTS DU DICTIONNAIRE DE L'ACADÉMIE. | PLURIELS DONNÉS PAR L'ACADÉMIE. | PLURIELS SELON QUELQUES GRAMMAIRIENS. | CORRECTIONS PROPOSÉES ET OBSERVATIONS. |
|---|---|---|---|
| valet-à-patin (un) | | valets-à-patin (des) | |
| va-nu-pieds (un) | | va-nu-pieds (des), P. | vanupied |
| va-tout (le) | | va-tout (des) | vatout |
| vau-de-route (à) | | | |
| vau-l'eau (à) | | | |
| veni-mecum (un) | | veni-mecum (des) | |
| ver à soie (un) | vers à soie (des) | | |
| ver-coquin (un) | | vers-coquins (des), P. | ver coquin. |
| ver luisant (un) | vers luisants (des) | vers-luisants (des), P. | |
| vert-de-gris (un) | | verts-de-gris (des), P. | verdegris |
| *vert-dragon, adj. | | | invariable. |
| vert-pomme, adj. | | | invariable. |
| vert-pré, adj. | | | invariable. |
| vesse-de-loup (la), plante | | vesses-de-loup (des) | |
| vice-amiral (un) | vice-amiraux (des) | | |
| vice-bailli (un) | vice-baillis (des) | | vicebailli, etc. |
| vice-chancelier (un) | vice-chanceliers (des) | | |
| vice-consul (un) | vice-consuls (des) | | |
| vice-gérant (un) | vice-gérants (des) | | |
| vice-gérent (un) | vice-gérents (des) | | |
| vice-légat (un) | vice-légats (des) | | |
| vice-président (un) | vice-présidents (des) | | |
| vice-reine (une) | vice-reines (des) | | |
| vice-roi (un) | vice-rois (des) | | |
| vice-sénéchal (un) | vice-sénéchaux (des) | | |
| *vice versâ* | | | |
| vide-bouteille (un) | | vide-bouteille (des) | videbouteille. M. P. écrit un vide-bouteilles. |
| virevolte (une) | virevoltes (des) | | |
| virevousse ou virevouste (une) | virevousses (des) | | |
| vis-à-vis (un) | | vis-à-vis (des) | visavis |
| vol-au-vent (un) | vol-au-vent (des) | | M. P. écrit vole-au-vent. On pourrait adopter volauvent. |
| volte-face (faire) | | volte-face (des), P. | volteface |

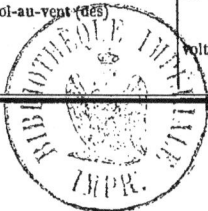

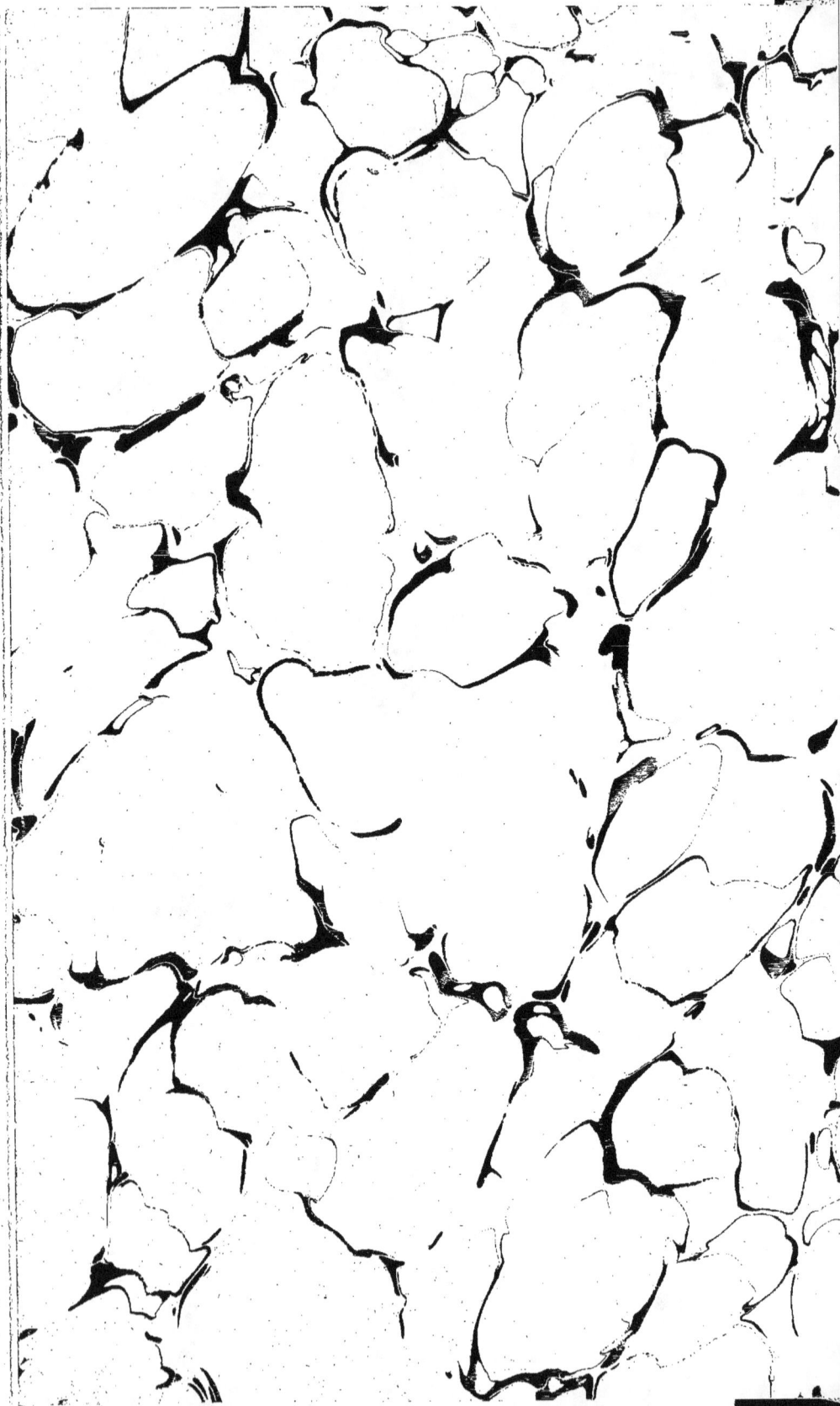